Linguística cartesiana

FUNDAÇÃO EDITORA DA UNESP

Presidente do Conselho Curador
Mário Sérgio Vasconcelos

Diretor-Presidente / Publisher
Jézio Hernani Bomfim Gutierre

Superintendente Administrativo e Financeiro
William de Souza Agostinho

Conselho Editorial Acadêmico
Luís Antônio Francisco de Souza
Marcelo dos Santos Pereira
Patricia Porchat Pereira da Silva Knudsen
Paulo Celso Moura
Ricardo D'Elia Matheus
Sandra Aparecida Ferreira
Tatiana Noronha de Souza
Trajano Sardenberg
Valéria dos Santos Guimarães

Editores-Adjuntos
Anderson Nobara
Leandro Rodrigues

Noam Chomsky

Linguística cartesiana
Um capítulo na história do pensamento racionalista

Tradução a partir da terceira edição,
preparada por James McGilvray

Introdução
James McGilvray

Tradução e Nota à edição brasileira
Gabriel de Ávila Othero
Larissa Colombo Freisleben

editora
unesp

Título original: *Cartesian Linguistics: A Chapter in the History of Rationalist Thought*
Third Edition edited with a new introduction by James McGilvray

© Noam Chomsky 2009
Introdução da terceira edição
© James McGilvray 2009

© 2024 Editora Unesp

Esta publicação é protegida por direitos autorais. Sujeita a exceções legais e às disposições de acordos de licenciamento coletivo relevantes, nenhuma reprodução de qualquer parte pode ocorrer sem a permissão por escrito da Cambridge University Press.
Primeira edição publicada por Harper & Row 1966, reimpressa pela University Press
Reimpressa pela Cambridge University Press 1983
Segunda edição Cybereditions Corporation, Nova Zelândia 2002
Reimpressa pela Cambridge University Press 2015

Direitos de publicação reservados à:
Fundação Editora da Unesp (FEU)
Praça da Sé, 108
01001-900 – São Paulo – SP
Tel.: (0xx11) 3242-7171
Fax: (0xx11) 3242-7172
www.editoraunesp.com.br
www.livrariaunesp.com.br
atendimento.editora@unesp.br

Dados Internacionais de Catalogação na Publicação (CIP) de acordo com ISBD
Elaborado por Vagner Rodolfo da Silva – CRB-8/9410

C548l
    Chomsky, Noam
        Linguística cartesiana: um capítulo na história do pensamento racionalista / Noam Chomsky; traduzido por Gabriel de Ávila Othero, Larissa Colombo Freisleben. – São Paulo: Editora Unesp, 2024.

        Tradução de: *Cartesian Linguistics: A Chapter in the History of Rationalist Thought*
        Inclui bibliografia.
        ISBN: 978-65-5711-252-6

        1. Linguística. 2. Noam Chomsky. 3. Racionalismo. 4. Aquisição de linguagem. I. Othero, Gabriel de Ávila. II. Freisleben, Larissa Colombo. III. Título.

2024-2313   CDD 410
                                                                            CDU 81'1

Editora afiliada:

Sumário

Nota à edição brasileira   7
Introdução à terceira edição   9
  James McGilvray

Linguística cartesiana
Um capítulo na história do pensamento racionalista   109

Agradecimentos   111
Introdução   115
O aspecto criativo do uso da linguagem   121
Estrutura profunda e estrutura de superfície   175
Descrição e explicação em linguística   209
Aquisição e uso da linguagem   221
Resumo   243

Referências bibliográficas   245
Índice remissivo   255

Nota à edição brasileira

O livro que o leitor tem em mãos é a tradução da terceira edição do texto clássico de Noam Chomsky, *Linguística cartesiana: um capítulo na história do pensamento racionalista*. O livro original de Chomsky foi publicado em 1966 (um ano após a publicação de seu influente *Aspects of the Theory of Syntax* [Aspectos da teoria da sintaxe]), e já conta com uma tradução brasileira. Trata-se da tradução de Francisco M. Guimarães, publicada em 1972 pela coleção Perspectivas Linguísticas da Editora Vozes – então coordenada pelas pesquisadoras Marta Coelho, Miriam Lemle e Yonne de Freitas Leite. Esta tradução que agora chega pela Editora Unesp é a tradução da terceira edição, como dissemos, publicada em 2009, que conta com a edição e a introdução (e alguns comentários ao texto chomskiano) de James McGilvray, Professor Emérito de filosofia na McGill University.

Um clássico do pensamento linguístico, o texto de Chomsky segue atual. Aqui, como ficará claro ao leitor já na introdução elaborada por McGilvray, Chomsky detalha os fundamentos do programa gerativista em linguística e mostra que muitas das ideias perseguidas ainda hoje têm bases nas investigações linguísticas e filosóficas de René Descartes (1596-1650), dos gramáticos de Port-Royal, Antoine Arnauld (1612-1694) e Claude Lancelot (1615-1695), e de Wilhelm von Humboldt (1767-1835). A ênfase central do texto gira em torno da criatividade linguística e da crítica às visões empiristas no estudo da linguagem – em voga à época da publicação original de *Linguística cartesiana*, em meados dos anos 1960. Mas, para além desses temas, Chomsky amplia a discussão para outras noções caras ao programa gerativo, como a aquisição da linguagem, a ênfase no estudo da competência, os níveis de análise linguística etc.

Esperamos que o leitor desfrute da tradução desta nova edição de *Linguística cartesiana*, que permanece uma contribuição importante na história do pensamento linguístico.

Gabriel de Ávila Othero
Larissa Colombo Freisleben
Universidade Federal do Rio Grande do Sul – UFRGS

Introdução à terceira edição

James McGilvray

I. Uma visão geral

Linguística cartesiana (*LC*) começou como um manuscrito escrito quando Noam Chomsky tinha 35 anos e era *fellow* do *American Council of Learned Societies* [Conselho Americano de Sociedades Eruditas]. Uma versão anterior foi preparada para ser apresentada como conferência nos seminários Christian Gauss sobre Crítica, na Universidade de Princeton, no início de 1964. Talvez porque tenha se revelado além do alcance da audiência, a conferência não foi ministrada, e Chomsky apresentou uma palestra geral sobre a linguística como era entendida na época. O manuscrito, no entanto, foi revisado e publicado em 1966. Um *tour de force* intelectual, *LC* não é um texto fácil de ler, mas é certamente uma leitura gratificante. Trata-se de um estudo linguístico-filosófico sem precedentes, e até agora inigualável, da criatividade linguística e da natureza da mente que consegue produzi-la.

LC inicia descrevendo o tipo de criatividade linguística que é encontrada em praticamente todas as frases produzidas por qualquer pessoa, incluindo crianças pequenas. Como o seu subtítulo ("Um capítulo na história do pensamento racionalista") sugere, *LC* logo passa a se concentrar no tipo de mente que é necessária para possibilitar essa forma de criatividade e na melhor maneira de estudar essa mente e a linguagem que existe nela. O filósofo do século XVII René Descartes ocupa um papel de destaque na discussão e no título do livro. Isso porque ele foi um dos primeiros a reconhecer a importância dessa forma "normal" de criatividade linguística – criatividade exibida por todos, não apenas por poetas – para o estudo da mente humana.[1] Por conta disso, e porque um grupo de linguistas e filósofos que vieram depois de Descartes compartilharam esse ponto de vista (ainda que possam ter discordado de Descartes em outros aspectos) e direcionaram seu estudo da linguagem e da mente para abordar as questões que essa ideia provocava, Chomsky intitulou *Linguística cartesiana* o seu estudo do trabalho desses linguistas e filósofos e de seus opositores. Chomsky chama de "racionalistas" aqueles que ele pensa que conseguem lidar de forma plausível com os

---

[1] Juan Huarte, perto do final do século XVI (ver nota 9 de Chomsky), havia comentado sobre a criatividade linguística, mas não reconheceu suas implicações para o estudo científico da mente da mesma forma que Descartes o fez. A criatividade com a qual Chomsky se preocupa em *Linguística cartesiana* não é aquela encontrada nas ciências, por duas razões. Uma delas é que este livro foca na criatividade em uso, e os cientistas, em seu trabalho, geralmente tentam regular as formas como usam termos técnicos. Essa diferença é significativa; comento sobre ela a seguir.
Em segundo lugar, em *Linguística cartesiana*, a criatividade repousa em conceitos já disponíveis, tipicamente inatos. A criatividade científica envolve a invenção de novas teorias e, por meio delas, novos conceitos. O próprio trabalho científico de Chomsky é um exemplo disso. Ele praticamente criou a linguística em sua forma moderna quando abandonou o projeto mal fundamentado de taxonomia descritiva característico de grande parte da linguística e iniciou um projeto no qual o "cientista", como afirma Vaugelas, em *Linguística cartesiana*, é "simplesmente uma testemunha" que não pôde justificar suas "ferramentas" descritivas e iniciou outro projeto. Esse projeto consistia em construir e melhorar o que Chomsky agora chama de uma ciência "computacional", um estudo formal dos "mecanismos" biológicos pelos quais as línguas são adquiridas e as sentenças são montadas.

problemas que a criatividade linguística levanta para o estudo da mente e da linguagem; aqueles que não conseguem são chamados de "empiristas". Nesta introdução, eu adiciono "romântico" ao rótulo de "racionalista" de Chomsky para dar ênfase ao que está implícito em um estudo sobre a criatividade linguística e o seu papel no pensamento e na ação humanas: que os racionalistas que lhe interessam, assim como os românticos nos quais ele se concentra, reconhecem a centralidade, na vida cotidiana, da liberdade de ação e de pensamento, e eles tentam, com a sua visão da mente humana, falar sobre como essa criatividade é possível. Para muitos deles – e certamente para Chomsky em particular – a própria natureza da linguagem como um componente da mente/cérebro desempenha um papel central na explicação.

Linguística cartesiana tem muitas qualidades. Uma delas é que situa o esforço de Chomsky de construir uma ciência da linguagem em um contexto histórico mais amplo. O livro não pretende ser um trabalho de história intelectual; é muito breve e muito seletivo nos indivíduos que ele discute.[2] Mas ele oferece *insights* importantes sobre os trabalhos de figuras históricas e apresenta e discute textos históricos frequentemente ignorados, mas claramente relevantes.

---

2 Em um debate com Michel Foucault na televisão holandesa em 1970 (disponível em forma transcrita em Elders, 1974, p.143), Chomsky descreve seu interesse nos textos de figuras históricas como Descartes e Newton desta forma: "Eu abordo o racionalismo clássico não realmente como um historiador da ciência ou (...) da filosofia, mas de um ponto de vista bastante diferente, de alguém que possui certa gama de noções científicas e está interessado em ver como, em um estágio anterior, as pessoas podem ter tateado por volta dessas noções, possivelmente sem mesmo perceber o que estavam tateando. (...) Pode-se dizer que estou olhando para a história não como um antiquário... interessado em descobrir e analisar de maneira precisa o pensamento do século XVII. Não é minha intenção diminuir essa atividade, apenas não é a minha, mas sim do ponto de vista de (...) um amante da arte que quer olhar para o século XVII para encontrar nele coisas que são de valor particular e que obtêm parte de seu valor (...) por causa da perspectiva com a qual ele se aproxima delas".

Ele também revitaliza uma rivalidade que durou séculos e que – em 1966 e ainda hoje – se mantém, nas ciências cognitivas.

Outra qualidade é a compreensão que o livro proporciona das observações básicas que fundamentam a estratégia de pesquisa ou da metodologia fundamental para o estudo da linguagem e da mente de Chomsky e de outros racionalistas-românticos. Há dois conjuntos de observações. Um – os fatos da "pobreza de estímulo" – foca na lacuna entre o que as mentes obtêm quando elas adquirem uma capacidade cognitiva rica e estruturada, como a visão ou a linguagem, e o pequeno e "empobrecido" *input* que a mente recebe ao desenvolver essa capacidade. Outro conjunto – as observações sobre o "aspecto criativo do uso da linguagem" – concentra-se no fato de que as pessoas, mesmo as crianças pequenas, usam a língua de maneiras inovadoras e imotivadas, e ainda assim apropriadas. Devido à sua extensa discussão sobre criatividade linguística, *Linguística cartesiana* concentra-se mais do que qualquer outro trabalho de Chomsky nos fatos da criatividade e explora suas implicações para a ciência da mente e para a explicação do comportamento – e aborda suas implicações mais amplas para a política e para a educação, e até mesmo para a arte, especialmente para a poesia. Ao descrever a forma de criatividade que todos exercem no seu uso da língua – uma criatividade que está presente em praticamente todos os pensamentos e ações em que a linguagem está presente –, o livro destaca um fenômeno comum que parece desafiar a explicação científica. Seres humanos usam a linguagem de forma criativa rotineiramente, mas esse uso rotineiro parece ser um exercício de livre arbítrio. Sendo assim, seria pouco surpreendente se as ferramentas da ciência, que funcionam bem com determinação ou aleatoriedade, falhassem em descrever ou explicar o uso da linguagem. Ações livres não têm causa; portanto, não são determinadas, embora elas sejam tipicamente adequadas e, portanto, não aleatórias. Para Chomsky, assim como para outros racionalistas-românticos, isso sugere que, se você quer construir uma ciência da mente e da linguagem, você deve evitar tentar construir uma ciência sobre como as pessoas usam as suas mentes, e especialmente a sua língua. Não tente construir uma ciência do comportamento linguístico. Talvez, na verdade, dado o grau em que a linguagem permeia e modela muito de como nós entendemos e agimos, não tente construir ciências da ação e do comportamento em geral.

Isso não quer dizer que não deveríamos tentar construir uma ciência – na verdade, muitas ciências – da mente. E isso não impediu nenhum dos racionalistas-românticos – com a exceção parcial, mas intrigante, de Descartes[3] – de tentar construir ciências da mente e da linguagem.

Afinal, os fatos da pobreza de estímulo para a linguagem e para outros domínios, tais como a visão e o reconhecimento facial, sugerem que pode haver ciências de, pelo menos, um componente da mente. Isso parece indicar que a mente é feita de sistemas inatos que crescem automaticamente, assim como o coração e o fígado humanos. Adotar tal estratégia de pesquisa é chamado de "inatismo"; racionalistas-românticos são *inatistas*. Adotando essa estratégia, com exceção de Descartes, os estrategistas racionalistas-românticos buscaram, de uma forma ou de outra – e com diferentes graus de sucesso –, oferecer teorias universais e objetivas de vários componentes da mente, componentes da mente que a tradição chamou de "faculdades". As faculdades mentais – hoje diríamos "módulos" – parecem de fato funcionar de maneira determinada. Ou, pelo menos, os esforços racionalistas-românticos, como as empreitadas de

---

3 Descartes representa um caso interessante. Para quem deseja explorar o assunto, a Parte III desta introdução realça as suas contribuições. Um dos enigmas: entre suas muitas contribuições, Descartes ofereceu os rudimentos de uma teoria computacional da visão. Não é óbvio por que ele não considerou o sucesso (limitado, é claro) dessa teoria como uma indicação de que várias outras operações mentais poderiam ser capturadas por outro tipo de teoria computacional. Os gramáticos de Port-Royal que o seguiram tentaram construir tal teoria para a linguagem e, para sua época, fizeram considerável progresso.

Descartes em uma teoria computacional da visão, os esforços dos gramáticos de Port-Royal para produzir uma Gramática Universal ("filosófica"), as especulações de Cudworth sobre a natureza de "um poder cognoscitivo inato" e o esforço de von Humboldt para lidar com o maquinário mental necessário para propiciar a criatividade conseguiram, com sucesso variável, lidar com aspectos das ciências deterministas de várias faculdades. O progresso foi muito maior desde meados da década de 1950. David Marr, Chomsky e seus colaboradores produziram ciências inatistas avançadas da visão e da linguagem. Seu sucesso óbvio – e o sucesso mais limitado dos racionalistas-românticos anteriores – parece indicar que é possível construir ciências de várias partes da mente/cérebro, mas não das maneiras pelas quais os seres humanos usam o que esses componentes lhes fornecem para lidar com o mundo e resolver problemas variados.

O risco muito real de fracasso quando se tenta sair da cabeça para lidar com as complexidades da ação e do comportamento humanos sugere que os cientistas da mente deveriam focar no que está "na cabeça" e em como o que está na cabeça de uma pessoa particular vem a ter a forma e o "conteúdo" que tem – como isso "cresce". O termo de Chomsky para essa estratégia de estudo da mente é "internalista". Além de adotar pressupostos inatistas, os racionalistas-românticos adotam uma abordagem *internalista* para as ciências da mente. As observações sobre a criatividade linguística parecem sugerir que essa é a única abordagem que pode se provar totalmente bem-sucedida. É claro, algumas das evidências para uma ciência do que está na cabeça (embora de modo algum todas) vêm da observação de como uma pessoa se comporta – no caso da linguagem, como uma pessoa pronuncia uma frase e quando e onde ele(a) a usa, entre outras coisas. Mas, obviamente, uma teoria internalista do que está na cabeça não é apenas uma compilação desse ou de qualquer outro tipo de evidência; a teoria se preocupa com o que realmente está na mente e como isso funciona. Ela se preocupa com os princípios de operação de uma faculdade/módulo, com os seus *inputs* e *outputs* internos e em como essa faculdade se desenvolve e cresce à medida que o organismo se desenvolve. A propósito, isso não significa que a abordagem inatista e internalista dos teóricos racionalistas-românticos sobre a mente não tenha nada a dizer também sobre o comportamento e sobre a ação linguística criativa. Pois, como sugerido acima, ela pode explicar – e de fato explica – tanto o que, na mente humana, torna a criatividade linguística possível quanto por que o comportamento criativo linguisticamente informado está disponível apenas para os seres humanos.

Nos últimos anos, o rótulo de Chomsky para sua abordagem da mente e da linguagem mudou de "racionalista" para "biolinguístico". Ele e outros que trabalham na área agora são chamados de "biolinguistas". A mudança de rótulo destaca uma característica dos esforços de Chomsky para construir as ciências da linguagem desde o início de seu trabalho; o objetivo sempre foi tentar acomodar a ciência da linguagem a alguma ciência natural; por isso, a biologia – pois somente a biologia pode explicar como a linguagem é inata, por que ela é exclusiva dos seres humanos e como ela se desenvolve. No entanto, a estratégia de pesquisa biolinguística é apenas a atualização da estratégia inatista e internalista dos racionalistas-românticos. As mesmas observações sobre pobreza e criatividade continuam a ser consideradas. A estratégia de pesquisa racionalista-romântica (RR) está viva e sente-se muito bem nas práticas dos biolinguistas.

Uma terceira qualidade de *Linguística cartesiana* (LC) é apontar o papel central da criatividade linguística em quase todas as questões humanas. Diferentemente de organismos que não têm linguagem, nós podemos pensar e falar sobre qualquer coisa, em qualquer lugar – e fazemos isso: nós especulamos e perguntamos, questionamos e duvidamos, organizamo-nos em comunidades sem parentesco e sem contato, cooperamos para levar nossos projetos adiante, vivemos e nos desenvolvemos em muitos ambientes, envolvemo-nos em fantasias e brincadeiras, e assim por diante. Nossas capacidades cognitivas são, em geral, muito mais flexíveis do que as de outras criaturas. Nós podemos nos adaptar a vários ambientes e resolver (e criar) problemas bem além do que qualquer outra criatura consegue. Nós podemos criar e interpretar arte, desenvolver várias formas de religião e os tipos de explicação que elas oferecem, desenvolver nós mesmos e as nossas culturas. A criatividade linguística certamente tem um papel central a desempenhar em tudo isso, e as operações da faculdade da linguagem tornam possível essa característica central do que nos torna humanos, dando-nos nossas naturezas humanas distintas. As implicações desse dom não passaram despercebidas por A. W. Schlegel ou von Humboldt ou, depois deles, por Chomsky. Algumas são políticas. Discuto algumas delas brevemente em outra seção desta introdução.

Esta introdução tem quatro partes. Na Parte II, a seguir, discuto mais detalhadamente o lugar da visão racionalista-romântica da mente e seu estudo no trabalho de Chomsky. E explico como essa visão e, junto com ela, sua ciência da mente se desenvolveram desde o *Linguística cartesiana* de 1966 até se tornarem a biolinguística contemporânea. Eu também contrasto essa perspectiva com a visão dos empiristas sobre a estratégia correta a ser usada para investigar a mente, focando em algumas versões contemporâneas do empirismo. Um dos meus objetivos nessa parte é enfatizar a importância de considerar as observações de Descartes sobre criatividade. Fazer isso e, ao mesmo tempo, levar a sério as observações sobre a pobreza de estímulo induz, eu sugiro, ao notável progresso observado nos últimos anos no estudo científico da mente e da linguagem. A Parte III concentra-se em Descartes e suas contribuições e falhas. A outra, Parte IV, aborda brevemente algumas das implicações do estudo biolinguístico da linguagem e da mente para a política e para a educação.

Os leitores podem querer ler o rico texto de Chomsky agora e retornar para a Parte II para aprender mais sobre a estratégia RR para o estudo da mente e sobre o progresso na abordagem de Chomsky da linguagem desde 1966. Alternativamente, eles podem querer ler a Parte II agora e ter um panorama da estratégia de pesquisa RR, entendendo por que ela parece ser bem sucedida na ciência da mente onde a estratégia empiricista parece falhar. As Partes III e IV são para aqueles que ficaram curiosos sobre as contribuições específicas de Descartes e sobre as implicações de uma estratégia de pesquisa internalista e inatista para a política e para a educação.

Essa terceira edição de *LC*, como a segunda anterior, está apenas em inglês.[4] No texto original de 1966, Chomsky deixou muitas citações retiradas dos trabalhos dos autores que ele discute em francês ou em alemão; para a maior parte delas, ele só usou as traduções que estavam disponíveis na época.

Para tornar essa segunda edição mais acessível ao público mais amplo que *LC* merece, Susan-Judith Hoffmann traduziu os textos em alemão que faltavam, e Robert Stoothoff, as partes que permaneciam em francês. A maioria das traduções do francês dos trabalhos de Descartes que Chomsky tinha incluído no original foram substituídas por traduções aprimoradas mais recentes – mais especificamente, as que estão disponíveis nos volumes 1-3 das edições da Cambridge de *The Philosophical Writings of Descartes* [Os escritos filosóficos de Descartes] de John Cottingham, Robert Stoothoff, Dugald Murdoch e (apenas para o terceiro volume) Anthony Kenny. Em todas as traduções, foi feito um esforço para se adequar tanto ao texto original quanto à terminologia de Chomsky. Algumas vezes, isso exigiu modificações menores em traduções disponíveis para deixar claro o que Chomsky parecia ter visto nos originais não traduzidos. Eu não posso – ninguém pode – garantir que as traduções ou mudanças capturam exatamente a intenção dos textos originais, é claro, mas acredito que o resultado geral atende a demanda tanto de acadêmicos quanto

---

4 A tradução que apresentamos aqui vem da edição em inglês, mas as fontes originais foram consultadas no caso das citações de autores que escrevem em francês ou alemão. (N. T.)

de estudantes, graças ao trabalho admirável dos professores Stoothoff e Hoffmann. Finalmente, agradeço a um ex-aluno de pós-graduação (agora professor), Steve McKay, por seu trabalho na preparação de um índice remissivo para a segunda edição; o original não tinha índice remissivo. O índice remissivo atual altera o de McKay, para contemplar essa introdução.

Observe as seguintes convenções: os números das notas de Chomsky continuam depois dos dessa nova introdução. Adições editoriais às notas de Chomsky aparecem entre colchetes ([...]);[5] em sua maioria, essas adições oferecem sugestões para estudo adicional. As referências de Chomsky a textos e páginas permanecem como eram no original; todos os acréscimos têm a forma (Autor, data de publicação, página). Adicionei itens bibliográficos datados posteriormente a 1966.

Noam Chomsky leu esta introdução no início de 2008 e me enviou muitos comentários úteis. Eu sou muito grato: seus comentários levaram a várias mudanças e melhorias. Em dois lugares, eu simplesmente citei o que ele tinha a dizer. Também sou muito grato a Cedric Boeckx, Oran Magal e Juhani Yli-Vakkuri por lerem os rascunhos desta introdução. Não tenho dúvida de que ainda há erros. Eles são, no entanto, inteiramente meus.

II. A ciência da mente e da linguagem

II.1 Criatividade e pobreza:
internalistas, inatistas e seus oponentes

Racionalistas-românticos (RRs) e empiristas diferem muito em suas visões sobre a mente e, não surpreendentemente, em

---

5 Na tradução brasileira, utilizamos o recurso dos colchetes para traduzir, em sua primeira ocorrência, o título de obras que aparecem em outras línguas e que estão sendo o foco de debate do texto chomskiano. (N. T.)

suas visões sobre como a mente deveria ser estudada. Eles diferem tanto em como concebem a mente tendo o "formato" e conteúdo que tem, quanto em como concebem o papel do mundo fora da cabeça ao moldar e fornecer conteúdo. Empiristas afirmam que *aprendemos* muito do que recebemos – ao menos no que diz respeito a processos "superiores" e a processos cognitivos. RRs discordam: esses processos são, em sua maioria, inatos.[6]

---

6 Descartes representa um caso interessante. Para quem deseja explorar o assunto, a Parte III desta introdução realça as suas contribuições. Um dos enigmas: entre suas muitas contribuições, Descartes ofereceu os rudimentos de uma teoria computacional da visão. Não é óbvio por que ele não considerou o sucesso (limitado, é claro) dessa teoria como uma indicação de que várias outras operações mentais poderiam ser capturadas por outro tipo de teoria computacional. Os gramáticos de Port-Royal que o seguiram tentaram construir tal teoria para a linguagem e, para sua época, fizeram considerável progresso.
Às vezes é difícil de encaixar em um campo em oposição alguns candidatos históricos e contemporâneos para esses rótulos. Enquanto Hume, por exemplo (geralmente classificado como empirista), argumentava que obtínhamos a linguagem e os nossos conceitos de nível mais alto por meio de um processo de aprendizagem que equivalia a algum tipo de agrupamento associativo estabilizado ao longo do tempo pela repetição de experiências semelhantes, ou "impressões" (claramente um mecanismo de aprendizagem de propósito geral), ele também argumentava que pelo menos algumas das operações de nossa mente parecem ser realizadas automaticamente e de maneira notavelmente semelhante a regras por "molas e princípios secretos". Ele observou, por exemplo, que os humanos parecem ser capazes de compreender qualquer ação nova e, ainda assim, fazer julgamentos que parecem ser governados por regras sobre sua permissibilidade. Uma maneira de interpretar a afirmação sobre molas e princípios secretos (e sua recusa em tentar dizer o que são) é considerá-lo essencialmente um inatista (pelo menos em certos domínios), mas alguém cujo ceticismo impede de empreender um projeto de pesquisa para descobrir exatamente quais são essas molas e princípios internos. Por outro lado, Jerry Fodor é um racionalista autodeclarado e é de fato, como outros racionalistas, um inatista. Mas ele adota uma visão não internalista da mente e de seu estudo, como seria de se esperar de alguém que deseja pensar no estudo da mente como o estudo de um sistema representacional (denotando, referindo). Ele não depende de um procedimento de aprendizagem generalizado; mas suas credenciais de RR, até onde vão minhas convenções de rotulagem, estão perdidas. Chomsky, no entanto,

Comparar essas visões coloca em evidência os traços de cada uma e nos permite perguntar qual dessas duas concepções e qual estratégia de pesquisa têm as melhores perspectivas de sucesso.

Para ilustrar as suas diferenças, vamos olhar para como cada campo concebe dois tipos de entidades mentais e como elas chegam à mente – como elas são adquiridas ou aprendidas. Uma classe consiste em conceitos "atômicos" como ÁGUA, BEBER, FRIO e milhares de outros que nós usamos de diferentes maneiras para realizar diversas tarefas cognitivas, como descrever, especular, recordar, contar histórias etc. A outra classe de "entidades" consiste em regras ou princípios que governam como a mente junta os conceitos elementares que as palavras expressam para montar os conceitos complexos expressos por sintagmas e frases. Sintagmas incluem "beber água fria" e incontáveis outras formações; frases incluem "Jane vai beber só água fria" e incontáveis outras. Humanos – ou melhor, mentes

---

está claramente no campo RR: ele é tanto inatista quanto racionalista, e – com a linguagem e seu uso – é um oponente da "teoria representacional da mente" que Fodor diz ser "o único jogo na cidade", se você quiser ser um cientista cognitivo. Chomsky também é um oponente ainda mais veemente do "dogma" empirista – de sua visão anti-inatista e externalista da mente e de sua estratégia de pesquisa. Muitos filósofos, comportamentalistas entre eles, ainda estão claramente no campo empirista (embora possam evitar o rótulo). O mesmo vale para muitos dos psicólogos (e filósofos) que se autodenominam "conexionistas". O conexionismo, como é praticado, dedica-se principalmente a instituir na ideia de que, com a linguagem e com os conceitos (os complexos, presumivelmente), a mente adquire sua forma produtora de linguagem e seus conteúdos conceituais por conta de operações de um procedimento de aprendizagem generalizado. Sua afirmação de que a mente é composta por "redes neurais" é inofensiva; é sua afirmação sobre o estado inicial da rede (indiferenciado, aproximando-se da *tabula rasa* de Locke) e sua ideia sobre como essa rede obtém seu "conteúdo" (por treinamento, aprendizado) que os colocam firmemente no campo empirista. Não surpreende ninguém que muito do trabalho conexionista seja dirigido a tentar mostrar que alguma regra que faz parte de uma teoria RR possa ser "aprendida" por uma rede neural moldada por um procedimento de aprendizagem generalizado envolvendo "treinamento".

humanas – rotineiramente montam complexos como esses.[7] Os RRs argumentam que os conceitos da mente e as formas de juntá-los na linguagem e no pensamento são, em grande parte, configurados de maneira inata; eles também defendem, então, que a forma adequada de estudar a mente é construir teorias dos vários tipos de maquinários mentais internos que colocam os conceitos no lugar ou os "ativam", configuram esses conceitos nas formas que o maquinário permite ou exige e fazem o mesmo para regras ou princípios que controlam como juntar conceitos na forma complexa expressa por frases. O teórico RR é um *inatista* (alguém que defende que tanto os conceitos quanto as formas de juntá-los para formar complexos como os expressos por frases são de alguma forma inatos, implícitos na mente). E, por ser o pesquisador RR um inatista que tenta dizer quais são os conceitos e mecanismos combinatórios e como eles se desenvolvem no processo automático de amadurecimento de uma criança construindo teorias dos mecanismos inatos e de suas operações sem tentar incluir nenhum objeto fora da cabeça no escopo de suas teorias, teóricos RRs também adotam uma estratégia de pesquisa *internalista*.

Os RRs (ver, a esse respeito, especialmente as discussões de *LC* sobre von Humboldt e Herbert de Cherbury) apontam o que consideram uma forte conexão entre o inatismo e os fenômenos da criatividade linguística cotidiana. A criatividade linguística "comum", juntamente com suas importantes consequências – a capacidade de se envolver em fantasias, especulações, jogos,

---

7 As pessoas (usando o que suas mentes fornecem) também juntam grupos de frases chamadas "histórias" ou "contos" ou "descrições" etc. dependendo da função que se espera que o grupo desempenhe. Essas *não* estão sendo consideradas aqui. As histórias obviamente não são inatas. Nem são aprendidas. É necessário ter linguagem e construir frases (complexos de conceitos de forma sentencial) para ser capaz de construir histórias. A questão central é como se adquirem os conceitos e os princípios combinatórios envolvidos na montagem de frases.

planejamentos, pensamentos não relacionados à circunstância, além da capacidade de construir "teorias" do mundo, como especular quem vai ganhar a próxima eleição ou o próximo jogo de futebol – está prontamente disponível para todos desde a infância, sustentam os RRs, somente porque centenas de milhares de conceitos ricamente dotados de expressão linguística e os meios de reuni-los são inatos e, portanto, prontamente disponíveis desde cedo. Por esses conceitos serem inatos, as mentes das crianças fornecem prontamente frases inovadoras que a criança pode usar de várias maneiras. Qualquer um pode observar a criatividade mental em crianças pequenas – ela é encontrada no uso de frases frequentemente inéditas para compreender e agir de várias maneiras. A criatividade não aparece apenas na fala, mas também ao transformar caixas de papelão em casas, nas fantasias de uma criança, ao se perguntar sobre como algo funciona, nas conjeturas de uma criança sobre as intenções de seus pais e de outras crianças, na sua experimentação com ferramentas e brinquedos variados e assim por diante. A questão é como crianças pequenas conseguem ser tão criativas em uma idade tão precoce – certamente quando têm quatro anos, frequentemente antes disso. Já que se deve supor que, com uma criança, assim como com qualquer outra pessoa, as ferramentas conceituais necessárias para classificar e para pensar e os mecanismos combinatórios que permitem juntar conceitos em vários tipos de arranjos devem estar no lugar antes que possam ser juntados em complexos, o único jeito de explicar o surgimento precoce da criatividade é assumir o inatismo, tanto dos conceitos quanto dos princípios combinatórios. E é somente porque esses conceitos e princípios de agrupamento (e as maneiras de ativá-los com o mínimo de experiência) estão embutidos na mente das crianças – presumivelmente alojados no seu genoma e nas maneiras como ele se desenvolve ou cresce – que podemos rapidamente entender seus esforços criativos, e eles os nossos. O inatismo fornece uma base para entendermos uns aos outros, mesmo em uma idade muito precoce. E conceitos inatos podem ser considerados como os significados das palavras (itens lexicais, em termos técnicos); eles constituem o "conteúdo interno" (ou talvez o "conteúdo intrínseco") das palavras.

Como sugerido na Parte I, RRs também enfatizam uma conexão entre a criatividade e a sua decisão de adotar o internalismo como uma política de pesquisa para o estudo científico da mente. Considere o que acontece se alguém decide construir uma teoria (uma ciência, não um palpite sobre o resultado de uma partida de futebol) sobre um aspecto interessante e importante do uso da linguagem e dos conceitos – usar a linguagem para se referir a coisas. Tentar isso exige, no mínimo, concentrar-se não apenas nas palavras e em como elas se unem em sintagmas e frases em um sistema na cabeça, mas também nas relações entre essas entidades internas e as coisas e as classes de coisas no mundo exterior. Fazer isso expande o conteúdo da teoria para incluir não apenas objetos mentais, como conceitos, mas coisas e classes de coisas no mundo, e talvez também as suas propriedades. Isso também exige que as relações entre o que está dentro da cabeça e o que está fora sejam "naturais" e determinadas, talvez fixadas por algo como o crescimento biológico. Essa é uma tarefa intimidadora e, se as observações sobre criatividade forem levadas em conta, é provavelmente impossível. Não se encontrarão relações determinadas entre a mente e o mundo, do tipo exigido para "fixar" o uso de frases.[8]

Ainda assim, muitos filósofos contemporâneos – Putnam, Kripke, Burge, Fodor etc. – acreditam que, para entender como a linguagem tem sentido e para que as palavras tenham algum significado, é preciso assumir uma conexão determinada entre alguns substantivos, pelo menos, e coisas no mundo – uma única

---

8 O teórico RR não tem escrúpulos sobre relações causais determinadas naturalisticamente na direção mundo-cabeça. Relações desse tipo figuram em uma explicação sobre a aquisição, não sobre o uso.

coisa para um nome próprio ou uma classe de coisas para um termo geral. A relação deve ser determinada, ou envolver poucas opções especificáveis. Caso contrário, as ferramentas de construção de teorias falham. Partindo desse pressuposto, a suposta relação determinada é frequentemente chamada de "referência", embora os termos "denotação" e "significação" também sejam usados. É comum afirmar que substantivos, pelo menos alguns deles, referem-se "rigidamente", para usar a interessante terminologia de Kripke. A criatividade linguística ordinária representa um grande problema para uma tentativa de construir uma teoria do significado que exija relações determinadas mente-mundo. Se você defende que o significado depende da referência e você quer uma teoria do significado para uma língua, é melhor esperar que haja um determinado referente para cada substantivo. Ou se, como Gottlob Frege (1892), você pensa que a relação referencial com as coisas é mais complicada, que uma palavra está primeiramente ligada a um sentido (para ele, um objeto abstrato), e um sentido, por sua vez, fixa uma referência, é melhor esperar que, para cada substantivo, haja um único sentido e, para cada um desses sentidos, um único referente. Caso contrário, sua teoria terá de levar em conta todos os fatores complexos e altamente variáveis que aparecem no uso da língua de uma pessoa para diversos objetivos e nos esforços que as pessoas fazem para entender o que as ações linguísticas de outra pessoa significam – qual é a sua intenção com eles, incluindo ao que eles pretendem/querem se referir, se for o caso. Você vai ter de levar em consideração mudanças nas intenções do falante, no tipo de papel que uma palavra está sendo solicitada a desempenhar (falar para alguém como se chega a Chicago, criticar uma obra de arte...), nas circunstâncias da fala, na ironia em oposição à descrição direta, na ficção em oposição ao fato e assim por diante. Para especificar qual é o contexto de discussão, você terá de dizer o que conta como "assuntos que formam o foco imediato de interesse" (para citar o filósofo Peter Strawson);[9] e há pouca esperança de que qualquer um possa dizer o que esses assuntos são, de uma forma que permita qualquer tipo de uniformidade em toda a população; a não ser, possivelmente – o caso limite, e dificilmente relevante para a concepção de linguagem, significado e referência que os filósofos em questão têm em mente – se a população consistir apenas em um único falante, em um dado momento, tentando realizar uma única e bem compreendida tarefa. De modo geral, não há garantia de que nada, nem mesmo quando lidamos com descrição direta e com pequenas populações, possa ser fixado de forma decisiva. Fixar é fixar o uso da língua. Infelizmente para o seu projeto de construir teorias baseadas em expectativas como essas, as pessoas simplesmente não se importam com o que o seu esforço teórico exige, como pontuaram Descartes, há muito tempo atrás, e Chomsky, em *LC* e em outros lugares (*New Horizons in the Study of Language and Mind* [Novos horizontes no estudo da linguagem e da mente] – Chomsky, 2000 – entre outros), elas não querem e não produzem usos fixos, nem mesmo de substantivos.[10] E, ainda assim, em um grau que parece ser adequado para resolver ao menos problemas práticos cotidianos, as pessoas ainda conseguem entender usos livres de expressões resistentes a teorias. Resistindo às vontades daqueles que gostariam de regularidade e mesmo de determinação, as pessoas parecem se beneficiar de suas capacidades de serem criativas. Elas gostam de usar as palavras de diversas maneiras, sendo, ao mesmo tempo, adequadamente compreensíveis e falando adequadamente

---

9 Chomsky enfatizou essa citação de Strawson (1950, p.336) em uma palestra delineando e defendendo uma abordagem internalista à semântica (significado) em Harvard, em 30 de outubro de 2007.

10 Pode-se, é claro, introduzir uma noção técnica – *nome próprio* – e estipular que um *nome próprio* denote uma única entidade. Provavelmente você também terá de introduzir uma noção técnica *entidade*. Mas você não deve achar que vai convencer um teórico RR que pretende construir uma teoria naturalista da linguagem e seus significados de que ele ou ela deve levar a sério seus termos técnicos.

(para a(s) tarefa(s) em questão). Aparentemente, usar uma palavra – um substantivo ou outra palavra – da mesma forma todo o tempo é tão tedioso como colocar um objeto em seu lugar em uma linha de montagem repetidamente. Em suma, em nenhum caso nada *determina* como eles ou você devem usar uma palavra ou entendê-la quando usada por outra pessoa, com qualquer objetivo, em qualquer situação. O uso da linguagem é uma forma de ação humana, e é, à primeira vista, uma forma de ação livre particularmente inovadora e imotivada, e ainda assim coerente e apropriada.

Entretanto, alguém atraído pelos tipos de casos em que Kripke e outros se concentram para fornecer uma motivação para tomar seriamente nomes próprios como "designadores rígidos" pode sugerir que nada mais explica como pessoas com pontos de vista bastante diferentes de, digamos, Dick Cheney, ainda assim, podem usar "Cheney" e esperar que os outros saibam o que eles pretendem. Dados diferentes entendimentos de Cheney, não é possível contar com aquilo que os outros sabem ou supõem saber sobre Cheney. Então, argumenta-se, deve haver *alguma* relação referencial que não dependa puramente do conhecimento ou do entendimento das pessoas a respeito de Cheney ou de qualquer outro objeto ou evento ao qual alguém queira se referir. Mas essa tentativa de convencer um teórico RR é em vão. Nada fora do contexto da fala ou do contexto de escrita[11] controlado pelo autor *fixa previamente* uma referência – previamente, isto é, a alguém usar um termo para se referir e outro alguém interpretar o que o falante diz usando quaisquer recursos que tenha. É claro, o processo de determinar o que uma outra pessoa "tem em mente" pode falhar, embora nossos recursos frequentemente se provam

---

[11] Tenha em mente que palestras e trabalhos de filósofos e outros fornecem contextos em grande parte sob o controle do autor ou palestrante e, não surpreendentemente, aqueles que escrevem ou falam tendem a construir contextos que se adequam ao que desejam defender.

suficientemente confiáveis para que isso não importe para os objetivos do discurso. Esses recursos incluem, além de biologias compartilhadas, ambientes, comunidade, interesses, escolhas de pares lexicais de sons e traços semânticos do léxico do ouvinte e afins. E geralmente são suficientes. As palavras não referem, são as pessoas que referem – e aqueles que querem entender o falante devem, da melhor forma que puderem, colocar-se na posição do falante usando quaisquer recursos que possíveis para descobrir o que falante tem em mente.

Duas dificuldades são enfrentadas por aqueles que querem afirmar que "existe" uma relação referencial entre termos de línguas naturais e as coisas "lá fora". Uma é que em poucos casos – talvez em nenhum – haja uma razão para pensar que o mundo "lá fora" realmente contenha qualquer "coisa" do tipo que os referencialistas rígidos tenham em mente. Londres é um conjunto de edifícios em um território, mas ela (a mesma "coisa") poderia ser movida rio acima para evitar inundações; Chomsky escreveu *Failed States* [Estados fracassados], que pesa meio quilo, e esse meio quilo de polpa de madeira é convincente (porque contém um argumento); minha biblioteca pessoal tem *Failed States* e a biblioteca da minha universidade também tem; Teseu construiu um barco e substituiu todas as suas tábuas, que depois foram recolocadas nas mesmas posições, mas o barco de Teseu é o modelo reconstruído, não o que foi remontado. As formas como entendemos as coisas são fixadas pelos nossos recursos conceituais, e nossos recursos conceituais claramente permitem que as coisas sejam abstratas e concretas ao mesmo tempo: elas contêm polpa de madeira e informação; elas são um, mas muitos; nossos recursos permitem que a propriedade e a responsabilidade prevaleçam sobre a constituição material. Esses são apenas alguns dos inúmeros exemplos que indicam que nós "criamos" as coisas do nosso mundo para se adaptarem aos nossos recursos conceituais, e que essas "coisas" são, tipicamente, identificadas em termos dos nossos interesses, e não de algum tipo de padrão objetivo. Nós nomeamos pessoas rotineiramente, mas o que "são" pessoas como Dick Cheney? PESSOA é o que Locke chamou de um conceito "forense", um conceito que se adapta à nossa necessidade de atribuir responsabilidades às ações e que mantém uma certa continuidade psíquica. A questão geral é a seguinte: as coisas e as classes de coisas que compõem o mundo como nós tipicamente o entendemos não são as entidades bem definidas das ciências. O que dizer, no entanto, de um favorito dos referencialistas, ÁGUA? Certamente água é H_2O? Chomsky (2000, 1995a) fornece muitos exemplos que indicam que nós, usuários de línguas naturais, não temos nada parecido com o H_2O dos cientistas em mente quando falamos e pensamos em água. Nós não temos nenhuma dificuldade em dizer que a água se torna chá quando é aquecida e um sachê de chá é colocado nela. Nossa água nos limpa e limpa as nossas coisas; ela pode ou não ser limpa; pode ser calma ou turbulenta, e assim por diante. A maior parte da água do universo está em estado vítreo (em asteroides e afins); ainda assim, se um copo é feito desse material, ele não é oferecido para mastigar quando alguém pede por um copo de água. Esse e outros exemplos constituem o pano de fundo para a observação de Chomsky que seria enigmática, caso contrário de que "*Water is H_2O* [Água é H_2O]" não é uma frase do inglês. Não é porque H_2O pertence à química molecular; ÁGUA é o que "água", em nossa língua, expressa. Se você ainda não estiver convencido, Chomsky aponta um paralelo na fonologia. A sílaba /ba/ está na mente. Não está "lá fora". A questão é geral: os sons linguísticos estão "na mente". Eles não saem das bocas das pessoas. Tudo o que sai da boca das pessoas quando elas falam é uma série de compressões e descompressões de ar, e não /ba/ ou /ta/. Assim como não existe /ba/ ou /ta/ "lá fora", também não existe Londres.[12]

---

12 Von Humboldt (discutido no começo de *LC* e novamente no final) apresenta os mesmos pontos que Descartes, Cudworth e outros na tradição RR.

Uma segunda dificuldade é que as línguas naturais parecem não ter nada parecido com o que os filósofos e algumas outras pessoas chamam de "nomes *próprios*" – nomes que se referem "diretamente" a uma única entidade – ou termos gerais com referência rígida como "água". As línguas (as línguas que os indivíduos têm nas suas mentes) têm nomes, é claro; isso é uma categoria sintática de expressão que pode ou não ser um primitivo de uma teoria da linguagem. E nomes tendem a ter ao menos algum significado: a maioria das pessoas, quando escuta palavras como *Moses* e *Winchell*, vão, por padrão, atribuir a elas algo como o traço conceitual NOME DE PESSOA. O seu léxico específico pode atribuir mais do que isso a nomes específicos. Mas, quer sejam minimamente ou mais pesadamente especificados, nomes têm significados, ou "expressam conceitos", entendendo que eles têm ao menos alguns traços semânticos – e que eles têm significados distintos dos nomes próprios e dos termos de referência rígida postulados na discussão filosófica. Uma vez que eles têm significado, é difícil entender por que alguém pensaria que uma teoria do significado para uma língua natural exige sair da mente.

Talvez haja, no entanto, uma explicação para isso: uma analogia com a ciência e com a prática de cientistas que frequentemente induziu os estudos sobre línguas naturais ao erro. Observe que a familiaridade com uma pessoa e suas circunstâncias, a confiança em teorias populares e outras estratégias padrão, entre outras, não desempenham nenhum papel na compreensão de exposições técnicas em matemática e ciências naturais. No entanto, a referência, para o grupo de participantes (matemáticos e cientistas), é basicamente determinada, e os termos que eles usam realmente parecem "referir-se por si mesmos". Isso não acontece, no entanto, porque os símbolos do trabalho técnico *realmente* se referem "por si mesmos", mas porque se pode assumir que todos os participantes – como disse Frege – "compreendem o mesmo sentido", e o sentido é adotado por todos para caracterizar uma entidade ou uma classe de entidades provenientes do objeto do seu projeto comum, seja a matemática, a física de partículas elementares ou a linguística formal. Há espaço para discordâncias sobre se uma prova difícil é bem-sucedida ou sobre se uma hipótese está correta, mas, ao se fazer um trabalho técnico em uma área científica ou matemática, pode-se supor que todos sabem sobre o que o(a) locutor(a) está falando, ao que ele(a) se refere. A anomalia quiral de um físico é a mesma que a de outro físico, o aleph-zero de um matemático é o mesmo de outro, porque eles se esforçam para falar da "mesma coisa", seja ela qual for. É por isso que, como Chomsky sugere, na área da matemática e das ciências naturais, encontramos fortes restrições "normativas" para o mesmo uso, restrições que *não* são encontradas no uso das línguas naturais, em que as pessoas usam e apreciam a criatividade linguística. Os falantes comuns não estão engajados em um projeto unificado. E, como Chomsky também destaca, não é surpreendente que as teorias semânticas fregeanas – aquelas que supõem uma comunidade com pensamentos compartilhados e símbolos uniformes compartilhados para expressar esses pensamentos, e uma suposta restrição para falar da mesma coisa quando usam um símbolo específico – funcionam muito bem com a matemática e com as ciências naturais (1996, capítulo 2). Mas elas não funcionam com línguas naturais, uma lição difícil para os muitos filósofos e semanticistas que tentam adaptar a semântica fregeana às línguas naturais.

Fortes restrições normativas ao uso – as "convenções" de David Lewis (supostamente necessárias para permitir a comunicação e a cooperação) e as supostamente determinadas "práticas" de Sellars e companhia – não existem.[13] Elas simplesmente não

---

13 Talvez exista "oi?", mas também tem "olá", "e aí", "saudações". E nenhum desses ou qualquer uma das outras possibilidades de termos de cumprimento – ou os poucos outros casos onde se pode encontrar algum grau de regularidade no uso – sustentará algo parecido com as afirmações de Lewis e Sellars sobre convenções e práticas, sem mencionar seus esforços semânticos.

são necessárias na fala cotidiana. Nós temos muitos recursos disponíveis para lidar com a interpretação, e falantes e ouvintes acham as tentativas de restrição limitantes. Isso não significa que não se possa ter uma teoria do significado para uma língua natural – mas ela deve ser internalista.

Em suma, não há referência que seja apartada de alguém que refira; relações com o mundo exterior (e até mesmo, em certo sentido, o "mundo exterior" como compreendido pelos conceitos expressos em línguas naturais) são estabelecidas por meio de usos reais. Isso é verdade nas ciências e no discurso cotidiano, embora nas ciências e na matemática, como indicamos, as práticas sejam "normatizadas" e se aproximam o suficiente da imagem fregeana de uma teoria semântica que permite idealizar e ignorar as contribuições de uma pessoa. Tudo isso coloca os internalistas, como Chomsky é hoje em dia, em uma posição incomum. Ele rejeita o muito popular (entre linguistas e alguns filósofos) modelo fregeano de semântica ("teoria do significado") e, junto com ele, o que Jerry Fodor chama de "teoria representacional da mente". Se você defende que a referência das línguas naturais (que envolve o uso de termos de línguas naturais, como "Londres", por pessoas em circunstâncias variadas, engajadas em projetos diferentes e com interesses variados) não é um assunto adequado para a ciência, você também deve defender que a representação das coisas no mundo exterior por meio do uso de termos de línguas naturais também não o é. De fato, é preciso rejeitar – ou talvez reinterpretar – uma parte considerável da "ciência cognitiva" contemporânea, ao menos aquela parte que pretende oferecer uma semântica para as línguas naturais que pressupõe uma relação entre as entidades da língua natural e o mundo. Talvez, como expresso por Fodor (1996), uma teoria representacional (essencialmente fregeana) de tais conceitos é "o único jogo na cidade". Ainda assim, Chomsky e outros teóricos RRs contemporâneos (há alguns) parecem não ter nenhuma hesitação em fazer ciência cognitiva e lidar com conceitos/significados que são totalmente determinados internamente. Eu suspeito que isso se deva ao fato de que eles sabem que existe uma ciência naturalista não representacional da linguagem e do que ela fornece à mente (provavelmente na forma de "traços semânticos") e acham que isso é suficiente para uma teoria do significado de línguas naturais e da composição de significados. Se esse for o caso, eles podem encarar a perda de relações determinadas mente-mundo como referência e denotação com serenidade.[14] Na verdade, eles podem estar dispostos a sustentar que nenhuma ciência da visão ou outra teoria da mente precisa se comprometer com uma visão representacional fodoriana.[15] As "bolhas" da visão de David Marr denotam algo lá fora? Certamente não. Suas "representações" tridimensionais também não. Vale a pena considerar novamente as observações feitas acima sobre as sílabas /ba/ e /ta/ na fonologia (uma ciência internalista). Há uma maneira interessante pela qual Chomsky concorda com o filósofo Wittgenstein (cujos últimos trabalhos, junto com os de J. L. Austin, ele estava lendo quando escreveu o seu enorme *The Logical Structure of Linguistic Theory* [A estrutura lógica da teoria linguística] – um trabalho que considera a linguagem como uma ferramenta (natural) que pode ser usada de formas variadas). Wittgenstein (1953) pensava que palavras e frases eram "ferramentas" que nós usamos para realizar as diversas tarefas cotidianas, e ele defendia

---

14 A comunicação animal muitas vezes exibe algo que se assemelha a usos relativamente fixos do que seus sistemas de comunicação oferecem. Mas esse fato, se é que é assim, tem pouco ou nada a ver com o uso humano de línguas naturais, muito menos com a linguagem humana.

15 Chomsky e Marr chamam suas teorias de "representacionais", mas certamente no caso de Chomsky – e, eu argumentaria, também no caso de Marr –, isso não tem nada a ver com a noção fodoriana de representação, que equivale a algo como "re-presentação". Está certo que usamos a visão frequentemente para navegar e lidar de outra forma com nossos ambientes imediatos, mas isso é apenas um aspecto ocasional e insignificante de nosso uso da linguagem. Ainda assim, nenhuma teoria é "sobre" o mundo; cada uma diz respeito ao que acontece na cabeça.

que os seus significados são as funções que elas desempenham. Sendo assim, ele pensou: se você quiser saber o que a expressão E significa para a pessoa P, descubra como ele(a) a usa – que função ela cumpre para realizar qualquer que seja a tarefa que ele(a) esteja realizando. Em seguida, ele argumentou que, uma vez que as pessoas usam as palavras e as frases de todas as maneiras imagináveis, o melhor que se pode fazer é *descrever* como outra pessoa usa uma palavra em uma situação. Você não pode, ele disse, construir uma *teoria* do significado se você pensa que os significados das palavras são encontrados nas maneiras como elas são usadas. A esse respeito, ele e Chomsky concordam: simplesmente não há uniformidade o suficiente nas maneiras como as pessoas usam as expressões para sustentar uma teoria. Por isso, se você pensa no significado em termo de seu uso, não terá uma ciência. Até aqui, ele e Chomsky concordam. Mas, para Chomsky, isso apenas mostra que você está procurando por uma teoria do significado no lugar errado: olhe para o que a biologia lhe oferece na mente. A advertência de Wittgenstein era geralmente ignorada; filósofos como Lewis e Sellars e muitos outros simplesmente supuseram (talvez tendo em mente as práticas matemáticas e científicas) que deve haver uma uniformidade de uso muito maior do que parece, e postularam convenções e práticas uniformes que simplesmente não existiam. Como nós vimos sobre a questão da referência, essa não é uma boa estratégia. Internalistas como Chomsky sugerem olhar essa questão de outra maneira: não pensar no significado em termos de uso, mas pensar, ao contrário, em traços de palavras e de frases de origem interna e especificáveis teoricamente. Esses traços ainda fornecem "ferramentas". Ter as naturezas que eles têm permite que sejam usados das maneiras que obviamente o são. Em outras palavras, explique não como as pessoas usam as palavras, mas como o uso criativo de palavras é possível. Os teóricos RRs sustentam que isso é possível apenas porque, com a linguagem, sistemas internos fornecem "perspectivas" ricas e configuradas para o uso das pessoas. Essas perspectivas têm os formatos e as características que elas têm por causa das contribuições da sintaxe (que junta palavras) e dos traços semânticos das palavras que as compõem, sendo esses traços semânticos extraídos de recursos internos. E essas formas e características ajudam a moldar e a "dar significado" à experiência e ao pensamento.

Focando mais de perto na estratégia RR para investigar a linguagem, vamos prosseguir assumindo que a faculdade da linguagem é um sistema modular interno que opera de uma forma determinada e que essa forma é fixada como um resultado de princípios de crescimento orgânico; o sistema é, então, inato, e, porque ele opera quando maduro em maneiras determinadas e se desenvolve de acordo com restrições fixas ao crescimento, é possível construir uma teoria desse sistema. Tal teoria tem como objetivo descrever e explicar as operações internas da faculdade, assumindo que essas operações são procedimentos para obter os vários tipos de "informações" disponíveis nos itens lexicais armazenados no dicionário mental de uma pessoa e, por meio de um procedimento que une os itens lexicais e as informações que eles contêm, produzir uma expressão sentencial. Uma expressão sentencial consiste em um som e um significado e pode ser pensada como uma forma pareada de informações: informação sonora e informação de significado. Cada tipo de informação aparece em formas que podem ser "lidas" ("entendidas") pelos tipos relevantes de outros sistemas internos em duas interfaces, a interface sonora (PHON – interface fonética) e a interface de significado (interface SEM(ântica)). A informação sonora é usada por um sistema perceptual e articulatório para produzir compressões que variam em frequência e amplitude no ar (ou – como no caso do pensamento – permanecem "dentro"), ou para "decodificar" esses sinais recebidos no ouvido; a informação de significado é usada pelos sistemas "conceituais e intencionais" para fazer – após as contribuições desses outros sistemas – o que uma pessoa deseja, talvez fazer uma pergunta a alguém ou tentar descobrir por que seu relógio não funciona. Uma teoria internalista do significado *linguístico* não foca em como a informação semântica em itens lexicais é "lida" por outros sistemas na mente, mas em (1) descrever, em termos teóricos, o tipo de informação relevante disponível nos itens lexicais e (2) dizer como ela chegou lá (responder o Problema de Platão – o problema da aquisição – para sons e significados lexicais). De fato, as crianças adquirem "palavras" muito rapidamente e, ao fazê-lo, oferecem um grande número de observações de pobreza de estímulo. Dada a velocidade em que são adquiridas – por volta de uma palavra por hora acordada entre os 2 e 8 anos – as características específicas da informação "sonora" lexical e a complexidade de significados lexicais (complexidade que está além de qualquer coisa descrita no dicionário mais detalhado), devemos admitir algum tipo de mecanismo interno. Talvez o mais desafiador seja o mecanismo que reúne "significados" lexicais, ou seja, tipos relevantes de informações semânticas. Quando esse mecanismo for especificado, ele constituirá uma parte importante da resposta ao Problema de Platão para a aquisição lexical. Então, (3) devemos dizer como a informação semântica em itens lexicais é composta por princípios sintáticos (a sintaxe contém uma teoria de composicionalidade) e (4) indicar o que é fornecido na interface semântica para outros sistemas, incluindo modificações, se for o caso, devido à composição. Tudo isso deve ser feito, além disso, atendendo às condições padrão da pesquisa científica naturalista, descritas a seguir. Realizar todas essas tarefas é muito difícil, mas tem ocorrido algum progresso. Pelo menos está mais claro agora do que há cinquenta anos como a sintaxe contribui e como interpretar as contribuições gerais da linguagem nas interfaces relevantes para o resto da mente. Também houve pelo menos algum progresso na investigação dos traços semânticos. Mas ainda há muito a ser feito. Nada parece ser impossível, no entanto, como parece uma teoria naturalista da referência ou uma investigação do uso socialmente determinado.

Informalmente, pode-se pensar na informação semântica fornecida em um item lexical como um conceito lexical e na informação semântica combinada com a interface semântica como um conceito sentencial. Isso captura a ideia de que conceitos são ferramentas internas que nós, humanos, usamos para – como dissemos anteriormente – fazer uma pergunta a alguém ou especular sobre por que o relógio de alguém não funciona (e o que fazer a respeito). As ferramentas conceituais internas são o que usamos para categorizar, pensar, especular e assim por diante. Uma teoria linguística internalista do significado detalha as contribuições da faculdade da linguagem para as ferramentas conceituais de uma pessoa. Essa contribuição, ao que parece, é substancial. E há pouca dúvida de que a sintaxe nos permite sermos tão flexíveis em nossos exercícios cognitivos quanto parecemos ser. Muito mais poderia ser dito, mas isso será suficiente para esta introdução. Uma teoria internalista do significado linguístico pode ajudar muito a entender por que consideramos nossas palavras e frases "significativas". Elas são significativas porque nos oferecem as ferramentas para fazermos o que fazemos.

Mas, se as relações semânticas com o mundo exterior não aparecem nas teorias internalistas da linguagem e de seus significados, certamente o mundo exterior – suas coisas e seus eventos, suas instituições sociais e as práticas das pessoas – deve aparecer de *alguma forma* na visão dos RRs sobre a mente e seu estudo? O mundo fora da mente de fato aparece, mas de maneiras que não desafiam as hipóteses RRs e a estratégia de pesquisa internalista que se baseia nelas. Em primeiro lugar, conforme mencionado anteriormente, as formas "externalizadas" audíveis e visíveis com que as pessoas usam conceitos para pensar e agir – para categorizar, descrever, avaliar, reclamar, convencer etc. – fornecem algumas evidências a favor e contra teorias de mecanismos internos. Mas, segundo os RRs, uma teoria não consiste de suas evidências. O operacionalismo e o instrumentalismo, as versões epistemológicas do behaviorismo etc. não são teorias; são recomendações metodológicas (muito fracas) motivadas pelo empirismo. Uma teoria mental é uma teoria de um sistema interno – seus algoritmos ou regras de operação, seus *inputs* e *outputs* e os meios pelos quais ele passa a ter essas regras etc.

Em segundo lugar, o mundo externo é, sem dúvida, a fonte de algumas das informações ou dados – a "experiência" – necessários para que o sistema/órgão de linguagem comece a se desenvolver e continue a se desenvolver até atingir um estado estável (adições e subtrações de vocabulário deixadas de lado). Assim como a visão não se desenvolve normalmente se não receber os tipos "certos" de *input* durante os estágios críticos do desenvolvimento, os conceitos e seus mecanismos combinatórios não se desenvolvem na criança a menos que recebam pelo menos algum *input* externo do tipo "certo". No caso da linguagem, a criança não a desenvolve normalmente a menos que sua mente receba pelo menos algum insumo linguístico que tenha a forma de uma ou outra língua natural. No entanto, o *input* necessário é notavelmente pequeno – não em escala absoluta, mas em relação à especificidade do que é adquirido – e o *input* pode ser corrompido. O desenvolvimento é robusto; ele parece ser "direcionado". E é importante reconhecer que nem em relação aos conceitos, nem aos princípios combinatórios, a forma ou o caráter do que é ativado resulta do *input*. Talvez a necessidade de um conceito surja como resultado de um estímulo do mundo externo, mas a forma e o caráter de um conceito ou sistema combinatório são determinados pela própria mente, não pelo mundo ou pela comunidade. De fato, as operações mentais desenvolvidas pela mente "dizem" quais tipos de dados são necessários. Em geral, os mecanismos internos de desenvolvimento – e não o mundo externo ou a comunidade de uma pessoa – especificam os tipos de causas ou estímulos/padrões externos necessários para a sua ativação e maturação.[16]

---

16 Isso precisa ser qualificado para a ciência, em oposição ao senso comum. Os conceitos da ciência parecem ser invenções de seres humanos que

Com tais crenças sobre a mente e sobre seu estudo, o defensor da perspectiva RR provavelmente sustenta – como sugerido anteriormente – que a visão de mundo que conseguimos através das lentes dos nossos conceitos inatos e princípios combinatórios deve mais às características dos nossos conceitos e princípios combinatórios do que a como o mundo pode ser "em si mesmo". Para colocar uma etiqueta nesse tipo de concepção, eu vou chamá-la de (uma forma de) *construtivismo*: nossas mentes "criam" o mundo, e não o inverso. Eu mencionei isso aqui para ressaltar as diferenças entre o campo RR e o campo empirista: os empiristas acreditam que, no caso da maioria dos conceitos (talvez não os "puramente" sensoriais) e dos princípios combinatórios, o mundo molde a mente.

Os oponentes dos RRs, os empiristas, argumentam que a maioria dos conceitos expressos em línguas naturais (CACHORRO, CASA, LAVAR...) e dos princípios combinatórios que os colocam em sentenças compreensíveis não sejam inatos, mas aprendidos. Talvez eles sejam junções de "traços" perceptuais (Locke, Prinz, 2002), tipos específicos de papéis constituídos pelos "movimentos" (inferências) nos quais as pessoas se engajam quando estão exercendo práticas sociais, "pesos de conexão" em redes neurais e assim por diante. Não importa como sejam interpretados, os conceitos e as "regras" são aprendidos por meio de algum tipo de procedimento de aprendizagem generalizado (formação e teste de hipóteses, associação, procedimentos de treinamento, condicionamento comportamental...) que, após a repetição e o *feedback* na forma de "evidências" positivas e negativas, converge para o que a sociedade, o experimentador, "o mundo" ou outra pessoa julgaram atender a um critério aceito.

---

constroem teorias. A questão sobre "o mundo" se conformar aos conceitos permanece, mas, ao fazer ciência, esperamos que os conceitos que construímos com nossas teorias ofereçam uma maneira mais objetiva (menos antropocêntrica) de entender.

Seja qual for a sua interpretação, os empiristas acreditam que o ambiente, incluindo a sociedade, cria e molda os conceitos e seus princípios ("regras") de combinação por meio de algum tipo de procedimento de aprendizado generalizado, um procedimento que geralmente envolve não apenas (muito) *input* sensorial ou outros *inputs* e/ou dados de baixo nível, mas um procedimento de tentativa e erro de algum tipo, no qual o erro é corrigido por algum tipo de "evidência negativa" ["isso não está certo", dor/punição em uma versão behaviorista do empirismo], talvez fornecida por pais ou professores, talvez até (alega-se) pela falta de dados. Como os empiristas argumentam que esses procedimentos são suficientes para aprender milhares de conceitos que estão disponíveis para crianças de quatro anos de idade *e* para aprender os princípios combinatórios e as restrições estruturais de uma língua local, os empiristas devem supor que muito da vida inicial de uma criança e de seu uso da língua é dedicado a sessões direcionadas a treinamento e coleta de dados, que consistem em fazer a criança se adaptar aos "hábitos de fala", às aplicações "corretas" (epistemicamente apropriadas etc.) ou a usos do conceito que os treinadores da criança querem que ela exiba. Caso contrário, seria possível encontrar – contrariando os fatos – crianças adquirindo linguagem e muitos milhares de conceitos em momentos muito diferentes (dependendo do treinamento, dos recursos do treinador, da inteligência inata, do interesse e da dedicação ao dever...), passando por vários estágios diferentes de desenvolvimento e assim por diante. Independentemente de como a história é contada, os empiristas são *anti-inatistas* e *externalistas:* eles defendem que conceitos como os mencionados anteriormente e os princípios combinatórios, ou "regras", que as línguas oferecem para produzir complexos de conceitos (o que as frases expressam) são "aprendidos" pela experiência com as coisas e com os eventos "de fora". Por causa disso, eles devem sustentar que o estudo dos conteúdos da mente não pode ser separado do(s) ambiente(s) no(s) qual(is) a mente está situada, entendendo o ambiente como abrangendo, para a linguagem, crucialmente os comportamentos linguísticos (presumivelmente respeitando as práticas linguísticas) de uma "comunidade". Pelo menos nesse sentido, o empirista está comprometido com um programa externalista.

Há uma grande quantidade de argumentos circulares aqui. O que, exatamente, é um procedimento de aprendizado generalizado? Como as hipóteses sobre a aplicação de conceitos são formadas sem se ter esses conceitos de início? O que conta como semelhante e o que conta como diferente? Como, especificamente, a analogia funciona na tentativa de estender o conhecimento adquirido ao não adquirido? De onde vem a estrutura linguística? O que é suficiente para mostrar que uma criança N adquiriu algum ou todos os conceitos $\{c_1...c_n\}$ ou regras $\{R_1...R_n\}$? Onde estão todos os treinadores que o procedimento de aprendizagem exige e, mesmo supondo que haja alguns, como eles encontram tempo? Por que as crianças em um determinado estágio de desenvolvimento ignoram completamente – praticamente não escutam – as advertências de seus pais para que digam *went* ao invés de *goed*?[17] E quanto ao fato de que nossos conceitos têm pouca relação com o que realmente existe lá fora? Por que apenas a mente humana parece adquirir a linguagem da maneira normal? Por que primatas inteligentes falham na aquisição de uma língua, como qualquer língua de sinais humanas, não importa o quanto sejam treinados? De onde vêm as hierarquias encontradas nas construções oracionais das línguas? Por que as línguas aparecem apenas de determinadas formas? Como uma criança consegue desenvolver a noção de fonema? E assim por diante. Chomsky observou muitas dessas e outras lacunas nas ideias empiristas desde, pelo menos, 1957, com *Syntactic Structures* [Estruturas

---

17 Ou seja, para que usem uma forma verbal irregular, que deve ser memorizada, em vez de uma forma verbal criada por regularização analógica; algo como "fiz" e não "fazi", em português. (N. T.)

sintáticas] (e, antes disso, em *The Logical Structure of Linguistic Theory*, embora só tenha sido publicado mais tarde), e em 1959, com sua resenha de *Verbal Behavior* [Comportamento verbal], de Skinner. Algumas de suas críticas reaparecem em *LC* no que ele tem a dizer sobre a "linguística moderna". Algumas estão destacadas a seguir.

Há outro problema, relacionado a esses, mas menos percebido. À primeira vista, o empirista tem dificuldade em explicar a criatividade inicial. Dada a enorme quantidade daquilo que se supõe que a criança tenha adquirido para mostrar o que é de fato observado em seus repertórios (milhares de conceitos, sons e os princípios combinatórios de uma língua), para conseguir o tipo de "domínio" necessário dos conceitos e das formas, em que eles podem ser combinados para a criatividade linguística cotidiana, e dada a enorme quantidade de tempo certamente necessária para chegar ao que uma comunidade diz que é "a forma certa de falar" (e de classificar, descrever, explicar, especular...), a partir de um "mecanismo de aprendizado generalizado", é difícil explicar o que parece ser o uso criativo – e sem esforços – da linguagem por todas as crianças normais de três anos e meio e quatro anos. E se torna extremamente difícil entender como todas as crianças conseguem ser criativas da forma "comum" mais ou menos ao mesmo tempo; certamente intensidade de treinamento, diferenças na inteligência inata, recursos parentais e diferentes variedades de experiências levariam a ritmos diferentes para que cada criança aprenda a "dominar" o que é necessário. A criatividade comum parece representar um sério desafio para as hipóteses de campo do empirista sobre a natureza da mente e sobre a sua estratégia de pesquisa.

Como enfatizei em meus comentários até agora, a escolha entre as hipóteses RRs e empiristas sobre a mente e sobre estratégias de pesquisa científica se baseia em um conjunto de observações bastante simples que qualquer um pode fazer sobre a criatividade linguística (especialmente com crianças) e em outra observação relativa ao ritmo e ao tempo de aprendizado/ativação e o(s) tipo(s) e quantidade de *input* recebido. A abordagem RR da mente e da linguagem parece respeitar essas observações simples e tomam como tarefa explicá-las ou – quando a explicação científica é impossível, como com a criatividade – procurar mostrar como o que está na mente torna o fenômeno possível. Na medida em que as abordagens empiristas não levam a sério essas observações e as tarefas que elas colocam para a ciência da mente, elas parecem ignorar o fato que as encara de frente. A estratégia empirista para o estudo da mente não parece ser compatível com os fatos empíricos.

II.2 A diferença de Chomsky: naturalizando a linguagem e a mente

Ainda que as suas hipóteses básicas sobre a mente e sobre a estratégia a utilizar para estudá-la sejam em grande parte as mesma dos seus antecessores RRs, e ainda que seus antecessores – muitos deles, os cientistas de suas épocas – muito provavelmente tivessem apreciado seus esforços e seus resultados, Chomsky, ao contrário dos outros, tentou, ao longo de sua carreira, transformar o estudo científico da linguagem na mente (e da mente em geral) em uma ciência natural; em última análise, em um ramo da biologia e de outras ciência naturais. (Depois de seus esforços iniciais, é claro, ele teve a ajuda de muitos outros trabalhando a partir de suas hipóteses sobre como proceder.) Esse projeto está implícito nas hipóteses RRs sobre a mente. Se muito do maquinário mental necessário para desenvolver os conceitos e os princípios combinatórios é inato e se se vai tentar explicar como ela vem a existir na mente no nascimento, não será suficiente dizer que Deus a colocou lá (Descartes) ou construir mitos de reencarnação (Platão). O único caminho aberto para nós é olhar para a biologia e para as outras ciências naturais, que podem dizer com o que um bebê humano começa no nascimento e como aquilo com o que ele nasce se desenvolve; e tomar esse rumo também torna possível ao menos começar a falar na questão de como os seres humanos passaram a ter um maquinário aparentemente único em primeiro lugar – a questão da evolução.

Situar o estudo dos conceitos e de seus princípios combinatórios em uma ciência natural também impõe restrições metodológicas específicas e bem conhecidas à tarefa do cientista da mente. Adotar o inatismo equivale a iniciar um esforço de pesquisa que assume que os conceitos e a linguagem estão, de algum modo, implícitos em algum tipo de "mecanismo" natural do corpo-mente humana, sob controle (parcial) do genoma e do curso de desenvolvimento que ele controla. Construir uma teoria dos conceitos e da linguagem é, então, construir uma teoria dos mecanismos relevantes e de como eles se desenvolvem. Tentar fazer isso situa esses esforços firmemente dentro das ciências naturais e exige que se atenda aos critérios de uma ciência bem-sucedida que as outras ciências naturais tentam atender. É claro que tais teorias são teorias de um sistema interno e de como ele se desenvolve, mas "ir lá dentro" não faz nenhuma diferença. A teoria deve atender os padrões de sucesso que qualquer ciência natural deve atender, independentemente do assunto: o linguista ou o teórico do conceito lexical deve construir teorias que satisfaçam as mesmas demandas que as teorias de um físico tentam satisfazer. Os aspirantes a cientistas mentais internalistas devem produzir teorias que sejam *descritivamente adequadas* no sentido em que elas descrevem completa e adequadamente todos os elementos e propriedades das "coisas" com as quais a teoria lida – no caso da linguagem, palavras, frases e como as palavras são unidas para formar frases. Além disso, uma teoria deve ser *adequada do ponto de vista explicativo*; no caso da linguagem, deve dizer por que uma criança tem apenas determinados elementos em sua linguagem em um estágio específico de desenvolvimento, e, uma vez que tenha explicado isso, deve lidar com questões explicativas adicionais, como, por exemplo, como a linguagem foi introduzida na espécie. Além disso, uma teoria deve oferecer uma especificação explícita e formal de tudo que ela busca descrever e explicar – deve ser *formalizada*, se for relevante, com quantificação de acordo com um sistema de medição apropriado aos elementos e a seus "poderes" ou características. Em uma linha conexa, uma forma naturalizada de ciência mental deve ter como objetivo a *simplicidade*: a teoria deve oferecer uma descrição compacta, porém completa, de seu objeto de estudo. No caso da linguagem, por exemplo, isso pode significar a construção de teorias com o menor número possível de princípios ou regras de combinação de palavras e a definição dessas regras da forma mais econômica possível. Além disso, uma teoria deve buscar a *objetividade*. Como indica a história das ciências, isso requer abandonar conceitos do senso comum antropocentricamente orientados (aqueles com os quais nós nascemos, incluindo o conceito do senso comum de LINGUAGEM) e orientar conceitos que possam adequadamente descrever e explicar – no caso da linguagem – qualquer língua, além de dizer como e por que uma língua particular se desenvolveu em um indivíduo específico. E uma teoria deve ter como objetivo *acomodar* a ciência mental em questão em outra ciência entre as ciências naturais – no caso da linguagem, certamente a biologia. Finalmente, uma condição que reflete tudo o que foi dito até agora: a teoria internalista deve *fazer progresso* – teorias sucessivas, ou ao menos temporalmente próximas, da área relevante (teorias da linguagem, da visão, da configuração facial...) que mostram melhoria em uma ou mais das dimensões mencionadas anteriormente. O progresso é medido pelos padrões da própria metodologia.

Os esforços de Chomsky na construção das ciências da linguagem melhoraram em todas essas três dimensões – ou seja, suas teorias fizeram um progresso considerável. Indico alguns sinais desse progresso mais adiante. O fato de que houve progresso sugere que seus esforços e aqueles dos muitos que, como ele, adotam uma visão RR da mente estão no caminho certo e, alguma forma, parecem cortar a natureza – no seu caso, o órgão da linguagem – nas articulações certas. O progresso, por sua vez, torna tentador sustentar que o alvo dessas teorias – o órgão da linguagem – é "real". E isso torna tentador adotar a política de dizer que o que a melhor teoria (de acordo com os padrões relevantes) diz sobre o órgão é verdade e que ela descreve e explica "como as coisas são". A tentação não deve ser combatida. Contamos tanto com a ciência quanto com o senso comum para compreender o mundo e a nós mesmos. Cada abordagem tem seus méritos. Os conceitos de senso comum falham notoriamente na ciência, enquanto os conceitos científicos, como MÉSON MU, são inúteis para resolver os tipos de problemas práticos com os quais o senso comum lida. Cada tipo de capacidade de resolver problemas tem seu lugar, e nenhum deles lida com todos os problemas. Entretanto, quando a meta é a objetividade e a precisão de uma declaração explícita e formal, não há escolha: os métodos das ciências naturais produzem as únicas respostas que provavelmente conseguiremos obter. E se, em um determinado momento, uma teoria é a melhor disponível, ela nos diz o que a linguagem (ou a visão etc.) é.

Certamente os esforços de Chomsky progrediram muito além dos de seus antecessores RRs. Face a situações em que seus antecessores aceitavam poderes inexplicáveis e tinham de se contentar em apontar em uma direção ou tinham poucas ideias sobre como entender o inatismo, esse não é o caso de Chomsky. Por exemplo, Descartes e os gramáticos de Port-Royal nos séculos XVI e XVII, em última análise, atribuíram a articulação e a produtividade da linguagem não a um sistema interno orgânico, mas a um poder inexplicável chamado de "razão" ou "pensamento". Mas o pensamento, por exemplo, é mais bem entendido como constituído, em parte, pela linguagem: nós usamos a linguagem para pensar. Então, deveríamos tentar dizer o que a linguagem é, sem apelar para o pensamento. Chomsky distingue claramente a linguagem e o seu estudo das formas como a linguagem pode ser usada, incluindo o pensamento e o raciocínio. Para fazer isso, ele constrói uma teoria de um sistema orgânico com base biofísica. E, para entender o inatismo, seus antecessores ou podem ter apontado para o divino (é um presente de Deus) ou sustentado que tem algo a ver com a natureza, mas dizem pouco sobre como Deus conseguiu colocar conceitos e princípios combinatórios em nossas cabeças. Seus antecessores RRs fizeram, no entanto, ao menos algum progresso. Em contrapartida, os empiristas parecem ter acrescentado pouco a Locke. E, assim como os esforços de Locke, eles geralmente falham em satisfazer as condições de adequação de uma teoria *naturalista*.

Muitos empiristas não ficariam incomodados em ouvir que seus esforços estão muito longe da construção de uma teoria naturalista. Isso porque muitos empiristas, ao menos os atuais, pensam na linguagem como uma forma complexa de prática social aprendida com os outros por meio de práticas que variam de língua para língua e de ambiente para ambiente, e em conceitos aprendidos como parte da aquisição de práticas – sejam elas linguísticas ou de outra natureza. Eles podem, como fez Wittgenstein, pensar em conceitos como "papéis" epistemicamente regidos nas práticas linguísticas, ou "jogos de linguagem". Para eles, as línguas são instituições e artefatos sociais, e não estados de um "órgão" mental de base biológica.[18] Ainda assim,

---

18 Isso é óbvio com os filósofos que pensam que o que está na cabeça é produto da história, da aculturação, ou algo assim (Foucault, por exemplo). E é óbvio em Sellars, em Putnam e até mesmo em Quine. No caso de não ser óbvio com os conexionistas mais experimentalmente inclinados, considere os seguintes trechos de um artigo de Morris et al. (2000) descrevendo o objetivo de seu esforço para fazer "redes neurais" (modelos de computador do que eles consideram ser redes neurais) "aprenderem línguas", onde "línguas" são entendidas como formas de comportamento comunitário, ou "uso". Eles explicam que as crianças "aprendem relações gramaticais ao longo do tempo e, no processo, se adaptam a quaisquer comportamentos específicos que... [sua] língua-alvo exibe". Além disso: "Do começo ao fim, este é um sistema de aquisição baseado em uso. Começa com a aquisição

eles querem chamar a si mesmos de cientistas. Para fazer com que isso pareça verossímil, eles podem argumentar que estão oferecendo uma "hipótese" muito mais simples do que as (antigamente) assustadoras, na aparência, teorias de Chomsky sobre a Gramática Universal (GU). A hipótese deles é que a linguagem e os conceitos são aprendidos por algum tipo de procedimento generalizado de aprendizado. Eles consideram seu procedimento de aprendizado generalizado como a hipótese mais simples em relação a conceitos e princípios combinatórios porque é a menos comprometida com a existência de qualquer tipo de maquinário mental específico a certos domínios – qualquer coisa dedicada à linguagem, por exemplo, pois isso tornaria a linguagem inata. Então, se eles querem falar sobre o que está na cabeça, eles estipulam que o que está na cabeça deve ser algum tipo de rede neural que tenha a propriedade de poder ser modificada pela "experiência" e pela correção de seus *outputs*. Talvez haja órgãos mentais orgânicos inatos para a visão, audição e afins. E sem dúvida eles têm algumas propriedades inatas bastante impressionantes. Mas deve haver muito da mente/cérebro que é plástico e que pode ser modificado pela experiência e por procedimentos de treinamento, e é aí que a linguagem deve estar. Para mostrar os méritos de sua "hipótese" (que é raramente, ou nunca, declarada explicitamente), eles podem introduzir modelos de computador na forma de "redes neurais" do que eles acreditam que são as regiões plásticas da mente/cérebro e submeter esses modelos de computador a *inputs* que supostamente simulam suas visões sobre a experiência linguística humana e sobre os dados do aprendizado de línguas. Eles consideram seus esforços bem-sucedidos se o modelo de computador "aprender" a executar a "tarefa" definida de forma satisfatória para o "experimentador".

---

mecânica de estruturas de argumentos verbais e, ao encontrar semelhanças, gradualmente constrói níveis de abstração. Através desse processo de baixo para cima, se adapta à língua alvo".

Introdução

Essa história transforma a aquisição da linguagem em um milagre: as explicações naturalistas comuns rotineiramente utilizadas em outros lugares são simplesmente rejeitas – e apenas para a linguagem humana. O empirista está feliz o suficiente em dizer que o pássaro de estimação de uma criança adquire o canto que tem por razões naturalistas; deve ser necessário *input* para que o desenvolvimento ocorra, mas o desenvolvimento e os padrões de canto que se desenvolvem estão, em grande parte, sob controle da genética. Mas e a linguagem humana? Deve ser explicada de alguma outra forma. Recusar-se a ver línguas e conceitos como objetos naturais para os quais teorias naturalistas são necessárias é uma forma do que Chomsky chama de "dualismo metodológico": quando se trata de características cruciais da mente, os empiristas abandonam não apenas o internalismo e o inatismo, mas os métodos das ciências naturais. Eles alojam as línguas fora da mente e podem (por exemplo, Prinz, 2002) tratar os conceitos cotidianos que nós temos, como CURRY, como compostos de itens mentais primitivos como traços sensoriais, mas construídos sob controle exógeno, e não sob o controle de um maquinário interno de desenvolvimento que exige muitos traços não sensoriais (como ABSTRATO). Ou eles podem (como Sellars e muitos outros) falar do *token* "curry" em termos de jogos e práticas sociais aprendidas, interpretando seu significado em termos de suas contribuições para a verdade socialmente sancionada ou condições de correção para o *token* "curry". De qualquer forma, o caráter e, certamente, os (supostos) poderes referenciais do conceito CURRY dependem de como uma comunidade de falantes usa a palavra "curry" – os contextos, o que é considerado como os usos certos, corretos, verdadeiros ou apropriados e assim por diante. O único maquinário interno e presumivelmente "natural" utilizado são algumas capacidades sensoriais e alguma forma de procedimento de aprendizado generalizado, talvez em uma versão do associativismo ou do behaviorismo incorporado em uma rede neural plástica. O procedimento pode consistir em algum tipo de procedimento de amostragem estatística alojado no que começa como uma rede neural indiferenciada, uma versão empirista moderna da *tabula rasa* de Locke.

Nem todos os empiristas são dualistas metodológicos. Mas isso não é porque eles pensam que as línguas e os conceitos são, de alguma forma, objetos naturais. Alguns, como Herder e Foucault (que conta como empirista por ser anti-inatista e externalista),[19] eram incapazes de entender o que uma metodologia científica naturalista é, ou de apreciar a visão objetiva e muito diferente do mundo que ela produz quando comparada à visão antropocêntrica que vem do senso comum.[20] Somente os empiristas com uma apreciação das diferenças entre a ciência e o senso comum ("física popular", "psicologia popular" e similares) estão

---

19 Classificar Herder e Foucault entre os empiristas surpreenderá alguns leitores. Tenha em mente que "empirismo", da forma como tenho usado aqui, é um rótulo para uma estratégia de pesquisa referente à mente humana, baseada em hipóteses sobre os conteúdos da mente e sobre como eles foram parar lá. Claramente, tanto Herder quanto Foucault são anti-inatistas e externalistas em suas visões da linguagem e de como estudá-la. Eles são, por isso, empiristas, diferindo de outros principalmente por uma tendência em negar que a ciência natural oferece descrições e explicações objetivas do mundo e, pelo menos, de alguns aspectos da mente.

20 Entendo que existe uma distinção entre o senso comum e a ciência – ou, pelo menos, as ciências matemáticas avançadas. Essa distinção remonta a Descartes, talvez até antes. Em seu *Discurso*, ele contrasta o tipo de estudo que lhe interessa (o que hoje chamaríamos de ciência natural) e sua metodologia (que ele ajudou a esclarecer) com o que se encontra no *bon sens*, às vezes (e plausivelmente) traduzido como "senso comum". Chomsky adota essa distinção; ela aparece em grande parte de seu trabalho – veja Chomsky (1975a, 1988a, 1995a, 2000). As motivações para essa distinção incluem o fato de que as crianças não adquirem facilmente conceitos e teorias científicas (embora possam usar sons como "lépton"), nem exibem criatividade científica de maneira cotidiana – nem elas nem ninguém além daqueles muito familiarizados com as ciências. Também é relevante destacar que cientistas e matemáticos tentam ajustar o uso de termos técnicos quando falam com outros no campo. Seus usos de termos técnicos estão muito mais próximos do que o empirista parece acreditar ser o caso com conceitos de senso comum e seu uso cotidiano nas línguas naturais.

Introdução

aptos a adotar o dualismo metodológico. Sellars, filósofo norte-americano do século XX, sua prole intelectual (por exemplo, Churchland, Brandom) e os filósofos Quine e Putnam podem ter desde uma ideia razoavelmente clara até uma ideia muito boa (por exemplo, Putnam) do que é a metodologia científica naturalista,[21] mas eles claramente se recusam a aceitar a ideia de que a linguagem e os conceitos podem ser investigados usando essa metodologia, em vez de alguma versão de uma metodologia empirista. Nesse estágio do desenvolvimento da ciência da mente, sua recusa, na melhor das hipóteses, intriga o estrategista RR. Com relação aos conceitos, talvez haja algum espaço para

---

[21] Talvez isso seja verdadeiro para a física, mas não para o estudo da mente. A "epistemologia naturalizada" de Quine argumenta que existem relações "causais" entre as impressões sensoriais e as crenças e os conhecimentos que as pessoas desenvolvem sobre o mundo, ao passo que a psicologia deveria explicar essas relações causais. Mas a história que ele conta sobre a psicologia em seu material de epistemologia naturalizada (Quine, 1969) parece ser pouco diferente da concepção que ele desenvolve de conceitos, da linguagem e do mundo em seu negligenciado *The Roots of Reference* [As raízes da referência], de 1974. Nesse trabalho, encontramos afirmações empiristas típicas sobre como as relações "causais" psicológicas são estabelecidas: com a exceção de algumas "saliências" encontradas nos sistemas sensoriais, as relações causais estão sob controle exógeno. Isso não está "naturalizando" o estudo da mente – não está tratando a mente como um objeto natural que cresce de acordo com uma agenda biofísica e usando as ferramentas da pesquisa naturalista para entendê-la. Quanto a Sellars, seu trabalho de 1960 (entre outros) simplesmente supõe que a ciência da mente (a psicologia, eu presumo) é o behaviorismo, e ele adota explicitamente uma versão inicial conexionista da visão do cérebro e de seu "aprendizado". Ele de fato acena na direção da evolução da linguagem das abelhas – uma versão ingênua da evolução, pelo menos. Mas ele não se mostra inclinado a estender para a linguagem humana aquilo que ele disse. Isso teria o efeito de separar a linguagem e a "razão", que ele considera que é nossa porque aprendemos linguagem. Isso tiraria de sua "casa" na comunidade linguística aquilo que ele considerava serem as normas epistêmicas da razão. A ideia de Chomsky de estudar a linguagem (incluindo seus significados) separadamente do uso da linguagem não lhe ocorreu – tampouco, obviamente, ocorreu a muitos outros filósofos e cientistas cognitivos.

simpatia com o estrategista empirista. Embora não se tenha dúvidas de que as observações de pobreza e criatividade tornem razoável uma estratégia RR, as teorias naturalistas de conceitos ainda estão em sua infância. Entre outras coisas, mesmo aqueles que simpatizam com a estratégia, como Fodor (1982, 1998), são atraídos por pontos de vista (como o de que os conceitos por si só denotam) que – como observado anteriormente – impossibilitam uma abordagem internalista e inatista direta. Mas, como devem sentir os estrategistas RR como Chomsky, certamente não é razoável adotar uma metodologia não naturalista para o estudo da linguagem. Aqui nós encontramos teorias articuladas e um progresso considerável em todas as frentes. A opinião de Quine, de que, no estudo da linguagem, "o behaviorismo é obrigatório", parece não passar de uma recusa dogmática de encarar os fatos óbvios.

Mas, afinal, o que os empiristas propõem não é a investigação naturalista, especialmente na forma que alguns dos conexionistas criaram, nos quais encontramos esforços engenhosos para fazer com que "redes recorrentes simples"[22] e similares (digamos) "reconheçam" classes de coisas ou, após um treinamento maciço, produzam *outputs* que parecem indicar que os pesos de conexão da rede incorporaram de alguma forma uma "regra", ou seja, produziram um emparelhamento de *inputs* e *outputs* que se adequam aos critérios do experimentador para o comportamento correto? Para Chomsky, a resposta é categoricamente "Não".[23] Por mais

---

22 O termo deve-se a Elman, um dos mais famosos e produtivos conexionistas.
23 O prefácio que Chomsky acrescentou a uma reimpressão de 1967 de sua resenha de 1959 do livro behaviorista de B. F. Skinner, *Verbal Behavior*, permanece apropriado: "Eu tinha a intenção de que esta resenha não fosse especificamente uma crítica às especulações de Skinner sobre a linguagem, mas uma crítica mais geral das especulações behavioristas (eu agora preferiria dizer "empiristas") sobre a natureza dos processos mentais superiores. Minha razão para discutir o livro de Skinner em tamanho detalhe foi porque esse livro era a apresentação mais cuidadosa e abrangente desse tipo de

Introdução

engenhosas que sejam as técnicas usadas – e não importa quanta tecnologia seja usada para processá-las –, o empirismo está preso a uma imagem da mente (e a uma imagem de como a mente adquire e usa a linguagem e o "conteúdo") que não explica nem pode explicar – a menos que seja modificado de forma a se tornar indistinguível de uma abordagem racionalista – fatos facilmente observáveis sobre a aquisição e o uso da linguagem humana. Mesmo os poucos e celebrados "sucessos" acabam se revelando fracassos quando o que o conexionista oferece é necessário para responder questões que devem ser enfrentadas e levadas a sério. Citando um dos comentários de Chomsky sobre o manuscrito para esta introdução:

> Não importa quanto poder de computação e estatística (...) [os conexionistas] utilizem na tarefa [da aquisição de linguagem], o resultado sempre sai (...) errado. Veja o famoso artigo de Elman – o mais citado na [ciência cognitiva], segundo me disseram, sobre o aprendizado de dependências encaixadas. Dois problemas: (1) o método funciona igualmente bem com dependências cruzadas,

---

especulação... Por isso, se as conclusões que tentei substanciar na resenha estiverem corretas (como acredito que estão), então o trabalho de Skinner pode ser considerado, de fato, uma *reductio ad absurdum* das ideias behavioristas [e empiristas]. Minha opinião pessoal é que é um mérito definitivo, não um defeito, do trabalho de Skinner que ele possa ser usado para este propósito, e foi por essa razão que tentei lidar com ele de forma bastante completa. Não vejo como suas propostas podem ser melhoradas substancialmente dentro do quadro geral das hipóteses que ele aceita. Em outras palavras, não vejo nenhuma maneira como suas propostas possam ser substancialmente melhoradas dentro do quadro geral das ideias behavioristas ou neobehavioristas, ou, de modo mais geral, dentro do quadro das ideias empiristas, que dominaram grande parte da linguística, da psicologia e da filosofia modernas. A conclusão que eu esperava estabelecer na resenha, ao discutir essas especulações em sua forma mais explícita e detalhada, era que o ponto de vista geral é em grande parte mitologia e que sua aceitação generalizada não é o resultado de evidência empírica, raciocínio persuasivo ou ausência de uma alternativa plausível" (1959/1967, p.142).

então não explica por que a linguagem tem, quase universalmente, dependências encaixadas, mas não cruzadas. (2) Seu programa funciona até a profundidade dois, mas falha totalmente na profundidade três. Portanto, é tão interessante quanto uma teoria de conhecimento aritmético que lida com a capacidade de somar 2 + 2, mas precisa ser completamente revisada para 2 + 3 (e assim por diante indefinidamente). Essas abordagens poderiam se sair muito melhor tentando duplicar a comunicação das abelhas ou o que está acontecendo do lado de fora da janela (onde elas se sairiam muito melhor do que os físicos). Por que eles não fazem isso? Porque seria absurdo: nenhum cientista está interessado em alguma forma de combinar dados. [Claramente, insistir nisso com a linguagem é] (...) apenas mais dualismo metodológico.

É uma insistência irracional em remover a linguagem e os conceitos, do campo da pesquisa naturalista.

Talvez haja motivos para levar o empirismo a sério em alguns aspectos do estudo da cognição – talvez com o raciocínio analógico, talvez até com alguns aspectos da aquisição/aprendizagem de teorias científicas e seus conceitos. Mas com conceitos do senso comum e, especialmente com a linguagem, não há razão alguma para levar a sério as especulações empiristas. Ninguém encontra crianças submetidas aos procedimentos de treinamento de aprendizagem de conceitos ou de linguagem tal como explorados pelos conexionistas, por exemplo. Essa é apenas uma das muitas razões pelas quais Chomsky acredita – não sem razão, dados os fatos e o progresso feito com a linguagem – que o dogma, e não a razão, orienta a estratégia de pesquisa empirista. O objetivo, aparentemente, não é explicar os fatos da linguagem humana e os conceitos e seu desenvolvimento, mas mostrar que o que se alega serem modelos plausíveis de redes neurais podem ser feitos para simular (até certo ponto) um ou outro comportamento cognitivo humano, de modo a satisfazer a visão do experimentador sobre a função que o comportamento deve desempenhar.

Pode haver algum pequeno sucesso *nesse* esforço: a aquisição de verbos irregulares é considerada um sucesso. Mas esse, e mesmo candidatos mais fracos, não têm nada a ver com as condições em que as crianças adquirem conceitos ou linguagem, nem com o que elas têm em suas mentes quando a adquirem – ferramentas que, aparentemente, podem fazer todo tipo de tarefa, não apenas mostrar um tipo preferido de comportamento para a satisfação do experimentador. Conseguir que uma "rede neural"[24] apresente alguns comportamentos (classificação, inferência...) que atenda às condições empiristas após um treinamento massivo na execução de uma ou outra tarefa com algum grau de satisfação pode ser útil para algumas finalidades. Pode oferecer uma maneira desajeitada, demorada e provavelmente não confiável de fazer com que alguma máquina "aprenda" a fazer algo sem simplesmente programá-la para fazer o que você quer (supondo que você saiba como fazer isso). Isso também pode encantar as pessoas impressionadas com o que se pode fazer com o mínimo de ferramentas, muito tempo e recursos financeiros suficientes. Mas, a menos que se possa explicar o que qualquer pessoa pode observar prontamente nas crianças – o que as observações sobre pobreza e criatividade apontam –, esforços empiristas como esses não contribuem para as ciências da mente.

Essa visão de Chomsky não deve, aliás, ser entendida como uma condenação geral da modelagem computadorizada de vários aspectos dos conceitos e da linguagem, e talvez de aspectos de seu uso. Parte disso pode ser muito útil – entre outras coisas, é possível encontrar trabalhos interessantes sendo feitos sobre

---

24 As aspas são justificadas. As redes neurais dos conexionistas são computadores feitos para simular não o que de fato se encontra no caso das redes neurais reais – formas muito complexas de neurônios interconectados que se desenvolvem sob controle genético para fornecer ao organismo sistemas cognitivos, entre outros, que são mais ou menos os mesmos em toda a população humana; antes, eles são feitos para simular a *tabula rasa* de Locke.

o léxico e traços lexicais que são úteis, talvez até importantes, para um estrategista RR. A objeção é quanto a insistir que os fatos devem ser diferentes do que são na estratégia a ser usada no estudo da linguagem e dos conceitos.

II.3 Naturalizando o estudo da linguagem: biolinguística

Aqueles que constroem teorias naturalistas de assuntos específicos geralmente têm como objetivo acomodar sua ciência específica em pelo menos uma outra ciência natural – talvez uma mais geral ou mais específica. Isso é simplesmente fazer o que qualquer cientista natural faz: ajustar a física à química, por exemplo, ou acomodar partes importantes da biologia na química orgânica. Acomodar a linguística na biologia foi um dos objetivos de Chomsky praticamente desde o início, e certamente era um objetivo na época em que ele escreveu *LC*. O problema principal era (e ainda é) o seguinte: o que uma criança tem ao nascer que permite que ela adquira qualquer tipo de língua natural sob as condições descritas pelas observações da pobreza de estímulo. Claramente, a criança tem alguma coisa; chame isso de "Gramática Universal" (GU). Para acomodar a linguagem na biologia, a primeira pergunta óbvia é o que a GU tem – o que a GU *deve* ter – para que os fatos possam ser explicados. Ou, para colocar de outro modo, o que é essencial para as línguas humanas? O que todas as crianças humanas têm que os filhotes das criaturas que não têm linguagem não têm? Para responder essa pergunta, deve-se dizer o que a GU é – deve-se construir uma teoria do "estado inicial" da faculdade da linguagem. Além disso, para que exista alguma chance de encontrar um lugar na biologia, é melhor esperar que a *GU* não seja muito complexa e rica, que muito pouco seja necessário para explicar como ter esse elemento essencial é suficiente para gerar não apenas *uma* língua, mas *qualquer* língua natural. Afinal, caso a GU se revele complexa e rica, será muito difícil explicar como o genoma humano veio a ter um "conjunto de instruções" complexo e rico – a "informação" necessária, dado um *input* mínimo, para gerar qualquer língua natural. Embora a acomodação fosse um desejo desde o início, o caminho para o sucesso só ficou claro depois que *LC* foi escrito, ou seja, somente no final da década de 1970 e início de 1980. Desde aquela época, houve um progresso considerável no sentido de, pelo menos, entender o programa (Chomsky o chama de "programa minimalista") necessário para alcançar a acomodação. Ninguém pode dizer com segurança que tem a resposta agora, e esse momento provavelmente ainda está muito distante. Mas, ao contrário da situação em meados da década de 1960, parece ser possível encontrar uma resposta.

Embora o processo de acomodação estivesse longe de ser alcançado quando *LC* foi escrito, a gramática "padrão" da época – encontrada em *Aspects of the Theory of Syntax*, publicado por Chomsky em 1965 – fez progresso ao alcançar outras características desejadas para uma pesquisa naturalista. Ao ler *LC*, é útil ter em mente o que tinha sido alcançado na época e por que o progresso feito até aquele momento fazia com que a acomodação parecesse fora de alcance. Na verdade, um dos objetivos de *LC* era indicar o quão longe as coisas tinham chegado desde o trabalho dos primeiros RR. De modo mais geral, mostrar o progresso ilustra o quanto adotar a estratégia básica RR e naturalizá-la se provou proveitoso. Aquilo que antes não era explicado passou a receber explicação, e perguntas antes não respondidas receberam respostas. Problemas aparentemente insuperáveis tornaram-se fáceis de lidar, traços estruturais não explicados das línguas passaram a parecer naturais – até mesmo necessidades naturais, visto que a linguagem é um objeto natural. Eu não vou detalhar nada disso; fazer isso iria exigir entrar em detalhes sobre gramáticas específicas e tornaria esta seção muito mais longa do que já é. Em vez disso, eu vou focar no que Chomsky, com o *Aspects* em mãos, disse em *LC* sobre o que estava errado nos esforços dos gramáticos de Port-Royal nos séculos XVII e XVIII. Isso pode parecer injusto; por que não avaliar o progresso do trabalho de linguistas – incluindo Chomsky – de maneira mais próxima a 1965? Com exceção das gramáticas propostas por Chomsky e por seus colaboradores – com a possível exceção de von Humboldt, embora ele não tenha feito, de fato, um esforço para construir uma gramática gerativa –, não há teorias da linguagem RR candidatas que sejam razoavelmente detalhadas até *Morphophonemics of Modern Hebrew* [Morfofonêmica do hebraico moderno], do início dos anos 1950, e (o enorme) *The Logical Structure of Linguistic Theory*, da metade dos anos 1950, ambos de Chomsky. Comparar o progresso de *Aspects* em relação ao que Chomsky fez em *Logical Structure* exigiria entrar em muitos detalhes técnicos. É verdade que ele poderia ter comparado a gramática de *Aspects* com as gramáticas propostas pelo que *LC* chama de linguistas "modernos" (guiados por princípios delineados por Bloomfield, Joos...) ou estruturalistas como De Saussure. Mas esses são esforços empiristas e são claramente inúteis para explicar as observações sobre pobreza de estímulo ou criatividade. Isso não indicaria progresso na estratégia de pesquisa da RR. O progresso em relação aos esforços de Port-Royal, sim: como *LC* indica, os gramáticos de Port-Royal chegaram a algo que convida à comparação. Eles apresentaram observações e alguns princípios que se pareciam surpreendentemente com o que se encontra em *Aspects*. Talvez seja por isso que, em *LC*, Chomsky compara explicitamente o que eles conseguiram fazer com o que foi feito em gramáticas como a de *Aspects*.

Em linhas gerais, os gramáticos de Port-Royal tentaram construir gramáticas para línguas naturais com base em suposições RR sobre estratégia. Eles supuseram que haveria traços universais nas gramáticas de todas as línguas e que a produtividade linguística – juntar palavras para criar um número ilimitado de frases – poderia ser descrita utilizando um sistema de regras. E eles pensavam neles mesmos como cientistas ("filósofos") da linguagem, esperando conseguir determinar a natureza de um sistema na mente, que apenas os humanos têm. Chomsky não teve problemas para reformular e articular ao menos algumas de suas observações e princípios nos termos que ele mesmo utilizou. Para numerosos exemplos, veja o capítulo "Estrutura profunda e estrutura de superfície" de *LC*. Um exemplo útil aparece no início do capítulo, na discussão de Chomsky sobre como suas gramáticas (e a de *Aspects*) conseguiam partir das formas "profundas" *Deus criou o mundo, o mundo é visível* e *Deus é invisível* (ou melhor, representações abstratas dessas formas) e transformá-las por meio de regras "transformacionais" (daí "gramática transformacional") para produzir a forma de "superfície" *Deus invisível criou o mundo visível*. O leitor pode consultar o capítulo para mais detalhes sobre esse e outros exemplos.

Resumindo os esforços de Port-Royal do ponto de vista de *Aspects* e apontando as limitações daquilo que os gramáticos de Port-Royal conseguiram fazer, Chomsky observa, no terceiro parágrafo do final do capítulo "Descrição e Explicação em Linguística" de *LC*:

> Os gramáticos filosóficos [científicos, universais] consideraram um amplo domínio de exemplos particulares. Eles tentaram mostrar, para cada exemplo, qual era a estrutura profunda que subjazia à sua forma de superfície e expressava as relações entre os elementos que determinam seu significado. Até aí, seu trabalho é puramente descritivo (assim como a linguística moderna é puramente descritiva na busca de seu objetivo mais restrito de identificar as unidades que constituem a estrutura de superfície de enunciados particulares, sua organização em sintagmas e suas relações formalmente marcadas). Ao ler esses trabalhos, fica-se constantemente impressionado com o caráter *ad hoc* da análise, mesmo quando ela parece estar factualmente correta. Propõe-se uma estrutura profunda que realmente veicula o conteúdo semântico, mas a base para sua seleção (para além da mera correção factual) geralmente não é formulada. *O que falta é uma teoria da estrutura linguística que*

seja articulada com precisão suficiente e que seja suficientemente rica para carregar o ônus da justificação. (Destaques meus.)

Os gramáticos de Port-Royal fizeram algum progresso na descrição (informal), mas eles não conseguiram justificá-la. Fazer isso é mostrar como se pode resolver o Problema de Platão.

Em primeiro lugar, alguns pontos de acordo: os gramáticos de Port-Royal perceberam que qualquer um que tente construir uma gramática séria para uma língua natural deve construir uma teoria gerativa[25] daquela língua para poder dar conta dos recursos linguísticos infinitos que as pessoas exibem quando usam a linguagem de maneira criativa. Os gramáticos de Port-Royal tinham como objetivo produzir uma gramática desse tipo. Outro ponto de acordo: assim como Chomsky, eles tinham como objetivo uma gramática universal (científica, objetiva) e acreditavam que apenas apresentando uma gramática dessas seria possível não apenas descrever a linguagem, mas também ter a esperança de conseguir explicar por que essa é a gramática correta para a língua de um falante – por que essa, e não outra, acabou na mente da criança. Há, ainda, outro ponto de acordo: a "forma" ou "formato" geral das gramáticas de Port-Royal se assemelhava de maneira interessante às gramáticas que Chomsky construiu em meados da década de 1960. Naquela época, Chomsky pensava que todas as gramáticas de línguas naturais tinham o mesmo formato. Entre outras coisas, tudo consistia em uma "gramática de estrutura sintagmática" que tinha o efeito de reunir palavras em estruturas abstratas que, depois das operações de "transformações obrigatórias", assemelhavam-se ao que podia ser pensado como uma

---

[25] "Gerativo" pode significar (e frequentemente significa em *LC* e certamente significava para os gramáticos de Port-Royal) "produtivo", no sentido geralmente entendido como algo que exige princípios recursivos para permitir competência infinita, dadas as limitações humanas. Em trabalhos formais mais técnicos, significa (ou talvez também signifique) "explícito" ou "formal".

frase simples, como "Deus criou o mundo". Essas estruturas tinham uma "interpretação semântica" – era dado um "significado" a elas. Essas Estruturas Profundas podiam, por sua vez, ser combinadas em estruturas mais complexas, e/ou modificadas de outra forma; a parte da gramática que "fazia" isso era o componente transformacional. O *output* desse conjunto de operações era uma "Estrutura de Superfície". A essas estruturas transformadas era dada, por sua vez, uma interpretação fonética: elas recebiam um "som". Um dos objetivos dos gramáticos de Port-Royal era capturar a intuição de que, ainda que as línguas possam ser muito diferentes em seus sons, elas são fundamentalmente as mesmas em seus significados. Esse tema continuou em *Aspects*, obviamente.

Como exatamente, então, *Aspects* aprimora o que os gramáticos de Port-Royal realizaram? Uma grande melhoria foi na adequação descritiva. As gramáticas de Chomsky são formalizadas e articulam explicitamente as regras e os princípios relevantes, os "níveis" de computação e as relações entre níveis e elementos. Você não consegue descrever uma língua listando frases; você teria de fornecer uma lista infinita. A única maneira adequada de descrever uma língua é construir uma teoria (gramática) formal dela que declare, em termos formais, o que as regras, ou princípios da língua, são. Os gramáticos de Port-Royal não conseguiram fazer isso; faltava "precisão suficiente" em seus esforços, como observa Chomsky. Deve-se dizer explicitamente qual é a estrutura sintagmática e quais são as regras transformacionais de uma língua. Se você não fizer isso, não pode nem descrever uma língua nem decidir se a sua gramática é a correta – ou seja, satisfazer condições de adequação descritiva. É claro que Chomsky tinha uma vantagem sobre os gramáticos de Port-Royal: a matemática e outros estudos formais avançaram muito nos séculos subsequentes. Mas isso não diminui a sua contribuição.

Outro avanço, mais fundamental, foi na tarefa principal para aqueles que não querem apenas descrever, mas explicar. Embora os gramáticos de Port-Royal tivessem como objetivo – em sua tentativa de produzir uma gramática universal – desenvolver uma gramática que pudesse explicar além de descrever, o que eles ofereceram, em parte por conta da falta de precisão, não conseguia explicar por que a mente de uma criança, ao receber dados em condições de pobreza de estímulo, seleciona uma gramática X em vez de todas as outras milhares de possibilidades. Eles não conseguiram realmente resolver o Problema de Platão, nem mesmo enunciá-lo de maneira explícita. O *Aspects*, de Chomsky, conseguiu ao menos determinar o que precisa ser feito para resolver o Problema de Platão, e, na verdade, sugeriu uma solução que agora parece inadequada, mas que, na época, era a única disponível. Claramente, então, a gramática do *Aspects* era tanto descritiva quanto explicativamente mais adequada do que as gramáticas de Port-Royal.

Esta é, em linhas gerais, o dispositivo que Chomsky usou em meados dos anos 1960 para explicar como a mente da criança automaticamente "seleciona" a gramática X em vez da gramática Y – ou seja, aprende X em vez de Y, com base nos dados D. Pense em X e Y como conjuntos de regras, ambos candidatos como descrições da língua L ou, mais especificamente, dos dados disponíveis para a mente da criança. Qual conjunto de regras a mente da criança deveria aprender? Introduza agora uma medida de simplicidade "interna": o conjunto de regras X é melhor que o Y na medida em que X tem menos regras do que Y.[26] Se for possível mensurar se uma gramática é melhor do que outra dessa forma, é razoável imaginar que algum dispositivo interno

---

26 Note que essa medida de "melhor do que" depende explicitamente de um sentido técnico de simplicidade. Simplicidade, como mencionado anteriormente, é outro *desideratum* da ciência. O destino da noção de simplicidade no trabalho de Chomsky – suas origens no trabalho do professor Nelson Goodman, suas variedades no trabalho de Chomsky e seu papel extraordinariamente importante no "minimalismo" – é um estudo fascinante em si, mas infelizmente está além do escopo desta introdução.

e inato na mente da criança "escolha" X em vez de Y aplicando essa mesma avaliação. Ou seja, é plausível supor que algo na mente da criança – não a criança escolhendo conscientemente entre alternativas – escolha e, portanto, adquira ou aprenda X, dada uma escolha entre X ou Y. As tentativas de Chomsky em meados dos anos 1960 para resolver o Problema de Platão baseavam-se nesse tipo de dispositivo. Ao fazer isso – ao assumir um mecanismo interno e inato para realizar o procedimento de (relativa) preferência –, ele foi capaz de oferecer uma solução explícita para o Problema de Platão que poderia plausivelmente estar vinculada a algum tipo de mecanismo de escolha. Ao dizer o que as escolhas são (escolhas entre conjuntos de regras), ao quantificar o procedimento e ao hipotetizar que o procedimento é realizado por algum tipo de mecanismo operando de maneira inata, ele pôde, ao menos, apresentar o Problema de Platão e delinear uma solução. Somente assim ele ou qualquer outra pessoa poderia começar a pensar sobre como a faculdade da linguagem e seu desenvolvimento poderiam ser acomodados à biologia.

Na falta de esforços sucessores aprimorados, as gramáticas da época eram tão descritiva e explicativamente adequadas quanto possível. Também houve progresso em outras áreas. Elas também eram tão universais e objetivas quanto podiam ser entendidas na época. Além disso, ofereciam uma maneira de pensar como a acomodação poderia ser alcançada. E elas eram simples, tanto no sentido geral quanto no sentido interno da teoria. Pelos padrões de sucesso na pesquisa naturalista, então, as gramáticas de Chomsky fizeram um grande progresso em relação àquelas apresentadas pelos gramáticos de Port-Royal.

Embora a GU do *Aspects* tenha sido um avanço considerável em comparação com a gramática de Port-Royal, ela apresentava ainda muitas inadequações em comparação com trabalhos posteriores. Algumas eram evidentes mesmo naquela época. Um procedimento de escolha/aprendizagem relativa depende muito da hipótese de que algo, de alguma forma, estrutura os conjuntos de regras X e Y em primeiro lugar. Embora, na época, parecesse ser possível comprimir todas as línguas naturais em um mesmo formato, apenas algumas poucas línguas haviam sido investigadas com algum grau de precisão, e mesmo essas poucas apresentavam múltiplas diferenças insatisfatórias – do ponto de vista da explicação da aquisição –, as quais não podiam ser atenuadas pela noção de um formato comum nem por sugestões sobre dispositivos inatos de construção de gramática. Uma noção substancial de universalidade parecia fora de alcance: línguas diferentes, iguais apenas nos "formatos", pareciam muito diferentes nos detalhes. Quanto à aquisição ou a uma solução explícita para o Problema de Platão, embora o procedimento de *Aspects* "escolhesse" uma gramática com menos regras (uma gramática "mais simples") em vez de uma que tivesse mais regras, isso está longe de ser uma explicação plausível para o fato de uma criança conseguir adquirir qualquer uma das milhares de línguas naturais na mesma idade em toda a população humana, passando aproximadamente pelos mesmos estágios de desenvolvimento. Embora um procedimento de seleção relativa possa ser "mecanizado" de alguma forma, acomodar uma teoria da linguagem à biologia ainda parecia intimidador: era particularmente difícil entender como se poderia esperar que o genoma humano contivesse todas as informações necessárias para permitir a existência de um grande número de línguas e, ao mesmo tempo, fornecer uma maneira de escolher entre elas. Até mesmo a visão mais otimista dos universais da linguagem na época (universais não exigem nem aquisição nem escolha) ainda exigiria que o genoma carregasse uma quantidade enorme de informações específicas da linguagem, mais do que qualquer descrição plausível da evolução poderia explicar.

 O trabalho depois de *Aspects* melhorou a situação consideravelmente. Tornou-se mais e mais evidente que as regras, ou princípios básicos, e as estruturas da linguagem não diferem tanto assim. As frases de todas as línguas, por exemplo, têm núcleos e complementos, e itens lexicais em todas as línguas parecem "projetar" estruturas oracionais da mesma maneira. Assim, as aparentes diferenças na estrutura da oração praticamente desaparecem; a gramática sintagmática foi comprimida em uma concepção uniforme da "projeção" lexical. O movimento de elementos ("transformações", deslocamento) pareceu se tornar muito mais factível – uma única regra: "mova qualquer coisa para qualquer lugar" foi proposta, uma regra que, supostamente, iria ser limitada por alguns outros fatores. Diferentes línguas passaram a parecer menos e menos diferentes. Não é de surpreender que a complexidade da questão explicativa dominante, o Problema de Platão, tenha mudado. As questões teóricas sobre a origem das estruturas das frases permaneceram: "projeção" substitui as muitas regras de estrutura, mas por que existe tal operação e de onde ela veio? Mais progresso foi feito nessa frente com a introdução do programa minimalista no início dos anos 1990, ao ponto de que – simplificando excessivamente e ignorando disputas técnicas – muito recentemente veio a parecer que talvez a única "operação" (regra, princípio) necessária para explicar *tanto* a estrutura básica *quanto* o movimento é o que Chomsky e muitos outros chamam de *"Merge"*. Simplificando excessivamente mais uma vez, *Merge* é uma operação semelhante à concatenação, ou seja: colocar itens ou elementos (itens lexicais) juntos e criar um novo item. Mais especificamente: com os itens lexicais x e y, *Merge* forma o conjunto {x, y}. Algo parecido com isso certamente é necessário para que haja linguagem, uma vez que todas as línguas "compõem" – elas criam complexos chamados de "frases" a partir de "palavras".

Eu fiz duas simplificações excessivas para mostrar os grandes avanços na simplicidade formal, ao ponto que o número de princípios necessário para explicar como as línguas naturais compõem frases a partir de "palavras" pode até ser reduzido a um. Minhas simplificações deixaram de lado, no entanto – e pressupuseram –, a contribuição de uma inovação nas gramáticas de Chomsky do início dos anos 1980, os parâmetros. Os parâmetros permitem as diferenças estruturais entre as línguas – entre outras coisas, o fato de que o italiano permite frases que não tenham sujeitos (explícitos), enquanto o inglês e o francês não. Quando foram incialmente introduzidos – e isso, em última análise, pode estar correto, ao menos em parte –, os parâmetros eram entendidos como opções dentro das regras ou princípios universais (daí a terminologia de uma abordagem de "princípios e parâmetros" para o estudo da gramática). Essas opções paramétricas permitem as variações estruturais e de som entre as línguas – talvez as diferenças em significados também, embora seja muito menos claro que existam tais diferenças. Eles localizam as diferenças estruturais permitidas para as línguas naturais, ao ponto que, como Chomsky argumenta (ver Chomsky, 1988a), ao listar um conjunto específico de opções, pode-se "deduzir" o húngaro como oposto ao suaíli. Além de fornecer uma maneira compacta e elegante para descrever as diferenças linguísticas (ignorando, é claro, os itens lexicais), os parâmetros apresentam outras vantagens. Em primeiro lugar, eles oferecem uma maneira intuitiva de solucionar o Problema de Platão; eles oferecem uma maneira de compreender como a aquisição da linguagem – deixando a aquisição lexical ou de palavras de lado – poderia não ser nada mais do que o estabelecimento de alguns parâmetros. E, em segundo lugar, porque eles permitem melhorias na adequação descritiva *e* chegam perto de resolver o Problema de Platão – ao oferecer o que é praticamente um procedimento de seleção em vez de um procedimento de "avaliação" relativa, eles permitem que o linguista comece a abordar outras questões explicativas. Até os anos 1980 e a formulação dos parâmetros, parecia que seria muito difícil oferecer uma teoria da linguagem descritivamente adequada que pudesse, também, resolver o problema da aquisição. Claramente, línguas diferentes pareciam exigir princípios e regras muito diferentes, e uma solução para o Problema de Platão parecia exigir uniformidade e simplicidade. Se a diferença linguística pode ser localizada em uns poucos "interruptores", e esses podem ser claramente ajustados com o mínimo de dados, e se há poucos princípios universais, talvez apenas *Merge*, as "informações" específicas da linguagem que o genoma humano deve carregar podem ser diminuídas consideravelmente, e a tarefa de acomodar uma teoria da linguagem à biologia agora parece muito mais viável. Supondo que uma teoria da GU seja uma teoria da informação específica da linguagem no genoma, porque uma teoria da GU parece muito mais simples do que pareceu por muito tempo, parece que a quantidade de informação relativa à GU que o genoma precisa carregar é muito menor do que o que se pensava originalmente, talvez apenas *Merge*. (Eu ignoro conceitos, sons e léxico aqui.) A acomodação à biologia parece agora mais fácil. E talvez se possa até mesmo começar a explicar como a linguagem foi introduzida na espécie humana, por algum tipo de procedimento evolutivo.

Uma simples ilustração mostra como os parâmetros contribuem para fazer progresso e solucionar problemas. Considere a GU como um conjunto de princípios universais. Sendo universais, toda língua deve ter as propriedades especificadas no princípio. Um candidato a tal princípio é que todas as línguas devem formar orações que consistem em um "núcleo" (um item lexical de alguma categoria, como A[djetivo/...dvérbio] ou V[erbo]) e um complemento, que é, ele mesmo, um sintagma e que pode ser nulo. Formalizando um pouco, SX = X – SY, com "X" e "Y" sendo qualquer V, A, P[reposição/posposição], D[eterminante]. Isso é rudimentar, mas vai servir para fins ilustrativos. Pense, então, nesse princípio como sendo parametrizado, permitindo opções. As opções são representadas no "–" da fórmula, que não é ordenada. Se não é ordenada, os núcleos em uma língua podem estar antes dos seus complementos ou depois. O inglês é uma língua de "núcleo inicial", de forma que um SV sai como *"call the dog"* [chame o cachorro]. O japonês (o miskito etc.) é uma língua de "núcleo final", então ele coloca os núcleos depois dos complementos. Se o inglês fosse de núcleo final, o exemplo sairia como: *"the dog call"* [o cachorro chame]. Essa opção paramétrica – e outras – pode ser vista como um interruptor que, em uma posição, produz uma língua de núcleo inicial e, em outra, uma de núcleo final. Suponha (de forma plausível) um número finito e presumivelmente pequeno de parâmetros linguísticos. Especificar o conjunto completo de princípios linguísticos e seus parâmetros definiria, então, as possíveis estruturas da classe de todas as línguas naturais, cada uma das quais é biológica e fisicamente possível. Uma especificação desse tipo "diria" o que poderia ser uma estrutura biologicamente/fisicamente possível para uma língua natural. Se houvesse 12 parâmetros e eles fossem binários e independentes uns dos outros, poderia haver 2^{12} línguas estruturalmente diferentes. Supondo tudo isso, os princípios e parâmetros oferecem ferramentas descritivas muito úteis: eles permitem a descrição de todas as línguas naturais possíveis com relação a, pelo menos, suas diferenças estruturais e sonoras, permitindo que uma GU reduzida ofereça descrições adequadas de qualquer língua natural possível.

Como indicado, os parâmetros também oferecem uma solução para o Problema de Platão, um problema explicativo dominante que, até que seja resolvido, bloqueia o tratamento de outras questões explicativas. Imagine que um parâmetro equivale a algo como um botão ou um interruptor; no caso do exemplo, quando o interruptor está em uma posição, tem-se uma língua com núcleo inicial; quando está na outra, uma língua com núcleo final. Pense, então, que uma grande parte da aquisição de linguagem é uma questão de configurar interruptores em uma das poucas posições que cada parâmetro permite – em casos simples, posição 1 ou 2. Essa imagem não fala da aquisição lexical – ao menos, não diretamente. A aquisição da linguagem requer, também, adquirir um vocabulário. Mas ela faz uma grande contribuição à tarefa de resolver o Problema de Platão em relação à linguagem – o sistema combinatório. Também é adequada aos fatos. Há evidência a favor da ideia de que crianças configuram parâmetros ao longo do desenvolvimento de sua língua. Algumas das evidências mais interessantes são encontradas no fato de que, em estágios específicos do desenvolvimento da linguagem, as mentes das crianças "experimentam" com a configuração de parâmetros, testando parâmetros que não são típicos das línguas faladas em suas comunidades e logo convergindo para as configurações "corretas" para os dados que recebem. Uma criança adquirindo inglês, por exemplo, pode dizer *"What do you think what teddy wants?"* [O que você pensa o que o ursinho quer?], uma frase com um segundo *what* na mesma posição que podemos encontrar em algumas variações do alemão. Esse e outros padrões relacionados de experimentação podem aparecer ocasionalmente na fala de uma criança por um curto período de tempo e então desaparecer. É como se a mente estivesse explorando os caminhos abertos para ela. Como os parâmetros são fixos, o espaço de escolha de estruturas alternativas para a mente é bastante limitado e pré--especificado; as "escolhas" são feitas rapidamente a partir de pouca evidência – nesse caso, uma falta de evidência para uma das possíveis configurações e alguma evidência para a outra. O modelo de parâmetros também faz boas previsões. Sem os parâmetros, não encontraríamos os períodos previsíveis durante os quais esse tipo de "experimentação" ocorre, nem as rápidas taxas de aprendizado (muitas vezes sem evidência negativa), a menos que o espaço de escolha fosse definido de forma inata. Se todos os tipos de possibilidades estivessem disponíveis – se o espaço de escolha fosse aberto – os comportamentos linguísticos das crianças seriam quase aleatórios, e eliminar algumas possibilidades e selecionar outras seria muito difícil sem muita intervenção externa – intervenção que a criança, na verdade, não recebe nem precisa.

Ao resolver o Problema de Platão, os parâmetros permitem que os teóricos comecem a considerar outras questões explicativas de uma maneira séria, incluindo como se pode acomodar a linguagem à biologia e abordar a questão de como a linguagem foi introduzida na espécie. Eu vou focar na acomodação – efetivamente, colocar a GU no genoma – e em alguns dos avanços mais recentes. Relembrando, a rota mais plausível para a acomodação consiste em minimizar a GU, pensada como a "informação" específica da linguagem que o genoma deve ter para possibilitar as línguas humanas. Para determinar isso, pergunte o que é *sine qua non* da linguagem – o que os humanos *precisam* ter para ter linguagem e que outras espécies comprovadamente não têm. Em uma importante contribuição para a *Science* em 2002, Chomsky, juntamente com Marc Hauser e Tecumseh Fitch, comparou humanos com várias espécies e com vários sistemas de comunicação e outros sistemas. Eles apontaram que outras espécies parecem ter ao menos alguns dos materiais conceituais que nós expressamos na linguagem e que outras espécies podem tanto articular sons e sinais linguísticos quanto percebê-los. Mas nenhuma outra espécie tem recursividade linguística, a capacidade de pegar itens lexicais/palavras e "compô-los", produzindo estruturas hierárquicas de (a princípio) extensão indefinida. Suponha, então, que a condição *sine qua non* da linguagem é a recursividade linguística – que se deve, como indicado acima, a *Merge*. *Merge*, então, deve estar especificado no genoma humano de alguma forma. Mas poderia a GU ser apenas *Merge*? Se fosse, a acomodação seria muito mais fácil. Mas e os parâmetros? Definitivamente, eles têm relação com a estrutura gramatical/computacional e, conforme mencionado, parecem ser específicos de cada língua. Por exemplo, o parâmetro de ordem do qual eu falei acima parece específico de cada língua; seus termos são núcleos e seus complementos. Se é, então deve estar na GU. Isso é *muito* menos intimidador. Mas não devemos presumir nada disso tão rapidamente. Um bom motivo para não fazer isso é que, como já sabiam há muito tempo aqueles que trabalhavam no difícil problema de explicar a variação das espécies, há muito mais no desenvolvimento, no crescimento e na morfogênese do que pode ser explicado apenas pelo genoma e pelo *"input"* (dados). O mesmo deve certamente ser verdade para o crescimento e para o desenvolvimento da linguagem na criança. Esses outros fatores – Chomsky os chama de considerações de "terceiro fator" – incluem

> (a) princípios de análise de dados que podem ser usados na aquisição da linguagem e em outra áreas [e] (b) princípios de estrutura arquitetural e restrições ao desenvolvimento que entram na canalização, na forma orgânica e na ação de forma ampla, incluindo princípios de eficiência computacional, os quais teriam particular importância para sistemas computacionais como a linguagem. (Chomsky, 2005, p.6; ver também Chomsky, 2007)

Ninguém sabe realmente quais são esses fatores com relação à linguagem – ou com relação ao desenvolvimento de quase qualquer outra coisa. Mas, a despeito das aparências superficiais, não é óbvio que as diferenças de ordem nos sintagmas (como no parâmetro do núcleo) *devam* ser específicas de cada língua: talvez a ordem do núcleo e do complemento seja fixada por algo não especificamente linguístico. E é óbvio que a variação nos padrões de cores nas asas de pombas individuais (e nas penas em si) não pode ser atribuída apenas ao genoma individual de um pombo: isso colocaria um fardo muito pesado sobre ele. Então, talvez, opções paramétricas devam ser explicadas apelando para considerações de terceiro fator, e a sua "configuração", para variações em valores fornecidos por essas considerações.

Biólogos e outros profissionais trabalhando com questões do crescimento (morfogênese, ontogênese e afins) passaram a considerar cada vez mais as contribuições de terceiro fator para o crescimento dentro da crescente ciência do "evo-devo", abreviação de "evolução-desenvolvimento". Na verdade, Chomsky tem apontado nessa direção por algum tempo, desde o seu trabalho inicial. Princípios de ciclicidade computacional e princípios de análise de dados tiveram um papel importante nas primeiras propostas sobre aquisição (Chomsky, Halle, Lukoff, 1956; cf.

Chomsky, 2005, p.6-7). Nos últimos anos, ele enfatizou a relevância, para as questões de variação linguística e crescimento, do importante trabalho de Alan Turing sobre a morfogênese e do trabalho anterior e menos formal de D'Arcy Thompson sobre questões relacionadas, e ele frequentemente faz referência ao trabalho de biólogos como Stuart Kauffmann e Charles Waddington. Todos esses autores revitalizam uma linha de pensamento em biologia que remete pelo menos até Goethe e sua crença de que ele poderia prever os formatos possíveis de qualquer planta recorrendo a uma fórmula para uma "Urpflanze" (planta primordial). Observe que *LC* inclui uma referência explícita à especulação de Goethe e à maneira pela qual o que Goethe tinha a dizer poderia falar sobre questões do gerativismo da linguagem e, por meio disso, sobre uma pré-condição da criatividade linguística. De qualquer maneira, considerações de terceiro fator têm permanecido nas sombras do estudo da linguagem, aparentemente esperando por uma boa solução para o Problema de Platão. Uma solução para isso – e um consequentemente esclarecimento do que *deve* ser atribuído ao genoma – foi uma condição prévia para perguntar quais poderiam ser as contribuições de terceiro fator.

Eu não vou abordar esse assunto em detalhes, mas é interessante ver que, se essas especulações (mas não *meras* especulações) estão no caminho certo, de tal forma que apenas *Merge* esteja "contido" no genoma, torna-se muito fácil explicar como a linguagem poderia ter surgido como o resultado de uma única mutação. Não é necessário que seja uma mutação "específica da linguagem": ela poderia, por exemplo, ser um resultado secundário, o resultado do que Lewontin e Gould (1979) chamaram de "*spandrel*" – um resultado estrutural de uma modificação em algum outro sistema. Deve, no entanto, ser "saltacional" – acontecer em um único pulo – pois, de outra forma, teríamos de supor que a linguagem tenha se desenvolvido ao longo de milênios, e não há evidência para isso. Na verdade – deixando de lado as especulações sobre o FOXP2, que provavelmente são irrelevantes de qualquer maneira –, a única evidência aparentemente relevante indica o contrário. Os humanos parecem ter começado observações sistemáticas das estrelas, parecem ter procurado explicações "definitivas" (encontradas frequentemente em religiões), ter produzido desenhos, desenvolvido maneiras para lidar com os seus ambientes de forma sistemática e afins, entre aproximadamente 100 mil e 50 mil anos atrás – pois foi há cerca de 50 mil anos que se iniciou a migração para fora da África.

Pesquisas com seres humanos amplamente separados (sem cruzamento, portanto) desde então – por exemplo, no sudeste da Ásia – indicam plena capacidade linguística e sugerem que nenhuma mudança significativa ocorreu desde então. É plausível que a capacidade de se envolver em formas distintamente humanas de comportamento cognitivo – arte, religião, investigação empírica – tenha surgido não apenas repentinamente pelos padrões evolucionários, mas como resultado da introdução de uma única mudança. A introdução da linguagem – mais precisamente, a recursividade e, especificamente, a capacidade de juntar conceitos para produzir um número indefinidamente grande de conceitos complexos que podem ser usados livremente – é a causa mais provável. Se essa história for plausível, uma espécie humanoide de fato "tornou-se humana" como resultado do surgimento da linguagem.

Esse tipo de relato naturalista e baseado na razão sobre a origem dos seres humanos e de suas capacidades cognitivas – muito distante de vários mitos religiosos – é uma explicação que teria agradado às figuras do Iluminismo, que acreditavam que a razão por si só é suficiente para responder perguntas fundamentais. É claro que não se pode ficar excessivamente entusiasmado. Se a razão (o uso de nossas capacidades cognitivas) tem a base biológica que parece ter, ela deve ter seus limites. Esses limites são revelados em uma incapacidade de compreender cientificamente o aspecto criativo do uso da linguagem, entre outras coisas. Mas, na verdade, isso é uma coisa boa. Sem limitações nos recursos cognitivos (inatismo) – como insistiam os pensadores RRs –, haveria pouca capacidade intelectual.

Observe que essa descrição das origens dos seres humanos e da introdução da linguagem (possivelmente a chave para sua notável flexibilidade e poder cognitivo) deixa amplo espaço para o que tanto os racionalistas quanto os românticos honravam – o livre-arbítrio. As operações internas de faculdades mentais específicas, como a visão e a linguagem, podem muito bem ser determinadas. Esses sistemas computacionais pegam o que lhes é fornecido – no caso da linguagem, itens lexicais com suas "informações" fonológicas e semânticas – e produzem tipos complexos de "informações" em suas interfaces com outros sistemas cognitivos. Se não o fizerem, eles falham. No entanto, pelo menos no caso da linguagem, o que acontece do *outro* lado da interface semântica – como revela o aspecto criativo do uso da linguagem – não é determinado, embora pareça ser "racional", pois "o que é dito" normalmente é apropriado ao contexto do discurso. Além disso, considerando que a ação humana envolve contribuições de múltiplos sistemas cooperativos e que as relações entre múltiplos sistemas estão sujeitas a efeitos de interação massivos, não há perspectiva para o determinismo ou – como vimos – para uma ciência do comportamento humano. Além disso, considerando que o "livre-arbítrio" é bem comprovado na experiência pessoal e no uso do entendimento do senso comum, podemos dizer que os seres humanos são agentes livres, ponto final. Não há motivo para lamentar esse fato. Temos motivos para comemorar.

Finalmente, vale a pena mencionar brevemente uma questão abordada com mais detalhes na seção final desta introdução, pois o foco desta seção no progresso da adaptação da linguagem à biologia também esclarece alguns dos temas mais amplos de LC. Implícita nos esforços de Chomsky para situar a ciência da linguagem em um lugar proeminente como uma ciência biologicamente baseada da natureza humana, está a ideia de que talvez possamos extrair, de uma ciência de uma natureza humana distinta, alguma noção daquilo de que os seres humanos fundamentalmente precisam e possamos começar, tendo isso em mente, a pensar em que tipo de organização social – organização política – poderia satisfazer melhor essas necessidades. O apelo de tal projeto baseado na ciência é claro: a justificativa deve fazer referência a universais, aqui fornecidos por uma ciência objetiva de uma natureza humana distinta. (A linguagem é, obviamente, um elemento constitutivo de uma natureza humana distinta; nenhuma outra criatura tem linguagem.) Uma ciência objetiva da natureza humana pode suportar o ônus da justificativa científica. E ela pode, por sua vez, oferecer os meios para fazer o que os pensadores do Iluminismo teriam ficado encantados em fazer se pudessem: partir de um entendimento da natureza humana obtido pela razão (sem apelo à fé, dogma ou autoridade), usá-lo para determinar as necessidades humanas fundamentais e – com uma compreensão dessas necessidades – fazer um esforço para construir uma visão justificável de como seria uma forma ideal de organização social. Seria um processo longo (e pode ser impossível, pois, como todas as criaturas biológicas, temos limitações cognitivas), mas o resultado seria uma forma de humanismo com base científica construída sobre a ideia de que os seres humanos são entidades biológicas e nada mais. Não a fé, mas a razão – particularmente a razão científica, que visa à universalidade e à objetividade – poderia fornecer uma base razoável para uma visão da "vida boa" e de uma forma ideal de organização social que permita às pessoas viver essa vida.

III. As contribuições de Descartes

Descartes não fez contribuições diretas para a ciência da linguagem, mas fez contribuições indiretas. Eu não incluo entre essas contribuições nenhuma das afirmações pelas quais ele é identificado na visão de muitos filósofos (e de seus alunos e leitores). Mais especificamente, não há razões para pensar que o estudo científico da linguagem ou da mente é favorecido pela (talvez apenas aparente) concepção de Descartes de que uma pessoa tem conhecimento direto, não mediado e certeiro a respeito dos conteúdos da mente. Também não há razões para levar a sério o seu dualismo substancial mente/corpo – embora isso fosse (como indico abaixo) uma proposta razoável na época em que ele escreveu. E seu projeto epistemológico fundacionalista – salvo algumas pistas sobre o que ele pensava a respeito da metodologia da ciência – tem pouco a oferecer e pode ser ignorado. Certamente, esses aspectos do pensamento de Descartes não desempenham nenhum papel no trabalho de Chomsky, nem de forma substancial no trabalho de outros que agora trabalham dentro do que veio a ser chamado de "paradigma chomskiano". Tampouco figuram na discussão de *LC* de forma substancial.

III.1 Ciência natural

As contribuições reais de Descartes – as que eram e que ainda são viáveis – são encontradas em outro lugar. Em primeiro lugar, ele ajudou a inventar a metodologia que produz as ciências naturais. Sua insistência em considerar a metodologia da ciência como muito diferente daquela encontrada nos esforços práticos de solução de problemas de humanos tentando progredir no mundo, em que eles usam os conceitos inatos do senso comum (que ele chamava de *"bon sens"*) se reflete na primeira parte do seu *Discurso*, nas reflexões autobiográficas sobre o quão pouco ele tinha recebido de sua educação em "letras". Até o seu estudo de matemática nas escolas, ele observou, foi mal direcionado; ele considerava que seus usos eram práticos – para a engenharia, a arquitetura e afins. Foi apenas mais tarde que ele descobriu os seus usos na ciência, em que a matemática fornece as ferramentas formais para capturar princípios e construir teorias que lidam com fenômenos bem fora do alcance dos conceitos do senso comum. Quando utilizadas dessa forma, elas são auxílios essenciais para idealizar, construir e focar o estudo e a experimentação em modelos de fenômenos simples e abstratamente descritos. Galileu fez uma observação semelhante quando buscou descrições matemáticas dos fatores que contribuem para o movimento dos corpos: taxas de aceleração e mudanças de corpos em planos inclinados, por exemplo. Ele também construiu descrições matemáticas dos movimentos dos pêndulos, observando os efeitos do alongamento dos fios ou hastes pelos quais eles são fixados. Não se chega à ciência de fenômenos complexos, como o crescimento de plantas, começando pelo topo. Você se concentra nos elementos que espera que acabem contribuindo para uma explicação – nas contribuições que, somadas a outras contribuições, produzem o fenômeno complexo. Em cada estágio, você inventa teorias que idealizam os fenômenos, faz experimentos tentando controlar as contribuições irrelevantes e assim por diante. As teorias podem muito bem acabar postulando propriedades, forças e entidades completamente estranhas para você. Na verdade, é melhor esperar que isso aconteça. A invenção pode ir além da experiência cotidiana, e frequentemente vai.

Um ponto relacionado é encontrado em uma distinção que Descartes fez em *Comments on a Certain Broadsheet* [Comentários sobre um certo panfleto] (CSM I, p.303-4), onde ele explica sua visão de conceitos inatos (ou "ideias"). Há dois tipos, ele argumenta: aqueles que estão na mente desde o nascimento, como TRIÂNGULO, e aqueles que são "acidentais", o que significa que exigem algum tipo de ocasião ou dados ativadores para entrar em operação. Seu exemplo foi a "visão comum" do sol, oferecida a todos nós pelo conceito inato, mas acidental (de senso comum), SOL. Essas duas classes de conceitos inatos são claramente distintas de outro conceito SOL, que é "inventado" (criado, fabricado) pelo cientista que constrói uma teoria do sol. A construção de teorias naturalistas é claramente diferente da solução de problemas práticos, como decidir se é melhor plantar ao meio-dia em pleno sol ou limitar seus esforços ao início da manhã ou ao final da tarde. O conceito/ideia "comum" de sol serve bem para a solução de problemas práticos, e esses conceitos estão disponíveis para todos. Nós os usamos o tempo todo – quando, por exemplo, nos perguntamos se devemos nos levantar antes do sol ou se devemos nos deitar por mais uma hora. Mas o conceito comum de sol não é útil para o cientista. Na ciência, o sol não nasce, nem se põe, nem se move pelo céu. Na ciência, os conceitos de senso comum fornecem pouca orientação; em vez disso, é preciso seguir o que Descartes chamou de "a luz da natureza", plausivelmente entendida como a busca da simplicidade na natureza ao tornar as teorias simples, teorias que são então testadas em experimentos que controlam fatores irrelevantes. Pontos semelhantes são apresentados nas reflexões céticas de Descartes: se quisermos explicações completas dos fenômenos, não podemos confiar na visão do mundo e das coisas nele contidas que o senso comum nos dá. Não podemos presumir que aquele pedaço de papel lá fora seja amarelo, ou – como no caso de Chomsky – que a linguagem seja algum tipo de instituição pública, aprendida com os pais e amigos, descrita pelo apelo às regras de "uso correto". Seguindo o caminho da busca pela simplicidade, somos levados a produzir abstrações formalmente explícitas, distantes do entendimento cotidiano, e esperamos que elas possam ser integradas às descobertas de outros cientistas e de outras ciências. Esse ponto é fundamental para o progresso de qualquer ciência. Assim como Galileu e Descartes, Chomsky frequentemente comenta sobre a necessidade de idealizar e construir teorias no estudo científico da linguagem. Somente fazendo isso é que se pode esperar chegar a algum lugar.

    Descartes ajudou a iniciar a ciência natural, um projeto que as pessoas podem realizar e que, em seu nível mais geral, é uma estratégia de pesquisa ou uma metodologia. O(a) cientista, independentemente do domínio que investiga, busca a adequação descritiva e explicativa em uma teoria dos fenômenos naturais;

ele ou ela exige simplicidade e, para obtê-la, constrói teorias formais e explícitas que idealizam os fenômenos sob investigação; busca a objetividade e, para obtê-la, abandona os conceitos antropocentricamente orientados do senso comum que se mostram tão úteis na resolução de problemas práticos, mas falham nas tentativas de construir teorias objetivas. Quando Descartes seguiu esses princípios, ele obteve um sucesso significativo para sua época. Ele forneceu uma descrição detalhada da óptica, lidou de forma interessante e ainda atual com a neurofisiologia, ofereceu uma teoria cosmológica, apresentou e defendeu uma mecânica de contato que tentou transformar em uma "teoria de todas as coisas" e até mesmo apontou de forma plausível na direção de uma teoria computacional da visão. No entanto, apesar de oferecer os rudimentos de uma teoria computacional da visão, ele se recusou a aplicar esses requisitos metodológicos à mente para desenvolver as ciências da mente.[27]

III.2 Criatividade linguística

Uma possível explicação para a relutância de Descartes em se aventurar na mente usando as ferramentas da ciência reside na experiência de Galileu com a igreja. Descartes talvez não quisesse aparentar estar oferecendo uma abordagem naturalista da mente, ou daquilo que as autoridades da igreja consideravam como a alma. Essa motivação, se era uma, é de pouca importância para nós. A outra é relevante e importante. É encontrada em sua tentativa de levar em conta as observações sobre o aspecto criativo da linguagem usando as ferramentas que as ciências lhe deram, especialmente aquelas encontradas em sua mecânica de contato. Nós já vimos que as observações sobre a criatividade

---

27 É possível que ele tenha tratado desses assuntos no último volume de *Le Monde*. No entanto, ele destruiu esse trabalho quando soube do destino de Galileu; por isso, nunca saberemos.

linguística são importantes para a ciência da mente – ao menos para aqueles que adotam uma estratégia RR. Aqui, eu as discuto em mais detalhes e descrevo a tentativa inadequada de Descartes de enfrentá-las. Há lições nos seus erros, erros que eram perdoáveis à época, mas hoje não são mais.

As observações de Descartes sobre a criatividade aparecem na parte V do *Discurso*, após um longo esforço para tentar mostrar que uma mecânica de contato poderia ser usada para lidar com tudo – cosmologia, neurofisiologia, óptica e assim por diante. Para seu entendimento, a mecânica de contato provava o suficiente para poder descrever e explicar qualquer coisa que tivesse relação com o "corpo". As observações sobre a criatividade indicavam que alguns fenômenos encontravam-se fora do escopo da ciência como ele a entendia. Eles parecem ser explicáveis apenas por algo como um "princípio criativo", e criatividade é algo absurdo da perspectiva de uma mecânica determinística. Se a ciência falha aqui, ele pensou, deve ser porque algo não corpóreo está em ação. Dando a isso um nome, ele chamou de "mente".

Descartes supôs, essencialmente sem discussão, que uma pessoa sabe, em seu próprio caso, que tem uma mente (em seus termos, que ela é um ser racional e pensante). Para decidir se os outros – organismos humanoides, animais ou máquinas – têm tais mentes, ele sugeriu observar o seu comportamento linguístico quando perguntas são feitas a eles ou quando são levados a falar.[28] Observar o modo como eles usam a linguagem é, ele pensou, suficiente para concluir se se está lidando com um humano, e não com um zumbi, um autômato ou um animal. É suficiente, ele pensou, porque quando os humanos usam a linguagem – e

---

28 Descartes afirmava que os animais eram máquinas, que suas ações são determinadas por estímulos externos e pelo estado interno e podiam ser entendidas usando uma mecânica determinística (que inclui uma interpretação mecânica da função neurofisiológica). Sabemos que ele estava errado ao pensar dessa maneira, mas seu teste se aplica, de qualquer forma.

ele é cuidadoso em apontar que ele se refere a humanos em todo o espectro de inteligência e aparentemente sem levar em conta a educação e a posição social – eles exibem uma forma de criatividade linguística que não é replicada nos comportamentos e nas ações de nenhum organismo não humano que tenha sido treinado para produzir sons ou sinais linguísticos, nem em máquinas que foram construídas ou programadas (ou "ensinaram" a si mesmas por meio de algum tipo de procedimento de aprendizado generalizado) para produzir sons ou sinais linguísticos.[29] Disse ele:

---

29 O teste em si tem limitações óbvias. Existem casos em que, devido a traumas ou doenças, pessoas que demonstraram competência linguística normal em algum momento se tornam (talvez temporariamente) completamente incapazes de se expressar por meio da linguagem. Um exemplo óbvio, embora trivial, é uma pessoa que fala normalmente e que tenha passado por uma cirurgia na garganta que a impeça de falar. Existem outros tipos de casos também, alguns deles extremamente interessantes do ponto de vista científico, pois revelam características novas da linguagem humana e da mente. Ainda assim, o teste de Descartes para a mente é o melhor teste facilmente aplicável que qualquer um tenha concebido, e não requer habilidades ou conhecimentos especiais para ser aplicado. De forma ligeiramente diferente, Alan Turing reinventou o teste de Descartes e sugeriu testá-lo em máquinas programáveis. Ele previu, de forma otimista e incorreta, que seria possível programar um computador para passar no teste antes do ano 2000. Alguns de seus outros argumentos são válidos, no entanto, e seu artigo de 1950 na revista *Mind*, "Computing Machinery and Intelligence" [Maquinário computacional e inteligência], merece uma leitura mais atenta do que normalmente recebe. Uma das ideias mais importantes, geralmente ignorada, é que, se uma máquina passa no teste, nenhum fato concreto é determinado; nenhuma questão científica é resolvida. O teste não oferece evidências a favor de uma ciência específica da mente, e certamente *não* mostra que a mente funciona da maneira como o computador que passa no teste funciona (assim como a vitória do Big Blue no xadrez não mostra que a mente de um jogador de xadrez humano funciona dessa forma). Tudo o que se alega é que o sucesso no teste pode oferecer uma razão para *decidir* se podemos *dizer* que uma máquina pensa – decidir se se deve mudar o uso da língua e dizer que máquinas pensam (algo frequentemente feito hoje em dia de qualquer maneira, sem que se satisfaça algo tão rigoroso quanto o teste de Turing). Para o cientista naturalista da mente, essa é uma questão tão interessante quanto saber se as escavadeiras realmente cavam ou se

[Nenhum animal ou máquina desse tipo] poderia (...) usar palavras ou juntar outros signos, como nós fazemos para expressar nossos pensamentos aos outros. Pois podemos certamente conceber uma máquina construída de tal forma que ela pronuncie certas palavras, e até mesmo pronuncie palavras que correspondam a ações corporais que causem uma mudança em seus órgãos... Mas não é concebível que tal máquina produza *diferentes arranjos de palavras* de

> os submarinos nadam. O uso, como a criatividade linguística revela, pode variar, mas sem consequências para a ciência naturalista de peixes ou para os sistemas hidráulicos de escavadeiras (nesse caso).
> O significado do teste para Chomsky é muito diferente e está mais alinhado com outro dos objetivos de Turing: "investigar as capacidades intelectuais do ser humano". O teste (ou melhor, a falha em passá-lo no caso irrestrito contemplado por Descartes) fornece uma razão para suspeitar fortemente que alguns problemas (aqui, a construção de uma ciência do aspecto criativo do uso da linguagem) estão além do alcance da inteligência humana. E isso destaca a importância de uma suposição básica na estratégia da pesquisa RR: deve-se proceder com a hipótese de que pode muito bem haver limites para a capacidade da nossa ciência ao lidar com o comportamento humano – comportamento que, aparentemente, parece ser livre. O biolinguista *espera* encontrar limitações nas capacidades humanas de resolução de problemas (tanto de senso comum quanto científicos). Somos, afinal, organismos biológicos naturais; veja Chomsky, 1988, capítulo 5.
> Note que o significado do teste para Descartes, Cordemoy e outros, no século XVII, era bem diferente; na época, o teste era claramente relevante para os princípios da ciência física, tais como eram entendidos na época, e sugeria o que então parecia ser uma hipótese plausível sobre como lidar com ele: a criatividade possivelmente se deve a um princípio diferente, inserido em uma "substância" não corporal. Introduzir uma substância mental para abrigar um princípio de criatividade era, para eles, apenas fazer o que chamaríamos hoje de "ciência normal": propor uma solução científica para um problema científico.
> Nada resultou da solução proposta por Descartes para o problema, obviamente. Aparentemente, a ciência ainda não consegue lidar com a questão, mesmo que a ciência, incluindo a ciência da mente, tenha mudado consideravelmente desde os tempos de Descartes. Talvez devêssemos reintroduzir uma distinção que Chomsky introduziu (em Chomsky, 1975a): se não há uma solução conhecida ou remotamente plausível para um problema, apesar de muitos esforços para lidar com ele, então não se trata de um problema, mas de um mistério.

modo a dar uma *resposta adequadamente significativa* a *qualquer coisa* que seja dita em sua presença, como o mais estúpido dos homens pode fazer. (Descartes, 1637/1985 (CSM II), p.140; ênfase minha)

Sobre esse comentário, suas observações apontam que pessoas, ao contrário de máquinas ou de animais, podem juntar quaisquer frases de um conjunto ilimitado e, mesmo assim, usar o que montaram de uma forma que parece apropriada e coerente ("racional") para o contexto de *discurso* (não o contexto espaço-temporal local do falante ou do ouvinte) em questão. Nada no ambiente *causa* a produção das frases: ainda que uma pergunta ou um comentário possam levar ou incitar os pensamentos ou enunciados linguisticamente expressos de alguém, eles não os causam. Você pode perguntar para alguém qual é o melhor caminho para ir a Cambridge, não importa onde você esteja. Se seu interlocutor tiver alguma ideia sobre como fazer isso, ele ou ela irá, sem dúvida, produzir uma série de frases, cada frase, em sua descrição detalhada, se diferenciando das que a pessoa já usou, e cada uma se diferenciando das frases que aquela pessoa vai produzir em outro momento para outra pessoa fazendo essa pergunta e também se diferenciando, obviamente, do que outras pessoas podem produzir naquele momento ou em momentos posteriores. E, no entanto, esses grupos de frases que diferem entre si e, dentro de um grupo, diferem novamente entre si, normalmente oferecem respostas adequadas e coerentes à pergunta. Não há limite superior para o conjunto de sentenças para realizar essa tarefa, ou outras tarefas específicas em que a linguagem pode ser empregada – ou, no caso do pensamento, talvez nenhum estímulo verbal ou de outra natureza. Os seres humanos parecem ser capazes de produzir um número ilimitado de frases ("diferentes arranjos de palavras") sem antecedentes causais (que são externa e internamente "livres de estímulos"), embora talvez motivados (na época de Descartes, "ocasionados") por perguntas ou por outros fatores, enquanto permanecem apropriados e racionais no que produzem.

Claramente, sua produção não pode ser o resultado de algum mecanismo determinístico que ofereça a resposta que é provocado a produzir, nem mesmo de um mecanismo que, dada uma pergunta e um contexto, forneça uma resposta de uma gama especificável (e, portanto, limitada) de respostas. Se alguém insistir no oposto, será desafiado a apresentar o mecanismo, pois nenhum sistema determinístico pode produzir um conjunto ilimitado de frases, para um contexto de discurso específico, todas elas coerentes ou adequadas. Se as dificuldades conceituais envolvidas nisso não convencem, então a falta de sucesso em apresentar uma ciência de tal mecanismo sugere que aqueles que insistem em um mecanismo determinístico estão, de fato, fundamentados em bases muito fracas.

Descartes expressa seu teste em termos de possibilidade de concepção, não de observabilidade. Obviamente, porém, seu teste é facilmente aplicado. No caso de animais como o chimpanzé Nim Chimpsky (objeto de um grande esforço da Universidade de Colúmbia na década de 1970 para fazer com que um macaco aprendesse língua de sinais) e de outros primatas, sem dúvida tem sido assim, embora – pelo fato de nenhum primata ter conseguido aprender até mesmo os rudimentos da sintaxe e da morfologia da língua de sinais humana – seja difícil distinguir os fracassos devidos à criatividade daqueles atribuídos simplesmente à falta de linguagem. Acredita-se que uma aproximação maior da fala humana pode ser encontrada nas máquinas: elas podem ser programadas para produzir frases representadas ortograficamente em um terminal ou impressora, ou até mesmo vozes relativamente realistas. Aplicando o teste de Descartes às máquinas, uma máquina candidata a falar teria de convencer uma ou mais pessoas de que o que ela produz em resposta a perguntas (digitadas em letras e palavras, talvez) é *tão apropriado* quanto o que um ser humano faz com a mesma pergunta. Se o desempenho de uma máquina não for julgado de forma diferente do de uma pessoa, isso pode ser um motivo para dizer que a máquina pensa.

Introdução

Alan Turing (em Turing, 1950) reinventou o teste de Descartes e previu – de maneira excessivamente otimista – que um programa de computador seria apto a convencer uma ou mais pessoas que as suas respostas às perguntas eram tão apropriadas como as de humanos. Adaptando o teste de Turing, uma competição foi criada (o prêmio Loebner) que premia um programa de computador que consiga convencer um júri, após um determinado período de interações com dois terminais, um controlado pelo programa e outro por uma pessoa, que as respostas da máquina às questões do júri não são menos apropriadas que as respostas que se consegue, ou se espera, de uma pessoa. Nenhum programa ganhou o grande prêmio, que permite a formulação de perguntas de maneira irrestrita, sem levar em consideração o assunto ou o contexto –; na verdade, trata-se do teste de Descartes, mas com um período de tempo limitado.

Observe que o teste supõe que um humano arbitrário (com competência na língua relevante) pode entender o que um animal, uma máquina ou um humano diz (ou "diz"), e consegue administrar o teste. Essa hipótese levanta a questão de quais recursos os humanos têm à disposição para entender e julgar a adequação do que é dito. Obviamente, ninguém confia em uma teoria do comportamento linguístico humano: se tivéssemos tal teoria, poderíamos prever o que uma máquina ou uma pessoa iria dizer, ou ao menos limitar o conjunto de respostas que poderiam ser produzidas; nós estaríamos na posição de um deus e, sem dúvidas, bastante entediados com os humanos e sua pretensão à novidade e à criatividade. Esse tipo de fantasia é, na melhor das hipóteses, uma indulgência de filósofo; não há nada que a justifique – nada na experiência ou na ciência para levá-la a sério. E essa fantasia não tem nenhuma relação com a questão de o que uma mente humana tem disponível para interpretar o que outra pessoa diz e julgar a sua adequação. Sabemos, com base na discussão da Parte II, que temos muitos desses recursos, incluindo princípios "populares" de senso comum, biologias comuns, ambientes, interesses etc. , – mais geralmente, biologias compartilhadas e informações sobre o contexto do discurso, além de tudo o que se obtém da convivência com o falante. Não é de surpreender que nenhum programa tenha passado no teste irrestrito de Turing/Descartes. Máquinas não são pessoas. Elas simulam *comportamentos* humanos na execução de tarefas específicas, muitas vezes superando-os quando lidam com contextos restritos e problemas específicos. Os computadores podem vencer no xadrez. Mas eles não jogam xadrez da mesma forma que os humanos.

Descartes "explicou" a criatividade atribuindo-a à razão; ele chegou até a afirmar (veja o texto de *LC*) que a razão é um instrumento universal, capaz de resolver qualquer problema. A autocontradição é óbvia: ela não pode ser um instrumento universal se não puder lidar com a criatividade linguística. Nós fazemos muito melhor ao atribuir a criatividade dos seres humanos às biologias que eles têm, biologias que lhes dão as capacidades cognitivas que eles têm, incluindo a capacidade de produzir um número ilimitado de frases e de entendê-las e interpretá-las. E podemos avaliar a adequação das frases com relação a contextos de discurso que podemos compreender. Podemos avaliá-las por sermos, como o falante que interpretamos, humanos com os recursos inatos que temos.

Aparentemente, nossas ciências não conseguem lidar com a criatividade e – dada a suposição razoável de que a linguagem e os recursos cognitivos que ela oferece moldarão e desempenharão um papel constitutivo na maior parte do que entendemos sobre nós mesmos e sobre o mundo, e em como lidamos com os múltiplos problemas que a vida cotidiana apresenta – nossas ciências são inadequadas para lidar com a ação e o comportamento humano nessa ampla gama de casos em que os conceitos expressos por frases desempenham um papel constitutivo. No entanto, podemos desenvolver ciências da mente, concentrando-nos em sistemas internos específicos. A ciência da linguagem de Chomsky, como vimos, é uma teoria de tal sistema; seu objetivo é produzir uma teoria "gerativa" que individualize uma língua, recorrendo a um conjunto de princípios ou leis que faça seleções arbitrárias de conjuntos específicos de itens lexicais e retorne um par de significados sólidos, uma frase; caso contrário, a derivação fracassa. Essa é uma teoria determinística. Ela não pode explicar como conseguimos usar a linguagem de forma criativa; ela não explica o comportamento ou a ação linguística. Mas ela pode contribuir, e de fato contribui, para dar algum sentido a como esse tipo de criatividade facilmente observável é possível e por que está disponível apenas para os seres humanos.

Em resumo, a criatividade linguística "comum" não tem causa, não tem limites, é inovadora e é apropriada/coerente. Explicar por que ela está disponível apenas para os seres humanos é fácil: até onde se sabe, apenas os seres humanos têm faculdades de linguagem, e esses são sistemas orgânicos em um cérebro/mente que tem vários sistemas, alguns dos quais se "comunicam" com o sistema de linguagem.

Explicar como a criatividade é possível não é uma explicação científica, mas uma questão de partir do que é conhecido na ciência da mente – e especialmente da linguagem – atualmente e tentar explicar as características facilmente observadas da criatividade linguística. Começando com a ausência de causa, é plausível sugerir que ela deve ter algo a ver com o fato de a mente ser modular e de a linguagem, em particular, não ser apenas modular, mas também não ser um sistema nem de *input* nem de *output*. Dizer que ela é modular é, no mínimo, dizer que ela opera de acordo com princípios únicos, recebendo *inputs* específicos do sistema e fornecendo *outputs* específicos (para a faculdade). Dizer que a linguagem não é um sistema de *input* nem de *output* é dizer que ela não está estreitamente vinculada, como os sistemas sensoriais ou de *output*, ao manejo de sinais e de outras formas de *input* de fora da cabeça, nem com a produção direta de movimentos corporais. Essas características do sistema de linguagem não fornecem uma explicação totalmente satisfatória para o grau aparentemente elevado de autonomia que o sistema da linguagem apresenta. Mas elas são uma contribuição plausível e podem ser a melhor que podemos oferecer.

A ausência de limites ou inovação possivelmente tem alguma relação com a "produtividade"[30] da faculdade da linguagem. Uma teoria gerativa da linguagem, se correta, sugere que a faculdade da linguagem pode fornecer, na(s) interface(s) "conceitual-intencional", um número a princípio ilimitado de "perspectivas" (para usar o termo de Chomsky para elas). Essas perspectivas podem ser pensadas como formas complexas de conceitos – essencialmente, conceitos "expressados" sentencialmente. Esse conjunto de *outputs* possíveis é um conjunto discreto: cada item complexo (frase/expressão/ "conceito" sentencial) é, em sua estrutura e características, distinto um do outro. Intuitivamente, a teoria explica por que a "compreensão" de uma frase é distinta da compreensão de outra, ou, para usar um vocabulário semitécnico que evita o uso direto de palavras carregadas como "compreender", ela indica que o conteúdo interno ou intrínseco de qualquer frase que a língua-I de uma pessoa pode "gerar" é distinta de qualquer outra. Isso é assim porque a linguagem depende essencialmente de um procedimento recursivo que produzir expressões hierarquicamente estruturadas, e cada expressão consiste de dois complexos de traços nas "interfaces" da linguagem, a interface fonética e a interface semântica. As expressões têm essas características por causa de *Merge*, uma operação que combina "conceitos" (significados de itens lexicais) arbitrários para gerar, por meio de traços fonéticos, instruções "sonoras" para os sistemas articulatório e perceptual, e, por meio de traços semânticos,

---

30 A faculdade da linguagem na verdade não *faz* nada, é claro. São as pessoas que fazem coisas. Mas, tendo-a, as pessoas podem fazer coisas (produzir aparentemente números infinitos de frases) à vontade. Esse raciocínio faz parte do que Chomsky busca quando insiste em afirmar que sua teoria é uma teoria da *competência* linguística – e não do desempenho.

"informações" para os sistemas conceituais-intencionais com os quais a linguagem "se comunica". Várias restrições limitam o total de perspectivas compreensíveis disponíveis para as *pessoas*, o total de perspectivas disponíveis para seu uso. Essas restrições incluem restrições de memória, restrições de "parseamento", algumas formas de construção encaixada e assim por diante. Mas, seja qual for a medida, o que resta é um enorme poder expressivo – segundo estimativas razoáveis, há mais frases compreensíveis para pessoas com vocabulário moderado do que elas poderiam produzir ou ouvir em suas vidas. No que diz respeito a compreender o aspecto criativo do uso da linguagem, isso é suficiente. Tudo o que se pede é que, para qualquer "tarefa" linguística (sugerir, descrever, questionar, repreender, fofocar...) e qualquer contexto discursivo (e seu "foco imediato de interesse", para lembrar a frase de Strawson (em Strawson, 1950)), não há como estabelecer um limite superior para o conjunto de frases que podem ser compreendidas e produzidas por um falante, cada uma dessas frases sendo apropriada.

E quanto à adequação? Se a produção da linguagem fosse *causada* pelas circunstâncias atuais do falante, não haveria problema de adequação das ações linguísticas. Poderíamos, é claro, perguntar se um sistema "cognitivo" determinado causalmente, que presumivelmente evoluiu, produz *outputs* que aumentam as chances de sobrevivência de um organismo, ou algo assim. Mas pensar na adequação das frases produzidas pelas pessoas (em voz alta ou em pensamento) dessa forma indica uma compreensão completamente equivocada da questão. A adequação da ação linguística representa um problema *porque* as ações linguísticas humanas não têm causa e são inovadoras. Os seres humanos precisam escolher "o que dizer" sobre alguma circunstância discursiva e alguma tarefa para a qual a linguagem contribui, e as escolhas são sempre abertas. É errado pensar na escolha como sendo apenas uma escolha entre dizer a verdade e dizer uma mentira – mudando, por exemplo, o "é" de uma frase para um "não é". Esse tipo de escolha só pode surgir quando alguém é convidado a (digamos) descrever algo, (talvez) não reclamar com o serviço de atendimento ao cliente sobre o tempo de espera no telefone antes de responderem, ou (talvez) construir uma fábula ou parábola para transmitir uma opinião a um público. E mesmo que fosse apenas uma escolha entre verdade e mentira na realização de uma tarefa de descrição, há maneiras ilimitadas de dizer a verdade e, novamente, maneiras ilimitadas de mentir. Diante de tudo isso, o máximo que se pode fazer para mostrar como a adequação é possível é observar que, em primeiro lugar, os julgamentos de adequação certamente exigem o uso de recursos que vão muito além da faculdade da linguagem. Eles envolvem muitos outros sistemas na mente. Em segundo lugar, é preciso ter em mente que, ao lidar com vários sistemas modulares "comunicando-se" uns com os outros em suas "interfaces", não seria surpreendente descobrir que lidar com a produção total de um complexo de sistemas está muito além do escopo de qualquer ciência que o ser humano pareça ser capaz de construir – pois lidar com a produção de vários sistemas operando juntos exigiria uma maneira de lidar com efeitos de interação massivos. Como os cosmólogos têm dificuldade em produzir uma teoria que determine os estados, em um dado momento, de três "corpos" de massa pontual que se movem um em relação ao outro (e acham que fazer isso para quatro ou mais está completamente fora do alcance), não devemos nos surpreender com o fato de que as teorias de interações complexas entre vários sistemas mentais provavelmente permanecerão fora do alcance das ciências agora e em qualquer futuro em que nós, humanos, tenhamos os recursos cognitivos que temos agora. Julgamentos sobre a adequação do que outra pessoa diz podem exigir a mobilização de todos os recursos mentais de uma pessoa. Conseguimos fazer isso muito bem, com certeza. Mas não porque somos todos membros bem treinados de uma comunidade linguística, nem (obviamente) porque somos deuses oniscientes, nem (obviamente) porque temos teorias deterministas, mas porque nós e o falante somos todos criaturas orgânicas que têm os recursos cognitivos que os humanos têm, e eles usam tudo o que têm disponível e precisam utilizar para "interpretar" e entender (como uma pessoa) o que outra pessoa diz.

Focando novamente em Descartes, suas observações aparentemente o levaram a abandonar qualquer esforço sério para construir uma ciência da mente. Ele tentou explicar as aparentes limitações da capacidade da ciência de lidar com a criatividade, não recorrendo aos pontos mencionados acima, pontos que pressupõem a existência de ciências da mente que atendam aos requisitos metodológicos da ciência que ele ajudou a introduzir, mas recorrendo à ideia de que a mente é apenas uma substância diferente, a Mente. Ao fazer isso, ele efetivamente colocou a mente fora do alcance da ciência mais abrangente que conseguiu construir, sua mecânica de contato. Supondo, como ele fez, que o objeto de estudo dessa ciência é um "corpo" passivo, supondo ainda que sua mecânica de contato serviu como uma espécie de teoria de tudo (ele pensou em sua neurofisiologia, por exemplo, como um caso especial dela), e confrontado como estava pela criatividade, obviamente, não passiva e exibida pelas mentes humanas, "explicar" a criatividade introduzindo uma substância não corpórea teve o efeito de colocar a mente fora do alcance da ciência como constituída até então (mas veja a nota 27).

O próprio Descartes não cometeu erros óbvios, considerando o que se sabia na época. Os erros, ao que parece, estavam em sua mecânica de contato, mas eles só seriam revelados meio século depois. Como Chomsky aponta em várias ocasiões (Chomsky, 1988a, 1996, 2000), um erro crucial foi revelado por Newton quando ele afirmou que o contato (e, portanto, uma mecânica de contato) não pode explicar a gravitação.[31] Descrever e explicar a

---

31 Os atrativos de uma mecânica de contato – seu caráter aparentemente óbvio, provavelmente graças à observação do senso comum de que, para

gravitação requer a postulação de uma força que é completamente misteriosa para alguém ligado à mecânica de contato: "ação à distância". A mecânica de contato de Descartes fracassou, e, junto com ela, a hipótese de que toda ação física é por contato. Sua mecânica de contato não pode servir como uma ciência de tudo. De fato, ela não pode lidar com características elementares do mundo físico. Se ele soubesse disso, poderia ter chegado à conclusão de que não há uma barreira tão grande entre a mente e a "realidade física" como ele pensava, pois, se a "realidade física" (a realidade com a qual a física lida) não é o "corpo" como ele originalmente concebeu dentro de uma mecânica de contato, é preciso permitir o que, do ponto de vista da mecânica de contato, parecem ser forças misteriosas. Se, além disso, essas forças só puderem ser compreendidas por meio de uma teoria matemática formal, a natureza começa a se parecer com algo que não podemos entender usando a intuição do senso comum. A ciência e as suas ferramentas formais oferecem um caminho melhor, por menos intuitivo que possa parecer o que elas nos dizem. Se assim for, devemos levar a sério a possibilidade de que nossas intuições sobre o "corpo", aquelas incorporadas ao "problema mente/corpo", conforme entendido por Descartes e desde então, não sejam confiáveis. E devemos permitir que o "corpo", para as ciências, afinal, contenha propriedades e eventos mentais. A aparente barreira que a concepção intuitiva, mas errônea, de Descartes sobre o corpo impunha à construção das ciências da mente desaparece. Podemos começar a construir ciências "físicas"

---

mover uma cadeira, você deve entrar em contato com ela – continuaram a manter Newton em seu domínio. Ele até falou que ação sem contato era "absurda" e tentou salvar a mecânica de contato introduzindo um "éter sutil", fazendo vários movimentos estranhos para justificar esse esforço. A mecânica de contato continua a dominar. É difícil explicar por que os filósofos contemporâneos que se debruçam sobre o problema mente-corpo continuam, aparentemente, a assumir que Descartes estava certo sobre o "corpo". Veja a seguir.

Introdução

da mente que, metodologicamente falando, atendam a todas as condições da investigação científica natural. Descartes não tomou esse rumo – por razões compreensíveis, dadas as suas hipóteses.

Infelizmente, até mesmo muitos filósofos e outras pessoas depois de Newton não perceberam as implicações da descoberta de Newton. Eles parecem não ter notado que não há bloqueio para a construção de ciências "físicas" da mente. O bloqueio só existe se a mecânica de contato de Descartes estiver correta e seu entendimento de "corpo" for levado a sério. Se o cientista tiver de abandonar a concepção de corpo de Descartes e a "teoria física" acabar postulando – como de fato faz – todos os tipos de forças e "entidades" que são mistérios para a concepção de Descartes do "físico", pode-se dizer que qualquer ciência que atenda aos requisitos da ciência naturalista bem-sucedida também é uma ciência "física". Seguindo essa linha de pensamento até a sua conclusão, Chomsky (seguindo Locke, Priestley e outros antes deles), frequentemente argumenta que não existe o problema mente/corpo (1988a).[32] E não pode existir até que algumas

---

32 Em palestras e artigos recentes (cf. Chomsky, 2009), Chomsky destaca que os filósofos tendem agora a focar em uma questão completamente diferente. Trata-se de um problema levantado há muitos anos por Bertrand Russell, com seu exemplo de um físico cego que tinha uma boa compreensão da estrutura causal do universo, mas que não podia experimentar a cor azul: uma ciência completa do universo deixa de fora a experiência tal como é vivenciada? A resposta de Russell (ou, pelo menos, uma de suas respostas) é, essencialmente, que a física visa a uma teoria objetiva do "esqueleto causal do mundo" (por isso, introduz ferramentas formais para esse fim) e não pode lidar com tudo, apenas com os assuntos que as ferramentas da ciência podem alcançar. Sendo assim, não é surpreendente que os aspectos predominantemente antropocêntricos do mundo da experiência fiquem fora do alcance da ciência (veja, contudo, o segundo parágrafo, a seguir). A ciência é limitada por seu objetivo e pelas ferramentas que permitem o sucesso em realizar sua tarefa. (E a experiência cotidiana e os conceitos de senso comum que usamos para configurar e entender isso também são inúteis – tal como a ciência, obviamente, também eles têm suas limitações.) Enxergar a questão pela ótica de Russell enfoca as questões de uma maneira que melhora, penso eu, a maneira como a discussão geralmente se

ciências da mente e do mundo físico que atendam aos requisitos para serem boas ciências mostrem que seus objetos de estudo realmente são incompatíveis, como o eram para Descartes. Até

> desenvolve em trabalhos recentes – perguntando se a ciência pode lidar com a experiência de vermelho, especulando sobre se podemos saber "como será que é ser um morcego" (ou uma doninha, ou um polvo...) etc. Russell focaliza a discussão não em diferenças entre compreensões em terceira pessoa e primeira pessoa em vários domínios, mas em capacidades cognitivas humanas e nas ferramentas que elas fornecem. Esse foco nas capacidades e nas ferramentas disponíveis para exercê-las não apenas deixa claro que existem diferenças substanciais entre o que a ciência e o senso comum fornecem, mas também aponta para o fato de que aquilo que temos, temos como criaturas biológicas. *Quaisquer* capacidades cognitivas que tenhamos são limitadas – e limitadas de maneiras específicas e diferentes. O senso comum tem um foco antropocêntrico e está confortável com a criatividade linguística. Ele depende muito de ferramentas conceituais nativas e do extraordinário poder combinatório oferecido aos humanos por um sistema que nos permite juntar conceitos arbitrariamente escolhidos. Uma vez que ambos vêm "de graça", o senso comum permite um uso altamente flexível em uma idade precoce – flexibilidade que é explorada o tempo todo, como vimos. Mas o senso comum não é útil para fornecer descrições e explicações genuinamente objetivas, isto é, livres do antropocentrismo. Essa é a tarefa da ciência, um projeto que (como vimos) fica desconfortável com a criatividade linguística "ordinária" e que tem sucesso onde há um acordo muito considerável sobre como usar os símbolos característicos de uma ciência específica. Aparentemente, temos pelo menos duas maneiras de "cognizar" o mundo e a nós mesmos. Nenhuma pode fazer o trabalho da outra. E ambas têm as características que têm porque têm bases biológicas – embora isso seja menos óbvio no caso da formação científica (para argumentação e aprofundamento, veja Chomsky 1980/2005).
> Vela a pena analisar, a partir desse ponto de vista, uma das questões que os filósofos discutem. Considere o assunto dos *qualia*. Um filósofo pode afirmar que ter uma experiência de vermelho conta como uma ocorrência essencialmente mental, fora do alcance da ciência "física". Mas é fácil perceber que seu caráter distintamente mental é elusivo. As melhores tentativas existentes de dizer qual "equipamento" é necessário para ter essa experiência apontam na seguinte direção: somos uma criatura biológica com certos tipos de equipamento biofísico. Há pouco uso para um domínio mental distinto aí. E, se uma descrição da experiência de vermelho for solicitada, seria difícil de expressar tal experiência usando a terminologia das línguas naturais (em oposição à terminologia técnica dos filósofos de "*qualia*"): não seria possível

lá, talvez os filósofos que estejam interessados em um problema real, em oposição a um *Scheinstreit* wittgensteiniano, devessem abandonar o chamado "problema mente/corpo", pois, desde a época de Newton, ele não existe mais.

O problema que a criatividade representa para a ciência da mente permanece, é claro. Mas, como vimos, é possível lidar com ele adotando uma estratégia internalista e inatista que reconhece que temos capacidades cognitivas limitadas e observando que qualquer ação – inclusive a fala – é o resultado de um efeito de interação em massa. Podemos entender – e, nesse caso, entendemos – como alguns aspectos da criatividade são possíveis. Mas certamente não abandonamos totalmente a ciência da mente nem adotamos um análogo próximo ao abandono, o dualismo metodológico favorecido pelos empiristas.

---

fazer mais do que dizer que você vê algo vermelho – ou seja, que você atribui a propriedade "vermelho" a algo que está, presumivelmente, fora da cabeça, e não a algum evento mental. Ironicamente, uma teoria computacional da faculdade da visão faz um trabalho melhor do que o senso comum ou o "filosofês", ao deixar claro que a cor (ou, mais tecnicamente, uma combinação de matiz, brilho e saturação) está na mente/cérebro. A ironia se torna ainda mais aparente quando se pede a alguém para que descreva a experiência. As línguas naturais normalmente consideram as cores como propriedades das superfícies dos objetos que estão "fora da mente", e os termos de cor ("vermelho", "amarelo", "verde", "azul"...) são muito limitados. Se alguém quiser uma descrição precisa de uma *experiência* de cor, a terminologia de matiz, brilho e saturação (que precisaria ser complementada para lidar com algumas cores, como marrom e cores fluorescentes, que envolvem outros aspectos de uma teoria da cor), atribuída a expansões visuais retinotópicas, é muito melhor: ela localiza claramente as cores (e até as posições) dentro cabeça e oferece uma especificação tão precisa de cor quanto necessário. Sobre os *qualia* de cor, os "mentalistas" teriam muito mais sucesso usando a terminologia de "terceira pessoa" das ciências do que a terminologia de "primeira pessoa" da experiência. Quanto aos "fisicalistas", sua concepção sobre a natureza do corpo é tipicamente cartesiana, como o texto indica, ainda que essa concepção de corpo tenha sido abandonada pelos físicos há séculos. Portanto, os argumentos desenvolvidos aqui dificilmente indicam que o fisicalismo "vença".

III.3 Uma teoria computacional da mente

Pode-se entender por que Descartes colocou a mente fora do alcance da ciência da natureza. Mas ele colocou a pesquisa naturalista em uma caixa mais estreita e, certamente, sufocante. Entre outras coisas, isso deixou Descartes sem nenhuma explicação plausível sobre como as ideias poderiam ser inatas. Ele observou, em *Comments on a Certain Broadsheet* (CSM I, p.303-4), que o inatismo das ideias é como uma disposição para desenvolver certas doenças que se encontram em algumas famílias. Uma disposição para desenvolver doenças exige uma explicação científica que recorra aos processos de reprodução e herança. Mas colocar ideias praticamente universais (na espécie humana) e outras condições mentais (cores sensoriais, sons...) na mente fez com que descartasse essa maneira "física" ou naturalista de explicar sua universalidade e sua aquisição precoce. Apelar para Deus, como fez Descartes algumas vezes para explicar o inatismo não o ajuda. Ele teria se beneficiado de colocar a ciência da mente no domínio da pesquisa científica natural que ele ajudou a inventar.

Possivelmente ele estava prestes a construir tal teoria para as qualidades sensoriais da visão – ou seja, para as formas características como as nossas mentes configuram a nossa experiência visual em maneiras familiares para qualquer um com visão (cor e volume espacial em um momento – um espaço retinocêntrico). Ele argumentou – com base em parte na pobreza, em parte na não semelhança,[33] em parte na uniformidade entre as espécies –

---

[33] Ele observou que – dado o que sua ótica revelou sobre o olho, sobre a retina e sobre a luz – as propriedades do sinal, da retina e dos próprios globos oculares podem, no máximo, se correlacionar com "aquilo que se vê" – com campos visuais coloridos e moldados e com a sensação de profundidade que constitui parcialmente esses campos. Esses vários "movimentos" do globo ocular etc., que atuam sobre nossa "alma", claramente não se *parecem* com as qualidades mentais percebidas pelos sentidos ("luz, cor, posição, distância [profundidade], tamanho e forma"); ao invés disso, a natureza "ordena... [que os movimentos façam a alma] ter tais sensações" (CSM I,

que as qualidades sensoriais da visão são tanto mentais quanto inatas.[34] Uma vez que ele assumia que essas qualidades são inatas e universais, ainda que mentais, ele poderia (e talvez devesse) ter reconhecido que, como com as doenças, deve haver alguma explicação naturalista sobre como os bebês passam a ter os sentidos visuais da mesma forma que todos os seres humanos. Não há, é claro, nenhuma garantia de que a pesquisa científica naturalista em uma área levará ao sucesso, mas as observações sobre a pobreza e sobre a uniformidade certamente oferecem fundamentos razoáveis para supor que isso acontecerá.

Assumindo o inatismo e a mentalidade ("estar na mente"), o papel das observações sobre pobreza, universalidade e observações de não semelhança está concluído. Em seguida, deve-se proceder da maneira que toda pesquisa científica procede: observar fenômenos aparentemente relacionados ou relevantes para o objeto que se está investigando, identificar diferenças, construir descritores formais-matemáticos de entidades e eventos postulados, buscar a precisão, elaborar hipóteses, buscar explicar quebra-cabeças e anomalias, desenvolver princípios causais, detalhar algoritmos e assim por diante. Para enxergar o que Descartes realizou e o que poderia ter realizado, eu recorro ao trabalho

---

p.167). Ele poderia ter feito o mesmo com o som: vibrações do tímpano se correlacionam, por exemplo, com um Mi agudo. Ou com o toque etc.

34 Em comentários sobre um rascunho desta introdução, Chomsky me disse que Descartes fez algumas observações sobre a pobreza visual que convidavam a sustentar que a geometria euclidiana era inata à mente. Na verdade, ele não apenas fez observações sobre a pobreza, mas também entendeu que elas exigiam uma explicação que recorresse a uma teoria/ciência do que a mente traz para a experiência. Chomsky observa: "Até onde eu sei, [Descartes] é o primeiro a ter formulado claramente o problema da pobreza do estímulo, em seu trecho na *Dióptrica*, sobre como um bebê, ao ver uma figura pela primeira vez, a interpretará como um triângulo distorcido, não como uma instância perfeita de qualquer figura maluca que seja, o que parece estar a apenas um passo de postular que algo como a geometria euclidiana é inata [à mente humana] e fornece o quadro para a percepção, com base na pobreza do estímulo."

contemporâneo na construção de uma teoria computacional da visão – seus objetivos e as ferramentas que ela utiliza. Há várias tarefas para uma teoria da visão, mas uma tarefa central é explicar como *"inputs"* na forma de taxas de disparo de diversos cones em um feixe na retina (ignorando bastonetes para focar em espaços visuais coloridos e com forma), ao reagir ao impacto de fótons, são "processados" nas variadas partes do sistema visual (retina, núcleo geniculado lateral e diversas áreas da visão no cérebro) para produzir "o que alguém vê" em um determinado momento. O procedimento – bastante complicado[35] – é capturado utilizando descrições matemáticas das operações feitas pelas diversas partes do sistema visual – descrições que indicam como um *input* bagunçado é "processado" para gerar um volume colorido com maior resolução no centro (devido à maior concentração de cones na fóvea). Idealizando, chega-se a um volume/espaço em que as posições espaciais são determinadas por meio de coordenadas de altitude, azimute e profundidade fixadas em uma linha de visão momentânea (o que faz o volume retinocêntrico), e em que cada ponto distinguível no volume recebe valores de "cor" de matiz, brilho e saturação. Na verdade, acaba-se com um mapa das melhores discriminações cor-espaço de cor das quais o sistema visual humano é capaz no momento. Esse mapa pode ser usado para descrever "o que é visto no momento" em termos de cor e espaço, para qualquer organismo humano. Tudo isso é necessário em uma especificação dos valores de *"input"* para o feixe da retina. A teoria fornece uma descrição muito mais refinada das cores e das posições espaciais (retinocêntricas) do que qualquer coisa como "a superfície vermelha está ali agora". Em geral, a ciência

---

35 Veja a obra *Vision* [Visão], de David Marr, de 1982, para uma explicação inicial e ainda hoje muito impressionante. Seu ponto de vista sobre o processamento de cores de forma alguma representa o estado da arte, e muita coisa aconteceu em outras áreas da visão desde o lançamento do livro, no início da década de 1980. Mas sua concepção de como proceder permanece um paradigma.

da visão pode produzir descrições muito melhores dos *qualia* – ou melhor, dos possíveis espaços totais de *qualia* em um momento – do que os termos de cor e posição das linguagens naturais. É claro que ela não descreve as cores e a experiência do espaço "por dentro" – seja lá o que isso signifique. Mas, considerando o que ela pode fazer, certamente isso não importa e, para qualquer trabalho sério sobre "o que se pode ver", ela o faz – ou pretende fazer, quando estiver completa – tão bem quanto os humanos provavelmente serão capazes de fazer.

A linguística de Chomsky tem praticamente o mesmo objetivo: dada uma especificação de língua-I do léxico de uma pessoa em um determinado momento,[36] além da configuração de parâmetros, é possível (a princípio) especificar o conjunto de "perspectivas" linguisticamente expressáveis que a língua-I tem a oferecer. Ou seja, é possível mapear "o que pode significar" (no sentido técnico, linguístico, de "significar" – ou seja, possíveis SEMs). Naturalmente, isso está muito distante, mas indica qual é o objetivo último de uma teoria computacional de outra faculdade. Há uma diferença importante entre mapeamento de SEM e mapeamento do espaço retinocêntrico de volume e de cor: de uma maneira, o mapeamento visual captura as experiências possíveis, enquanto o mapeamento SEM permanece fora do alcance da consciência. Ambos representam, no entanto, um nível de *"output"* de um sistema, e a teoria do sistema diz o que eles podem ser.

---

[36] Uma língua-I é algo como o idioleto específico de uma pessoa. De maneira mais precisa, é uma língua que é individual, interna e intensional. Os dois primeiros termos, "individual" e "interno", são autoexplicativos. Dizer que uma língua-I é intensional é dizer que ela é especificada "sob intensão" – com efeito, é preciso de uma teoria da linguagem para poder dizer o que isso significa. Ou, em outras palavras, uma língua é uma função intensional: pegue uma lista de itens lexicais e especifique os princípios (ou as funções) combinatórios(as); juntos, eles determinam as frases possíveis de uma língua. Na prática, supondo que os princípios combinatórios da faculdade de linguagem de uma pessoa estão em um estado estável conhecido, pode-se especificar uma língua-I listando as entradas lexicais de uma pessoa.

Certamente, não é culpa de Descartes que ele não tenha oferecido nada parecido com uma teoria computacional da visão completa – não mais do que é sua culpa não ter antecipado Newton. Mas, eu penso, ele começou a avançar na direção daquilo que hoje consideramos ser a direção certa. Em primeiro lugar, ele percebeu que a visão depende de processamento que pode e deve ser representado matematicamente; ele estava no caminho de uma teoria computacional. Em segundo lugar, na determinação da profundidade visual, ele fez uma observação crucial: o sistema visual utiliza medidas de convergência ocular (ele usa muito mais do que isso, mas essa é uma contribuição central). Ele chegou a essa ideia, em parte, percebendo que os cegos podem descobrir a distância entre eles e algum objeto – ou seja, julgar profundidade – usando um par de varetas que eles seguram na frente deles e que se tocam nas pontas. Eles – ou certamente as suas mentes – calculam a distância do ângulo que suas mãos e varetas convergentes formam. Descartes também notou que os olhos convergem mais quando uma pessoa olha para um objeto próximo e menos quando ele está longe. Observando o paralelo entre o que os cegos fazem e o que os olhos "fazem", ele chegou à conclusão que "nós percebemos [profundidade] por meio de nossos olhos exatamente como fazemos por meio de nossas mãos" (*Optics* [Óptica], em CSM I, p.169). Em termos modernos, ele percebeu que a faculdade da visão calcula profundidade (em parte) medindo o ângulo de convergência dos globos oculares nos quais as suas imagens retinocêntricas se fixam em um único ponto focal. O resultado é a profundidade *percebida*, assim como as cores da visão são cores percebidas (os cegos não podem explorar os recursos que a retina oferece). Nós, humanos, usamos essas propriedades percebidas, e não as propriedades de órgãos sensoriais (ou mãos, no caso dos cegos), para navegar e identificar objetos. Ainda assim, esses atributos sensoriais – como diz Descartes – são atributos da mente, não do corpo. Parece, então, que Descartes foi lançado no caminho de produzir uma teoria matemática da visão. Pode-se dizer que uma teoria completa nos diz "como é a experiência visual de um ser humano", pois ela oferece uma capacidade discriminativa tão fina quanto possível. É verdade que ele não nos "dá" o que "recebemos" quando nosso sistema está funcionando e estamos olhando para um campo de flores. Mas essa não é sua função. Isso tem alguma relação com a discussão na nota 32.

Não é claro por que Descartes não conseguiu notar que, concentrando-se em descrições formais e matemáticas de operações (como com a profundidade), ele havia abandonado o que tinha a dizer sobre o corpo ("movimentos") e seus recursos, e ele já estava oferecendo uma teoria computacional da mente – e de como a mente "computa" as várias sensações visuais das quais ela é capaz.[37] Se ele tivesse notado isso, ele teria de reconhecer que uma ciência dos estados e das operações cerebrais relevantes – aqueles detalhados pela teoria matemática formal da faculdade da visão – não deveria assumir a forma de uma descrição de um sistema hidráulico com várias válvulas e comportas (o que hoje poderíamos chamar de uma descrição "implementacional"), que é como ele descreveu os sistemas neurais e suas operações. Isso não diz nada sobre o que esses itens "fazem" – o que eles produzem ou fornecem ao organismo e como eles fazem isso. Em vez disso, pode – e deve – ser uma descrição matemática das operações que esses estados e eventos cerebrais realizam e dos estados sensoriais mentais que eles podem assumir – assim como a lei do inverso do quadrado de Newton é uma descrição matemática da gravitação e dos estados relevantes dos "corpos" em interação (massas pontuais).

---

37 Poderia ele ter em mente não a sensação de (digamos) uma cor ou uma profundidade, mas o julgamento disso? Isso envolveria, por seus próprios motivos, mais do que o sistema visual (ou, para os cegos, o tato) pode fornecer. Contra isso está o fato de que ele claramente sustenta que cores e sons são mentais e inatos à mente e são distintos dos "movimentos" do equipamento sensorial.

IV. Linguística cartesiana: educação e política

Embora isso não apareça em detalhes em *LC*, Chomsky não se esquiva de apontar as implicações do empirismo para a natureza humana e os atrativos desse conceito de natureza humana para aqueles no poder – aqueles no governo e, atualmente, especialmente aqueles em corporações – e para os muitos "gestores" (incluindo a maioria dos intelectuais) que ajudam quem está no poder.[38] O empirismo se compromete com a ideia de que os aspectos centrais de nossas mentes e de nossos poderes cognitivos – nossas línguas e nossos conceitos – estão alojados em uma

---

38 Uma referência inicial é encontrada em forma reimpressa em seu livro *Towards a New Cold War* [Rumo a uma nova Guerra Fria] (1982, p.64). Às vezes, ele chama os intelectuais (exceto os responsáveis) de membros de um sacerdócio secular. Enquanto os sacerdotes devem, supostamente, fazer a mediação entre a divindade e os seres humanos (que precisam ser informados do que devem e não devem fazer) e justificar a autoridade da divindade, os membros de um sacerdócio secular servem de mediadores entre um tipo diferente de autoridade para explicar e justificar aos ignorantes os princípios consideravelmente menos óbvios da "religião do Estado". Nos sistemas dominados pelo capital, como nos Estados Unidos, a religião do Estado é uma forma de fé neoliberal ou neoconservadora nos "mercados livres", no "livre comércio" e em outros supostos milagres do mercado que supostamente justificariam enormes desigualdades econômicas e políticas. Cerca de 80% da população dos Estados Unidos não ocupa cargos de gerência; essa parcela da população parece precisar de considerável orientação nessa questão, pois essa "ralé" deve ser mantida sob controle. Observe que Chomsky inclui entre esses intelectuais o pessoal das principais instituições de mídia corporativa, como TV, jornais etc. O modelo de propaganda de desempenho da mídia que Chomsky e Edward Herman pensaram para explicar as ações desses intelectuais prevê adequadamente como eles filtram e distorcem o que escrevem e como apresentam as informações. Sua hipótese é que, enquanto o pessoal da mídia corporativa se engaja na disputa interna sobre se são demasiadamente liberais, nunca questionam os artigos da fé secular e apresentam a informação que fornecem à sua audiência de maneira a avançar as ideias desses artigos. O sucesso preditivo da hipótese de Chomsky e Herman (detalhado por Chomsky e Herman, e por Chomsky, 1988b) mostra que eles devem estar perto de seu objetivo.

parte plástica da mente/cérebro. Eles se comprometem com a ideia de que muito daquilo que nos faz humanos e distintos de outras criaturas deve-se a treinamento e aculturação. Uma vez que sejam assim, ele é direto: aqueles que estão em posições de poder e que querem manter suas posições e a autoridade que elas os dão – a capacidade de decidir por outros e, ao fazer isso, servir seus próprios interesses – são atraídos pela ideia de que aqueles sobre os quais eles exercem o seu poder são, no que diz respeito a muitas de suas características essenciais, argila moldável, e podem (e devem) ser moldados segundo os seus interesses. Não surpreendentemente, os melhores interesses daqueles a serem moldados parecem sempre ser os interesses daqueles no poder. Ao acreditar nesse tipo de absurdo imoral e no autoengano que ele exige, os detentores do poder tentam justificar a si mesmos e a suas ações, pelo menos para si mesmos e para seus amigos.

As implicações educacionais do empirismo são óbvias: as crianças precisam e devem receber uma quantidade massiva de treinamento para garantir que elas sejam colocadas no caminho "certo", para que adquiram os conceitos "certos" e venham a falar a língua da comunidade e a honrar a moral e os mitos da comunidade. A imagem que eles desenham se parece muito com doutrinação. E não é difícil encontrar doutrinação na religião do Estado – nos Estados Unidos, elogios à sabedoria dos "pais fundadores", promessas de fidelidade, mitos históricos criados para evocar lealdades irracionais e submissão, elogios a uma economia de mercado capitalista e assim por diante. E há ampla evidência de que isso é eficaz, ao menos até o momento que um aluno chega à idade adulta.

Mas também é possível, na educação inicial, encontrar muitas evidências de que, em relação a questões básicas de aquisição, o empirismo está errado. O cenário que o dogma empirista nos faz pintar da educação inicial de crianças não explora o que realmente acontece. No caso da linguagem, as crianças nas escolas recebem (muitas vezes antes da escola, dos pais), é claro, algo que se parece um pouco com o treinamento empirista, e elas precisam disso para funcionar nas sociedades modernas. O que elas precisam, e esperamos que consigam, é de ajuda para desenvolver *"habilidades* linguísticas", como ler e escrever. Infelizmente para o dogma empirista, porém, para desenvolver as habilidades linguísticas de uma criança, ela já deve ter uma língua e um amplo estoque conceitual em um dicionário mental. É plausível que as crianças tenham isso porque possuem uma faculdade de linguagem inata que se desenvolve automaticamente e um mecanismo inato que mobiliza rapidamente conceitos (e também sons linguísticos). Questões semelhantes envolvem a educação moral. Pesquisas mostram que as crianças têm um senso inato de justiça e da inadmissibilidade de cometer agressões. Com a linguagem, elas têm, portanto, os recursos necessários para se tornarem indivíduos capazes de avaliar criticamente o desempenho do governo; Chomsky, aos dez anos de idade, usou esses recursos para escrever no jornal de sua escola sobre a ameaça representada pelo fascismo – especialmente em relação à Espanha.

Ele usou e ainda usa esses mesmos recursos. As crianças nas instituições educacionais atuais não são incentivadas a fazer nada disso; pelo contrário, são incentivadas a exercitar sua compreensão inata das intenções e do desempenho humanos em outras áreas, nos esportes (como participantes e espectadores) e na discussão sobre a vida e as falas das celebridades. Essas áreas de interesse – juntamente com os videogames e muitas outras formas de "brincar" – oferecem oportunidades de *marketing* e atendem aos interesses do poder. Elas podem ajudar a induzir atitudes jingoístas, mas, no mínimo, desviam a atenção.

As implicações educacionais da visão RR da mente são abordadas brevemente em *LC* na discussão de Chomsky sobre o trabalho de von Humboldt. Embora crianças precisem de alguma ajuda para aprender a ler e escrever (e instituições educacionais devam fornecer essa e outras habilidades, como cálculo matemático e afins), o que, na visão RR, elas mais necessitam no início da vida é exposição a uma ampla gama de experiências que lhes dê oportunidades de desenvolver interesses e talentos individuais, além de incentivo para buscar esses interesses e talentos. Parafraseando Kant e von Humboldt, a única maneira de as pessoas apreciarem a liberdade e a criatividade é vivenciando-as. As instituições educacionais devem oferecer a oportunidade de fazer isso, mesmo – e talvez especialmente – durante os primeiros anos da criança.

Discutir as implicações políticas da visão RR da mente por completo está muito além do escopo desta introdução. Para mais detalhes, ver Rai (1995), McGilvray (1999, 2005). Aqui eu irei focar em como avanços nos últimos anos na ciência da linguagem RR de Chomsky (agora "biolinguística") complementam a visão moral e política iluminista de longa data que ele expressa em *LC*. Como outras pessoas do Iluminismo ou atraídas por ele, Chomsky pretende basear suas opiniões políticas na razão. Diferentemente dos que vieram antes dele, suas opiniões são enriquecidas por uma ciência emergente da mente em geral e, em particular, por uma ciência desenvolvida da linguagem com base biológica. Seus princípios humanistas pressupõem que os seres humanos são organismos biológicos dotados de uma capacidade especial, a linguagem, que não apenas distingue os seres humanos de outras criaturas, mas que parece ser fundamental para explicar nossa criatividade e flexibilidade cognitiva. É provável que a faculdade da linguagem – plausivelmente junto com um senso moral inato que exige universalidade de aplicação – constitua o que há de distinto na natureza humana. Portanto, como resultado do trabalho de Chomsky e de outros nos últimos anos, agora temos um entendimento muito melhor sobre "o que nos torna humanos" – sobre o que é característico de nossa natureza – do que era possível anteriormente. Anteriormente, a explicação mais favorecida de nossa distinção apontava para a Razão. Agora vemos que a razão é científica e também é pertencente ao senso comum – vemos que podemos resolver problemas dessas duas maneiras – e que ambas dependem muito da linguagem. Temos um melhor entendimento da natureza humana. E é óbvio que a explicação que podemos dar sobre o que é característico da natureza humana (e como a espécie passou a ter essa natureza) está ao alcance da pesquisa naturalista. Não há razão para apelar para poderes misteriosos que nos foram dados pelos deuses. Somos objetos naturais, assim como outras criaturas, e temos o que temos como resultado da evolução. E ter em mãos uma concepção naturalista da natureza humana ajuda a entender como alguém poderia definir uma forma ideal de organização social e justificar – ou criticar – as práticas atuais. Ela fornece ao crítico social uma ferramenta indispensável para propor reformas e reparações.

Chomsky pensa na tarefa de construir uma perspectiva de uma forma ideal de organização social como a de construir uma "visão" (1996), uma visão que pode ser utilizada para justificar vários projetos. A visão que ele constrói pressupõe que as pessoas têm necessidades básicas – não apenas de sobrevivência, mas necessidades que são específicas dos seres humanos. Essas últimas consistem em liberdade (criatividade, autonomia...) e comunidade com escolha. Essas necessidades, ele supõe com razão, estão inscritas em nossas naturezas como humanos. Dada a proeminência da linguagem em definir nossas naturezas e a criatividade que a linguagem permite, criatividade/liberdade é uma escolha óbvia para alguém visando a uma forma de ética de realização pessoal. Não é difícil entender por que comunidade-com-escolha aparece de forma proeminente. As pessoas precisam escolher como elas trabalham (escolhendo assim com quem vão cooperar na atividade produtiva), quem são seus amigos e assim por diante, e elas entram nessas comunidades como indivíduos autônomos que mantêm sua autonomia. Essa é a necessidade, mas é claro que a maioria da força de trabalho atual não desfruta dessa autonomia e não pode satisfazer essa necessidade. A maioria consiste no que muitos no século XIX chamavam de "escravos assalariados". A visão de Chomsky de uma forma ideal de organização social é a de um sistema que maximiza as satisfações do exercício da liberdade individual e da associação com outras pessoas em comunidades. Isso resulta no que ele chama de "socialismo libertário" ou "anarco-sindicalismo". Ele não prescreve uma forma específica de organização. Ao se concentrar nas necessidades humanas fundamentais e em sua satisfação máxima, ele oferece uma estratégia justificada para melhorias. As visões socialistas anarco-sindicalistas ou libertárias oferecem orientação e uma meta que pode, e sem dúvida deve, ser adaptada a circunstâncias específicas para a elaboração de políticas e propostas específicas. Chomsky observa, por exemplo, que, embora seja anarquista, atualmente sugere o fortalecimento do controle governamental sobre as corporações (Chomsky, 1996). O poder privado está tão arraigado neste momento que somente os governos podem controlá-lo.

Chomsky parece pensar que, na verdade, todos têm uma noção das necessidades humanas fundamentais. Mas não é do interesse dos detentores do poder deixar que isso venha à tona, muito menos que desempenhe um papel na ação política. Com isso em mente, é significativo que os trabalhos políticos de Chomsky geralmente se concentrem em simplesmente descrever as ações de indivíduos em posições de poder e o desempenho de instituições políticas. Suas obras políticas ajudam em uma espécie de conscientização. As informações que ele detalha são extraídas da grande mídia, mas com destaque para outras fontes – geralmente mais confiáveis –, incluindo estatísticas governamentais e acadêmicas sobre níveis de renda, relatórios orçamentários e fontes alternativas confiáveis (ONGs, pesquisadores de campo etc.). Apresentando informações que são ignoradas ou muito manipuladas pela grande mídia e detalhando-as (nas palavras de Irene Gendzier, em McGilvray, 2005, fazendo uma "recuperação histórica"), ele mostra a qualquer leitor ou ouvinte que não esteja nas garras de uma religião secular as falhas dos indivíduos no poder e das instituições que eles controlam. Reconhecer facilmente as falhas apenas com base em descrições pressupõe que as pessoas tenham uma ideia de como devem ser as boas instituições políticas, ou seja, do que elas devem fazer.

As instituições políticas não são objetos naturais ou forças da natureza. São artefatos criados por seres humanos para atender aos interesses e às necessidades humanas. Elas devem servir a interesses e necessidades, e não é preciso muito esforço de discernimento para ver que as democracias atuais são "madisonianas" e não "jeffersonianas". Essas democracias honram a visão de que aqueles que são os donos do país devem governá-lo; elas atendem aos interesses não da grande maioria da população, mas dos gestores e daqueles que detêm o poder privado – atualmente, a alta gerência das empresas, acionistas de fundos de cobertura (*hedge funds*), os detentores de capital, entre outros. Diante disso, o modelo de Chomsky e Herman de mídia administrada por corporações (1978, 1979, 1988; Chomsky, 1988b) faz sentido: os profissionais da mídia corporativa garantem que sua posição seja mantida, que ninguém questione o "fato" de que as corporações devem controlar a economia e administrar efetivamente o país. Aparentemente, as pessoas reconhecem facilmente que as democracias atuais são democracias madisonianas, e não genuinamente jeffersonianas: são oligarquias e plutocracias. E elas também sabem que os governos democráticos devem atender às necessidades e aos interesses de todos os cidadãos e não apenas (ou até mesmo principalmente) dos indivíduos que detêm o poder. As pessoas estão cientes dessas necessidades, pois têm as ferramentas – o que Chomsky chama de "senso comum cartesiano" – para estar cientes delas.

Em suma, a ciência naturalizada da natureza humana de Chomsky indica que os seres humanos são biologicamente constituídos para serem criaturas criativas que também escolhem se associar a outros em condições de autonomia. Essa ciência pode – e, se quisermos ser razoáveis, deve – ajudar a justificar uma visão de como os seres humanos podem conviver melhor e atender às suas necessidades ao fazer isso. A ciência da natureza humana de Chomsky pode servir como a chave para renovar e estabelecer os valores morais do Iluminismo.

Linguística cartesiana
Um capítulo na história do pensamento racionalista

Noam Chomsky

Agradecimentos

Esta pesquisa foi concluída enquanto eu era membro do *American Council of Learned Societies*. Ela foi apoiada, em parte, por um financiamento do *National Institutes of Health* [Institutos Nacionais de Saúde] (bolsa n. MH-05120-04 e bolsa n. MH-0512005) à Universidade de Harvard, *Center for Cognitive Studies* [Centro para Estudos Cognitivos]. A coleta do material foi significativamente facilitada por um financiamento do *Social Science Research Council* [Conselho de Pesquisa em Ciência Social].

Muito do material neste ensaio foi apresentado em uma série de seminários Christian Gauss da Universidade de Princeton, em 1965. Eu sou grato aos participantes por muitos comentários úteis. Também estou em dívida com William Bottiglia, Morris Halle, Roman Jakobson, Louis Kampf, Jerrold Katz e John Viertel por sugestões e críticas valiosas.

Uma descrição breve e suficientemente adequada da vida intelectual das raças europeias, durante os dois últimos séculos e um quarto anteriores até os dias atuais, é que eles têm vivido do capital acumulado de ideias fornecidas pelo gênio do século XVII.

A. N. Whitehead, *Science and the Modern World* [A ciência e o mundo moderno]

Introdução

A observação frequentemente mencionada de Whitehead, citada aqui, oferece um pano de fundo útil para uma discussão sobre a história da linguística no período moderno. Aplicada à teoria da estrutura da linguagem, sua afirmação é bastante adequada no que diz respeito ao século XVIII e ao início do século XIX. A linguística moderna, no entanto, distanciou-se conscientemente da teoria linguística tradicional e tentou construir uma teoria da linguagem de uma maneira inteiramente nova e independente. As contribuições de uma tradição europeia anterior à teoria linguística têm sido, em geral, de pouco interesse para linguistas profissionais, que têm se ocupado com tópicos bem diferentes, em um quadro intelectual que não é receptivo aos problemas que deram origem a estudos linguísticos anteriores ou os entendimentos a que esses estudos chegaram; e essas contribuições são, atualmente, em grande parte desconhecidas ou encaradas com um desprezo incontido. Os poucos estudos modernos sobre história da linguística geralmente assumem a posição de que "tudo antes do século XIX, não sendo ainda linguística, pode ser tratado em algumas poucas linhas".[1] Nos últimos anos, houve um notável despertar no interesse em questões que eram, na verdade, estudadas de uma maneira séria e frutífera durante os séculos XVII, XVIII e o início do século XIX, embora raramente desde então. Além disso, esse retorno a preocupações clássicas levou a uma redescoberta de muito daquilo que era bem entendido nesse período – que eu chamarei de período da "linguística cartesiana", por razões que serão delineadas mais adiante.

Um estudo cuidadoso dos paralelos entre a linguística cartesiana e alguns desenvolvimentos contemporâneos pode ser recompensado em muitos sentidos. Dar conta totalmente desses paralelos iria muito além do escopo deste ensaio, e qualquer tentativa de fazer isso seria, além do mais, bastante prematura, dado o lamentável estado do campo da história da linguística (o que é, por si só, parte da consequência do menosprezo por trabalhos anteriores que marcaram o período moderno). Eu me limitarei, aqui, a algo menos ambicioso, a saber: um esboço preliminar e fragmentado de algumas das principais ideias da linguística cartesiana, sem uma análise explícita de sua relação com o trabalho atual que busca esclarecer e desenvolver essas ideias. O leitor familiarizado com o trabalho atual da assim chamada "gramática gerativa" deve ter pouca dificuldade em traçar essas conexões por si mesmo.[2] Questões de interesse atual irão,

---

[1] M. Grammont, *Revue des langues romanes*, v.60 (1915), p.439. Citado em G. Harnois, "Les théories du langage en France de 1660 à 1821", *Études françaises*, v.17 (1929). Em essência, Harnois concorda, defendendo que a linguística anterior dificilmente merece o nome "ciência" e que ele está engajado em uma "história da linguística antes que houvesse linguística". Pontos de vista semelhantes foram amplamente expressos.

[2] Por "gramática gerativa" entendo uma descrição da competência tácita do falante-ouvinte, que subjaz seu desempenho na produção e percepção (compreensão) da fala. Uma gramática gerativa, idealmente, especifica um pareamento entre representações fonéticas e semânticas sobre um conjunto infinito; ela constitui, então, uma hipótese sobre como o falante-ouvinte interpreta enunciados, deixando de lado muitos fatores que intervêm com

no entanto, determinar a forma geral deste esboço; ou seja, eu não tentarei caracterizar a linguística cartesiana como ela via a si própria,[3] mas me concentrarei no desenvolvimento de ideias que reemergiram, de forma relativamente independente, em

---

a competência tácita para determinar o desempenho de fato. Para discussões recentes, ver Katz e Postal, *An Integrated Theory of Linguistic Descriptions* [Uma teoria integrada das descrições linguísticas] (Cambridge: M.I.T. Press, 1964); Chomsky, *Current Issues in Linguistic Theory* [Questões atuais em teoria linguística] (The Hague: Mouton, 1964); *Aspects of the Theory of Syntax* (Cambridge: M.I.T. Press, 1965). [Terminologia relacionada à "competência" inclui "gramática nuclear" (Chomsky, 1981). A distinção entre competência e desempenho pode ser vista como uma distinção entre a linguagem e seu uso; ela aparece nos trabalhos de Chomsky de formas variadas. A literatura é enorme. Restringindo a lista apenas a alguns dos trabalhos representativos de Chomsky, ver Chomsky (1975a, 1980, 1981, 1986, 1988a, 1995, 2000). Entre esses, Chomsky (1975a, 1980, 1988a, 2000) são mais acessíveis ao público geral. Para uma discussão adicional útil, ver Smith (1999).]

3 Tampouco deveria se supor que os vários contribuidores para o que eu chamarei de "linguística cartesiana" necessariamente viam a si mesmos como se estivessem constituindo uma única "tradição". Isso certamente não é verdade. Com o composto "linguística cartesiana", eu quero caracterizar uma constelação de ideias e de interesses que apareceram na tradição de uma gramática "universal" ou "filosófica" que se desenvolveu a partir da *Grammaire générale et raissonnée* (1660) de Port Royal; na linguística geral que se desenvolveu durante o período romântico e na época imediatamente subsequente; e na filosofia da mente racionalista que, em partes, oferece um plano de fundo comum para ambos. É lugar comum dizer que a gramática universal tem origens cartesianas: Saint Beuve, por exemplos, refere-se à teoria da gramática de Port Royal como "um ramo do cartesianismo que o próprio Descartes não havia desenvolvido" (*Port Royal*, v.III, 1860, p.539). Uma associação da linguística geral do período romântico a esse complexo é menos imediatamente óbvia, mas eu tentarei mostrar, entretanto, que alguns de seus traços centrais (e, além disso, aqueles que parecem, para mim, constituir sua mais valiosa contribuição) podem ser relacionados a antecedentes cartesianos.

Ao discutir teorias românticas da linguagem e da mente nesse modelo, sou forçado a excluir outros aspectos importantes e característicos dessas teorias; por exemplo, o organicismo que foi (correta ou incorretamente) entendido como uma reação contra o mecanicismo cartesiano. Em geral,

trabalhos atuais. Meu objetivo principal é, simplesmente, chamar a atenção dos envolvidos no estudo da gramática gerativa e de suas implicações para alguns trabalhos pouco conhecidos que têm influência em suas investigações e problemas e que, frequentemente, antecipam algumas de suas conclusões particulares.

Será, de certa forma, um panorama heterogêneo. Não há um indivíduo isolado que podemos apontar, em bases textuais, que tenha sustentado todos os pontos de vista que serão esboçados; talvez quem mais se aproxime disso seja Humboldt, que se encontra diretamente no cruzamento do pensamento racionalista e romântico e cujo trabalho é, de muitas formas, ao mesmo tempo, o ápice e o ponto terminal desses desenvolvimentos. Além disso, a conveniência do termo "linguística cartesiana" para nomear esses desenvolvimentos na teoria linguística pode, também, ser questionada por vários motivos. Primeiramente, esses desenvolvimentos têm raízes em trabalhos linguísticos anteriores; em segundo lugar, vários dos seus mais ativos colaboradores teriam com certeza vistos a si mesmos como antagônicos à doutrina cartesiana (ver nota 3); em terceiro lugar, o próprio Descartes dedicou pouca atenção à linguagem, e suas poucas observações são suscetíveis a várias interpretações. Cada uma dessas objeções tem alguma força. Ainda assim, parece-me que há, no período em questão aqui, um desenvolvimento coerente e frutífero de um corpo de ideias e conclusões sobre a natureza

---

devo enfatizar que minha preocupação aqui não é com a transmissão de certas ideias e doutrinas, mas com o seu conteúdo, e, em última instância, com seu significado contemporâneo.

Um estudo desse tipo poderia, proveitosamente, ser desenvolvido como parte de uma investigação mais geral da linguística cartesiana, contrastada com um conjunto de doutrinas e asserções que podem ser chamadas de "linguística empirista", exemplificada pela linguística estrutural e taxinômica modernas, bem como por desenvolvimentos paralelos da psicologia e da filosofia modernas. Não tentarei desenvolver aqui, contudo, essa distinção de maneira mais completa ou clara.

da linguagem em associação com uma certa teoria da mente[4] e que esse desenvolvimento pode ser visto como um resultado da revolução cartesiana. De qualquer forma, a adequação do termo é uma questão de pouco interesse. O problema importante é determinar a natureza exata do "capital de ideias" acumulado no período pré-moderno, avaliar o significado contemporâneo dessa contribuição e encontrar caminhos para explorá-la para fazer avançar o estudo da linguagem.

---

4 Deve-se ter em mente que estamos lidando com um período que antecede a separação entre linguística, filosofia e psicologia. A insistência de cada uma dessas disciplinas em "emancipar a si mesma" de qualquer contaminação pelas outras é um fenômeno peculiarmente moderno. Novamente, trabalhos atuais em gramática gerativa retornam a um ponto de vista anterior; nesse caso, com respeito ao lugar da linguística, entre outros estudos.

O aspecto criativo do uso da linguagem

Embora Descartes faça apenas referências escassas à linguagem em seus escritos, certas observações sobre a natureza da linguagem desempenham um papel significativo na formação de seu ponto de vista geral. Ao longo de seu cuidadoso e intensivo estudo dos limites da explicação mecânica, que o levou além da física, para a fisiologia e para a psicologia, Descartes conseguiu se convencer de que todos os aspectos do comportamento animal podem ser explicados com base na suposição de que um animal é um autômato.[5] No decorrer dessa investigação, ele desenvolveu

---

5 Ele deixa em aberto, como se estivesse além das limitações da razão humana, a questão de saber se as hipóteses explicativas que propõe são as "corretas", em qualquer sentido absoluto, limitando-se a afirmar que elas são adequadas, embora, obviamente, não sejam as únicas. Cf. *Principles of Philosophy* [Princípios de filosofia], pt. IV, art. CCIV.
O contexto dessa discussão sobre os limites da explicação mecânica deve ser mantido claramente em mente. A questão não é a existência da mente como uma substância cuja essência é o pensamento. Para Descartes, isso é óbvio a partir da introspecção e mais facilmente demonstrado, na verdade, do que a existência do corpo. O que está em jogo é a existência de outras mentes. Isso só pode ser estabelecido por meio de evidências indiretas do

um importante e influente sistema de fisiologia especulativa. No entanto, ele chegou à conclusão de que o homem tem habilidades únicas que não podem ser explicadas com base em fundamentos puramente mecanicistas, embora uma explicação mecanicista possa, em grande parte, ser fornecida para as funções humanas corporais e seu comportamento. A diferença essencial entre o homem e o animal é mais claramente exposta pela linguagem humana; em particular, pela habilidade do homem de formar novos enunciados que expressam novos pensamentos e que são apropriadas a novas situações. Em sua opinião, é bastante fácil

> conceber uma máquina construída de tal forma que enuncie palavras, mesmo palavras que correspondam a ações corporais que causarão uma mudança em seus órgãos (por exemplo, se você toca nela em um lugar, ela pergunta o que você quer; se você toca em outro lugar, ela grita que você a está machucando e assim por diante). Mas não é concebível que essa máquina produza diferentes arranjos de palavras para dar uma resposta adequadamente significativa para qualquer coisa que seja dita em sua presença, como pode fazer o mais estúpido dos homens. (CSM I, p.39)[6]

---

tipo que Descartes e seus e seus seguidores mencionam. Essas tentativas de provar a existência de outras mentes não foram muito convincentes para a opinião contemporânea. Pierre Bayle, por exemplo, caracteriza a suposta incapacidade dos cartesianos de provar a existência de outras mentes "como talvez o lado mais fraco do cartesianismo" (art. "Rorarius", no *Dictionnaire historique et critique* [Dicionário histórico e crítico] (1697) de Bayle; *Historical and Critical Dictionary*, tradução de R. Popkin (Indianápolis: Bobbs Merrill, 1965, p.231).

6 *Discourse on the Method*, pt. V. [In: *The Philosophical Writings of Descartes*, trad. J. Cottingham, R. Stoothoff e D. Murdoch, 2 v. (Cambridge: Cambridge University Press, 1984, p.5), abreviado como CSM I, CSM II]. Em geral, usarei traduções em inglês quando essas e os originais estiverem disponíveis e, de outra forma, citarei o original, se estiver disponível para mim. Ao citar fontes originais, ocasionalmente irei regularizar levemente a ortografia e a pontuação.

Essa habilidade para usar a linguagem não deve ser confundida com "movimentos naturais que expressam paixões e que podem ser imitados por máquinas, bem como por animais". A diferença crucial é que os autômatos "nunca poderiam usar palavras ou juntar signos como nós fazemos, com o objetivo de declarar nossos pensamentos para os outros". Isso é uma habilidade especificamente humana, independente da inteligência. Assim,

> É notável que não haja homens tão estúpidos ou de raciocínio tão fraco – e isso inclui até homens loucos – que sejam incapazes de juntar várias palavras e formar um enunciado a partir delas para fazer com que seus pensamentos sejam entendidos; ao mesmo tempo, não há nenhum outro animal, por mais perfeito e bem-dotado que possa ser, que possa fazer o mesmo. (CSM I, p.39-40)

Essa distinção entre homens e animais também não pode ser baseada em diferenças fisiológicas periféricas. Descartes prossegue apontando que

> isso não acontece porque faltam os órgãos necessários a eles, pois vemos que as pegas e os papagaios podem pronunciar palavras como nós; ainda assim, eles não conseguem falar como nós fazemos: ou seja, eles não podem mostrar que estão pensando no que estão dizendo. Por outro lado, homens que nascem surdos e mudos e estão, portanto, privados dos órgãos de fala tanto quantos os animais, ou até mais, normalmente inventam seus próprios signos para se fazerem entender por aqueles que, estando regularmente em sua companhia, têm tempo para aprender a sua língua.

Em suma, então, o homem tem uma capacidade específica da espécie, um tipo único de organização intelectual que não pode ser atribuído a órgãos periféricos ou relacionado à inteligência geral[7] e que se manifesta no que podemos chamar de "aspecto criativo" do uso comum da linguagem – sua propriedade é tanto ser ilimitada em seu escopo como ser independente de estímulos.

---

7 Perspectivas recentes e evidências sobre essa questão se encontram em E. H. Lenneberg, "A Biological Perspective of Language" [Uma perspectiva biológica da linguagem], em *New Directions in the Study of Language* [Novas direções no estudo da linguagem], ed. E. H. Lenneberg (Cambridge: M.I.T. Press, 1964). [A literatura agora é vasta. Para uma discussão popular de algumas questões, veja Pinker (1995); Pinker e Chomsky, no entanto, não concordam sobre a questão da evolução da linguagem. Jenkins (2000) apresenta uma discussão clara e geral, mas mais técnica, de algumas das ideias de Chomsky sobre o assunto. Em uma linha relacionada, Chomsky muitas vezes agora se refere ao trabalho formal sobre morfogênese de Alan Turing e D'Arcy Thompson, e sugeriu – inicialmente de maneira especulativa – que talvez a linguagem "tenha evoluído" como consequência do que acontece com os processos físicos e biológicos quando colocados em uma forma específica e complexa de organismo. Isso não é evolução tal como é popularmente concebida, em que se supõe que a evolução se traduza em algum tipo de seleção natural que proporcione vantagens reprodutivas. Nessa concepção usual de evolução, geralmente se supõe que a produção de um sistema complexo demore muitos milênios; ela também tem uma notável semelhança com o behaviorismo, algo já observado por Skinner. Finalmente, ela pode nem ser uma visão darwiniana – muitas vezes, inclusive, toma uma conotação lamarckiana.
Trabalhos linguísticos recentes, dentro do quadro minimalista (pós anos 1990), sugeriram a possibilidade de que a linguagem – especificamente, a competência, ou o que agora é visto como uma concepção "estreita" da linguagem (FLN: a faculdade da linguagem, estrita) que se concentra no "núcleo" linguístico ("sintaxe estrita") seja de fato algo muito simples, talvez se resuma a nada mais do que a recursividade ou a operação de *Merge*. Isso também torna a emergência da linguagem em um único passo uma possibilidade realista. Supondo que o que acontece com relação à produção de sons ou à interpretação de "propriedades" semânticas já esteja no lugar, seria suficiente se uma única mutação ocorresse em um único indivíduo da espécie *homo*; tal mutação introduz *Merge* e é geneticamente transmissível. Ter recursividade permite a criação de sentenças de *n* palavras (de modo mais interessante, de *n* significados conceituais), oferecendo vantagens extraordinárias aos membros de um grupo que tivessem o(s) gene(s) relevante(s). A introdução da linguagem em um único passo também faz sentido pelo fato de que, em algum momento entre 50 e 100 mil anos atrás, os humanos começaram a desenvolver arte e religião (uma forma de explicação, afinal de

Assim, Descartes argumenta que a linguagem está disponível para a livre expressão do pensamento ou para uma resposta apropriada em um novo contexto e não é determinada por nenhuma associação fixa de enunciados a estímulos externos ou a estados fisiológicos (identificável de qualquer maneira não circular).[8]

---

contas), a se organizar em diferentes formas de sistema social, a observar as estrelas e as estações, a desenvolver a agricultura, e assim por diante. A grande migração da África começou por volta dessa época também. Tudo isso faz sentido se foi durante esse período que a linguagem emergiu, um período muito curto em termos evolutivos.]

[8] Evidentemente as propriedades de ser ilimitado e ser livre de estímulos são independentes. Um autômato pode ter apenas duas respostas que são produzidas aleatoriamente. Um gravador ou uma pessoa cujo conhecimento de uma língua se estende apenas à capacidade de registrar ditados têm uma saída ilimitada que não é livre de estímulos, no sentido pretendido. O comportamento animal geralmente é considerado pelos cartesianos como ilimitado, mas não livre de estímulos, e, portanto, não "criativo" no sentido da fala humana. Cf., por exemplo, François Bayle, *The General System of the Cartesian Philosophy* [O sistema geral da filosofia cartesiana] (1669) (tradução para inglês de 1670, p.63): "E porque pode haver uma variedade infinita nas impressões causadas pelos objetos nos sentidos, pode também haver uma variedade incontável na determinação dos Espíritos para fluírem nos Músculos, e consequentemente, uma variedade infinita nos Movimentos dos Animais; e, ainda mais, porque há uma maior variedade de partes e mais engenho e arte na estrutura". A propriedade da fala humana de ser irrestrita, como expressão de pensamento ilimitado, é uma questão totalmente diferente, devido à liberdade do controle de estímulos e à adequação a novas situações.

É importante distinguir entre a "adequação do comportamento às situações" e o "controle do comportamento por estímulos". Este último é característico de autômatos; o primeiro pode ser considerado como algo além dos limites da explicação mecânica, em sua variedade plenamente humana.

Estudos modernos sobre comunicação animal até agora não ofereceram evidências contrárias à suposição cartesiana de que a linguagem humana se baseia em um princípio totalmente distinto. Todos os sistemas de comunicação animal conhecidos consistem em um número fixo de sinais, cada um associado a condições eliciadoras ou estados internos específicos, ou consistem em um número fixo de "dimensões linguísticas", cada uma associada a uma dimensão não linguística, no sentido de que a seleção de um ponto em uma dimensão indica um ponto correspondente ao longo da

Argumentando a favor da impossibilidade de uma explicação mecanicista para o aspecto criativo do uso comum da linguagem, Descartes conclui que é necessário atribuir mente a outros humanos, além de corpo. A partir dos argumentos que ele oferece para a associação da mente a corpos que "têm uma semelhança" com o seu, parece claro que a substância postulada desempenha o papel de um "princípio criativo" ao lado do "princípio mecânico" que explica a função corporal. A razão humana, na verdade, "é um instrumento universal que pode servir para todas as contingências", enquanto os órgãos de um animal ou de uma máquina "precisam de alguma adaptação especial para qualquer ação particular".[9]

---

outra. Em nenhum dos casos há qualquer semelhança significativa com a linguagem humana. A comunicação humana e a animal se aproximam apenas em um nível de generalidade que inclui praticamente qualquer outro comportamento. [Desde 1966, estudos continuam a indicar que não há evidências contrárias. Estudos também mostram que, a menos que os humanos recebam pelo menos uma quantidade mínima de experiência do tipo relevante (ouvir ou ver a linguagem falada ou sinalizada por outros, por exemplo) antes de uma determinada fase crítica, eles não conseguem adquirir competência linguística completa. Veja, entre outros, o estudo sobre Genie, em Curtiss (1976).

Eu (o editor) enfatizo o *status* especial da adequação no aspecto criativo do uso da linguagem na nova introdução desta terceira edição. A recursividade pode fazer sentido para a inovação ou para as características ilimitadas da linguagem e e – até mesmo – um elemento randômico poderia lidar com a liberdade de estímulos. Assim, um programa de computador poderia permitir ambas. Mas não há uma maneira óbvia de dar sentido à adequação enquanto se atende aos outros dois quesitos. Até agora, tem-se mostrado impossível (e pode ser que sempre seja) satisfazer todas as três condições de ser linguisticamente criativo.]

9 Em geral, então, "embora as máquinas possam executar certas coisas tão bem ou talvez até melhor do que qualquer um de nós consegue, elas invariavelmente ficam aquém em outras, pelo que podemos descobrir que elas não agiram a partir do conhecimento, mas apenas da disposição de seus órgãos". Existem, então, dois "testes muito seguros" pelos quais podemos determinar se um dispositivo é realmente humano, um fornecido pelo aspecto criativo do uso da linguagem e o outro, pela diversidade da ação humana.

O papel crucial da linguagem no argumento de Descartes é apresentando ainda mais claramente em sua correspondência posterior. Em sua carta para o Marquês de Newcastle (1646),

"É virtualmente impossível" (na tradução de Haldane Ross, "moralmente impossível") "que haja diversidade suficiente em qualquer máquina para permitir que ela aja em todos os eventos da vida da mesma forma que nossa razão nos faz agir". Ao tomar essa posição, Descartes expande sua concepção do "poder cognitivo" como uma faculdade que não é puramente passiva e que é corretamente chamada de "inteligência inata [*ingenium*]" quando "forma novas ideias na imaginação corpórea ou concentra-se nas já formadas", agindo de uma maneira que não está completamente sob o controle dos sentidos, imaginação ou memória (*Rules for the Direction of the Mind* [Regras para a Direção da Mente] (1628); CSM I, p.42). Ainda antes disso, Descartes observa que "o alto grau de perfeição exibido em algumas de suas ações nos faz suspeitar que os animais não tenham livre arbítrio" ("Olympian Matters" [Assuntos olímpicos], cerca de 1620; CSM I, p.5). A ideia de que o "poder cognitivo" é chamado apropriadamente de "mente" apenas quando é criativo de alguma forma tem origens anteriores. Uma fonte que pode muito bem ter sido familiar a Descartes é o *Examen de Ingenios*, de Juan Huarte (1575), que foi amplamente traduzido e teve grande circulação (cito a partir da tradução inglesa de Bellamy, 1698). Huarte entende a palavra *Ingenio* com o significado básico de "engendrar", "gerar" – ele a relaciona com *gigno, genero, ingenero* (p.2). Assim, "pode-se descobrir dois Poderes gerativos no Homem, um comum aos Animais e às Plantas e o outro Participando de Substâncias Espirituais, Deus e os Anjos" (p.3). "Engenho [*Ingenio*] é um poder gerativo... o Entendimento é uma Faculdade Gerativa" (p.3). Distinto do "Gênio" divino, a "alma racional" humana e as "substâncias espirituais" não têm "força e poder suficientes em sua geração para dar realidade ao que geram"; elas apenas "produzem um acidente na Memória", "uma Ideia e uma Imagem do que sabemos e entendemos" que deve receber existência concreta do trabalho e da arte (p.4-5). De forma semelhante, as artes e as ciências são "uma espécie de Imagens, e Figuras, geradas por [mentes de] homens em sua Memória, que representam à Vida a Postura e a Composição natural do Assunto relacionado à Ciência pretendida" (p.6). Aquele que aprende algum assunto deve "Engendrar dentro de si mesmo uma Figura completa e verdadeira" que represente seus princípios e estrutura (p.6). Mentes verdadeiramente ativas serão "tais que, assistidas pelo assunto apenas, [elas vão] sem a ajuda de nenhum Corpo, produzir mil Conceitos de que nunca ouviram falar" (p.7). A máxima empirista, "Que não há nada no Entendimento exceto o que passou pelos Sentidos", atribuída a Aristóteles, se aplica apenas a

ele afirma que "nenhuma de nossas ações externas pode mostrar a qualquer um que as examine que o corpo não é apenas uma máquina que move a si mesma, mas que contém uma alma com pensamento – com exceção de palavras faladas ou de outros sinais que fazem referência a tópicos particulares sem expressar

---

"engenhos dóceis" que carecem dessa capacidade. Embora o "engenho perfeito" seja apenas um caso ideal, "ainda deve ser concedido; observamos muitas Pessoas se aproximarem muito dele, inventando e dizendo coisas que nunca ouviram de seus Mestres, nem de qualquer Boca" (p.16). Há ainda um terceiro tipo de engenho "por meio do qual alguns falaram, sem Arte ou Estudo, coisas tão sutis e surpreendentes, e ainda verdadeiras, que nunca antes foram vistas, ouvidas ou escritas, nem sequer pensadas" e que pode envolver "uma mistura de Loucura" (p.17); esses três tipos de engenho envolvem a memória, o entendimento e a imaginação, respectivamente. Em geral, "toda Honra e Nobreza [do homem], como *Cícero* observou, consiste em ser favorecido com, e ter uma Língua Elegante: *Assim como o engenho é o ornamento do homem, a eloquência é a luz e beleza do engenho*. É somente nisso que ele se distingue das Feras, e se aproxima de Deus, como sendo a maior Glória que é possível ser obtida na Natureza" (p.22). A mais severa "incapacidade de engenho", sob a qual "os homens não diferem em nada das Feras Brutas", é a incapacidade que "se assemelha muito à dos Eunucos ... incapaz de Gerar", que impede a faculdade racional de chegar aos "primeiros Princípios de todas as Artes implantados na Mente do Erudito, antes de ele começar a aprender, para os quais o Engenho não pode dar outras provas de si mesmo, senão recebê-las como coisas já conhecidas; e se ele não for capaz de formar uma Ideia deles em sua Mente, podemos concluir fortemente que ele é totalmente incapaz das Ciências". Nesse caso, "nem o Chicote da Vara, nem seus Gritos, nem Método, nem Exemplos, nem Tempo, nem Experiência, nem qualquer coisa na Natureza pode Excitá-lo suficientemente para produzir alguma coisa" (p.27-8).

Veja K. Gunderson, "Descartes, La Mettrie, Language and Machines" [Descartes, La Mettrie, linguagem e máquinas], *Philosophy*, v.39 (1964), p.193-222, para uma discussão interessante sobre os argumentos de Descartes relacionados às discussões contemporâneas sobre "inteligência" de autômatos. Para informações gerais sobre o desenvolvimento e a crítica da teoria de Descartes sobre a extensão e os limites da explicação mecânica, cf. Rosenfield, op. cit., e H. Kirkinen, "Les origines de la conception moderne de l'homme machine" [As origens da concepção moderna do homem-máquina], *Annales Academiae Scientiarum Fennicae*, série B, v.22, Helsinki (1961).

nenhuma paixão".[10] A condição final é adicionada para excluir "gritos de alegria ou de tristeza e semelhantes", bem como "qualquer coisa que possa ser ensinada a animais por meio de treinamento" (CSMK, p.303).[11] Ele continua, em seguida, repetindo os argumentos do *Discurso do Método*, dando ênfase novamente ao fato de que não há nenhum homem tão imperfeito que não possa usar a língua para expressar seus pensamentos e não há "animal tão perfeito que possa usar um signo para fazer outros animais entenderem alguma coisa que não tenha relação com suas paixões"; e, novamente, aponta a perfeição do instinto animal como uma indicação da falta de pensamento e uma prova

---

10 Traduzido (em parte) em H. A. R. Torrey, *The Philosophy of Descartes* [A filosofia de Descartes] (New York: Holt, 1892), p.281-4. [A tradução que aparece aqui – e em todas as citações subsequentes da correspondência de Descartes – é de *The Philosophical Writings of Descartes, v.III: The Correspondence* [Os escritos filosóficos de Descartes, v.III: A correspondência], traduzido por J. Cottingham, R. Stoothoff, D. Murdoch e A. Kenny (Cambridge: Cambridge University Press, 1991) (abreviado CSMK).]

11 Isto é, por condicionamento. Quando os animais são ensinados "pela arte", suas ações são produzidas com referência a uma paixão, no sentido de que esse comportamento está associado ao "estímulo de expectativa por algo para comer" ou às "emoções de medo, esperança ou alegria" que constituem a contingência original para o ensino. Descartes está apontando, portanto, que, assim como em seu uso normal, o "comportamento verbal" é livre de estímulos externos identificáveis ou de estados fisiológicos internos; por isso, evidentemente não é desenvolvido no indivíduo por condicionamento. Descartes não se aprofunda nesse ponto, considerando-o, talvez, algo muito óbvio para merecer discussão. É digno de nota que a especulação behaviorista moderna sobre a aprendizagem humana nega essas verdades triviais. Para alguma discussão, cf. Chomsky, "Review of Skinner, 'Verbal Behaviour'", *Language*, v.35 (1935), p.26-58; *Aspects of the Theory of Syntax*, cap.I, §8; J. Katz, *Philosophy of Language* [Filosofia da linguagem] (New York: Harper & Row, 1966); J. Fodor, "Could Meaning be an 'r_m'" [O significado poderia ser um 'r_m'?], *Journal of Verbal Learning and Verbal Behavior*, v.4 (1965), p.73-81. [Para uma discussão contemporânea útil sobre a aprendizagem modular dos organismos e sua explicação, veja Gallistel (1990, 2002). Chomsky tem se referido favoravelmente ao trabalho de Gallistel nos últimos anos. Para um estudo fascinante sobre a modularidade linguística em um *savant* poliglota, cf. Smith e Tsimpli (1995).]

de que animais são meros autômatos. Em uma carta de 1649 a Henry More, ele se expressa nos seguintes termos:

> Mas, em minha opinião, a maior razão para argumentar que os animais não têm pensamento é a seguinte. Dentro de uma mesma espécie, alguns deles são mais perfeitos que outros, como os humanos também são. Isso pode ser visto em cavalos e em cachorros, alguns dos quais aprendem o que é ensinado muito melhor do que outros; e todos os animais comunicam facilmente a nós os seus impulsos naturais de raiva, medo, fome e assim por diante por meio da voz ou do movimento corporal. No entanto, apesar de todos esses fatos, nunca se observou que algum animal bruto tenha atingido a perfeição de usar a fala real, ou seja, de indicar, por meio de palavras ou signos, algo relacionado apenas ao pensamento e não ao seu impulso natural. Tal fala é o único sinal certo de pensamento escondido em um corpo. Todos os seres humanos a usam, por mais estúpidos e loucos que possam ser, ainda que eles possam não ter línguas e órgãos vocais; mas nenhum animal o faz. Em consequência, isso pode ser tomado como uma diferença específica real entre humanos e animais. (CSMK, p.366)[12,13]

Em resumo, é a diversidade do comportamento humano, sua adequação a novas situações e a capacidade do homem de inovar – o aspecto criativo do uso da linguagem fornecendo o principal indício disso – que leva Descartes a atribuir a posse da mente a outros homens, já que ele vê essa capacidade como além das limitações de qualquer mecanismo imaginável. Uma psicologia completamente adequada, portanto, exige que se postule

---

12 A correspondência entre Descartes e More, na medida em que se relaciona ao automatismo animal, está traduzida na íntegra por L. C. Rosenfield (L. Cohen) em *Annals of Science* [Anais da ciência], v.1 (1936) [e em CSMK].

13 Descartes continua, explicando que não nega aos animais a vida, a sensação ou mesmo o sentimento, na medida em que isso depende apenas dos órgãos corporais.

um "princípio criativo" junto com o "princípio mecânico" que seja suficiente para explicar todos os outros aspectos do mundo inanimado e animado e também uma gama significativa de ações e "paixões" humanas.

As observações de Descartes sobre a linguagem em relação ao problema da explicação mecanicista foram elaboradas em um estudo interessante de Cordemoy[14]. Seu problema, nesse estudo, é determinar se é necessário assumir a existência de outras mentes.[15] Grande parte da complexidade do comportamento humano é irrelevante para demonstrar que outras pessoas não são meros autômatos, uma vez que isso pode ser explicado em termos fisiológicos hipotéticos, em termos de reflexo e tropismo. Limitações para tais explicações são sugeridas pelo fato de que "eles se aproximam confiantemente do que vai destruí-los e abandonam aquilo que poderia salvá-los" (p.7). Isso sugere que suas ações são regidas por uma vontade, como a dele próprio. Mas a melhor evidência é fornecida pela fala, pela

> conexão que eu encontro entre palavras que eu os escuto enunciar frequentemente...
> Pois, embora eu conceba facilmente que uma mera máquina possa pronunciar algumas palavras, eu sei, ao mesmo tempo, que se houvesse uma ordem particular entre as molas que distribuem

---

14 *Discours physique de la parole* [Discurso físico da fala] (1666). As referências de página são para a segunda edição, de 1677. Existe uma tradução para o inglês, datada de 1668. Rosenfield observa que Cordemoy desenvolve tão completamente o argumento de Descartes sobre a falta de fala entre os animais que, depois disso, "o assunto recebeu muito pouca atenção, como se autores subsequentes a considerassem a última palavra sobre o assunto" (*From Beast Machine to Man Machine* [Da máquina animal à máquina humana], p.40).

15 Não há problema, para Cordemoy (assim como para Descartes), em determinar se ele próprio possui uma alma, uma vez que é evidente para ele, por introspecção, "que certos pensamentos sempre acompanham, em mim, a maioria dos movimentos dos meus órgãos" (p.3).

> o vento ou abrem os canos de onde saem os sons, eles nunca poderiam alterá-la; de modo que, assim que a primeira palavra é ouvida, as que normalmente se seguem também serão ouvidas desde que não falte vento na máquina, enquanto as palavras que eu escuto pronunciadas por corpos construídos como o meu quase nunca seguem a mesma sequência.
>
> Além disso, eu observo que essas palavras são as mesmas que eu usaria para explicar os meus pensamentos a outros sujeitos capazes de concebê-los. Finalmente, quanto mais eu presto atenção no efeito produzido pelas minhas palavras quando eu as pronuncio diante desses corpos, mais parece que elas são compreendidas, e que as palavras que eles pronunciam correspondem tão perfeitamente ao sentido das minhas palavras que não há nenhuma razão para duvidar que uma alma produzisse, neles, o que minha alma produz em mim. (p.8-10)

Em resumo, Cordemoy argumenta que não pode haver uma explicação mecanicista para a novidade, coerência e relevância do discurso normal. No entanto, ele enfatiza que se deve ter cuidado em usar a habilidade de falar como uma evidência da inadequação da explicação mecanicista. O fato de que sons articulados são pronunciados ou que enunciados podem ser imitados não prova nada em si mesmo, uma vez que isso pode ser explicado em termos mecânicos. Também não é de nenhuma relevância que "signos naturais" possam ser produzidos para expressar estados internos ou que signos específicos possam ser produzidos para ser contingentes na presença de estímulos externos. É apenas a habilidade para inovar – e de fazer isso de uma forma que seja apropriada a situações novas e que produza um discurso coerente – que fornece a evidência crucial. "Falar não é repetir as mesmas palavras que alguém ouviu, mas... pronunciar palavras diferentes em resposta a essas palavras" (p.19). Para mostrar que outras pessoas não são autômatos, é necessário fornecer evidências de que seu discurso manifesta esse aspecto criativo, que é apropriado a qualquer coisa que possa ser dita pelo "experimentador"; "...se eu descobrir, por meio de todas as observações que eu puder fazer, que eles usam a língua [*La Parole*] como eu uso, então eu vou ter uma razão infalível para acreditar que eles têm uma alma como eu" (p.21). Alguns tipos possíveis de experimentos são, então, esboçados. Por exemplo, é possível construir novos "signos convencionais" [*signes d'institution*]:

> Eu vejo que eu posso concordar com os outros que o que uma coisa significa normalmente vai significar outra coisa, e que isso tem o resultado de que apenas aqueles com quem eu faço esse acordo parecem entender o que eu estou pensando. (p.22-3)

De maneira similar, uma evidência é fornecida

> quando eu vejo que aqueles corpos produzem signos que não mantêm nenhuma relação com o seu estado presente ou com a sua preservação; quando eu vejo que esses signos correspondem àqueles que eu iria produzir para expressar os meus pensamentos; quando eu vejo que eles me dão ideias que eu não tinha previamente e que se referem a coisas que eu já tinha em minha mente; e, finalmente, quando eu vejo uma correlação próxima entre os seus e os meus signos. (p.28-9)

Ou pelo comportamento que indica "que eles tinham a intenção de me enganar" (p.30-1). Nessas circunstâncias, quando muitos experimentos desse tipo forem bem-sucedidos, "não será razoável, para mim, acreditar que eles não são como eu" (p.29).

Dessa forma, o que é enfatizado é o aspecto inovador do desempenho inteligente. Assim,

> os novos pensamentos que surgem em nossas conversas com outros homens são um sinal seguro para todos nós de que eles têm uma mente como a nossa;

(...) toda a nossa razão para acreditar que há mentes unidas com corpos de homens que falam com nós e que eles nos oferecem, frequentemente, novos pensamentos que nós não tínhamos, ou eles nos obrigam a mudar os pensamentos que nós tínhamos. (p.187)

Cordemoy argumenta consistentemente que os "experimentos" que revelam os limites da explicação mecanicista são aqueles que envolvem o uso da linguagem – particularmente, aquilo que temos chamado de seu aspecto criativo. Nisso, assim como em sua discussão sobre as bases acústicas e articulatórias do uso da linguagem e sobre os métodos de condicionamento, associação e reforço que podem facilitar a aquisição da verdadeira linguagem por humanos e de sistemas de comunicação funcionais não linguísticos por animais, Cordemoy trabalha totalmente dentro do quadro de premissas cartesianas.

Para nossos objetivos, o que é importante nisso é a ênfase no aspecto criativo do uso da linguagem e a distinção fundamental entre linguagem humana e os sistemas de comunicação animal, puramente funcionais e vinculados a estímulos, mais do que as tentativas cartesianas de explicar as habilidades humanas.

É digno de nota que a discussão que se segue raramente tenta atender os argumentos cartesianos sobre as limitações da explicação mecânica. Descartes argumentava que uma "substância de pensamento" deve ser postulada para explicar os fatos que ele cita. Essa proposta é geralmente combatida pela alegação que uma organização mais complexa do corpo é suficiente para explicar as habilidades humanas, mas nenhuma tentativa séria é feita para demonstrar como isso poderia ser possível (como Descartes, Cordemoy e outros tentaram mostrar como o comportamento animal e as funções corporais humanas de muitos tipos podem ser explicados com base em hipóteses sobre a organização física). La Mettrie, por exemplo, defende que o homem é, simplesmente, a mais complexa das máquinas. "Ele é, para o macaco e para o mais inteligente dos animais, o que o relógio planetário de Huyghen é para um relógio de Julien Leroy" (p.34; MaM, p.140).[16] Não há, em sua opinião, nenhuma dificuldade para explicar o pensamento por meio de princípios mecânicos. "Eu acredito que o pensamento é tão pouco incompatível com a matéria organizada que essa parece ser uma de suas propriedades, como a eletricidade, a força motriz, a impenetrabilidade, a extensão etc. " (p.35; MaM, p.143-4). Além disso, não deveria haver obstáculos, em princípio, para ensinar um macaco a falar. É apenas "um defeito nos órgãos da fala" que fica no caminho, e isso pode ser superado por meio de treinamento adequado (p.11; MaM, p.100). "Eu não duvido que, se esse animal fosse perfeitamente treinado, nós teríamos sucesso em ensiná-lo a emitir sons e, consequentemente, a aprender uma língua. Então ele não seria mais um homem selvagem ou um homem imperfeito, mas um homem perfeito, um pequeno homem da cidade" (p.12; MaM, p.103). De maneira semelhante, uma máquina falante não está além da imaginação: "Se Vaucanson precisou de mais talento para fazer seu flautista do que o seu pato, ele teria precisado de ainda mais talento para fazer uma máquina falante, que não pode mais ser considerada impossível..." (p.34; MaM, p.14-1).

Vários anos antes da publicação de *L'Homme Machine* [O homem-máquina], em um trabalho breve e presumivelmente apenas semissério, Bougeant produziu uma das poucas tentativas de refutar explicitamente o argumento cartesiano de que a linguagem humana e a linguagem animal diferem de uma maneira

---

16 La Mettrie, *L'homme machine* [O homem máquina] (1747). Uma edição crítica com notas e material de fundo é *La Mettrie's* L'homme machine: *A Study in the Origins of an Idea* [O homem máquina de La Mettrie: um estudo sobre as origens de uma ideia], editado por A. Vartanian (Princeton: Princeton University Press, 1960). [As traduções apresentadas aqui são de La Mettrie (1996), mas também se faz referência à tradução em *Man A Machine* [Homem: uma máquina] (La Salle, Ill.: Open Court, 1953) (abreviada como MaM), que contém o texto em francês.]

fundamental,[17] mas o seu suposto contra-argumento não faz mais do que reafirmar a posição cartesiana no que diz respeito à linguagem humana e à linguagem animal. Ele baseia sua afirmação de que "animais falam e entendem uns aos outros tão bem quanto nós, e às vezes melhor" (p.4) no fato de que eles podem ser treinados para responder a sinais, que eles exibem seus "vários sentimentos" por meio de sinais externos, que eles conseguem trabalhar em cooperação (por exemplo, castores, aos quais ele atribui uma linguagem que tem muito em comum com os "jogos de linguagem" que Wittgenstein enxerga como "formas primitivas" da linguagem humana). No entanto, ele reconhece que "a linguagem dos animais é inteiramente limitada a expressar sentimentos de suas paixões, que podem ser todas reduzidas a um pequeno número" (p.152). "É necessário que eles sempre repitam a mesma expressão, e que essa repetição dure enquanto o objeto ocupar a sua atenção" (p.123). Eles não têm nenhuma "ideia abstrata ou metafísica":

> Eles têm apenas cognições diretas, que são completamente limitadas ao objeto presente e material que atinge os seus sentidos. O homem é infinitamente superior em sua linguagem, bem como em suas ideias, sendo incapaz de se expressar sem compor seu discurso com termos pessoais e relativos, que determinam seu sentido e a sua aplicação. (p.154)

Os animais, na verdade, têm nomes apenas para as várias "paixões que eles sentem" (p.155). Eles não conseguem produzir "uma frase que seja personificada e composta [*personnifiée et composée*] como nós fazemos" (p.156):

> Por que a natureza deu aos animais a faculdade da fala? Apenas para que eles possam expressar uns aos outros os seus desejos e

---

17 Père G. H. Bougeant, *Amusement philosophique sur le langage des bestes* [Diversão filosófica sobre a linguagem dos animais] (1739).

sentimentos, e assim satisfazer as suas necessidades e o que quer que seja necessário para a sua preservação. Eu sei que a linguagem em geral tem um objetivo muito diferente, que é o de expressar ideias, conhecimentos, reflexões, raciocínios. Mas qualquer teoria que se sustente sobre o conhecimento dos animais... É certo que a natureza deu a eles conhecimento apenas daquilo que é útil ou necessário para a sobrevivência da espécie e, consequentemente, dos indivíduos, sem ideias abstratas, sem raciocínios metafísicos, sem dúvida ou curiosidade sobre os objetos que os rodeiam, sem conhecimento exceto sobre como conduzir a si mesmos, manter-se bem, evitar o que possa machucá-los e procurar o que lhes faz bem. Ninguém nunca os viu engajados em uma discussão pública ou em uma disputa sobre causas e efeitos. Eles só conhecem a vida animal. (p.99-100)

Em resumo, a "linguagem" animal permanece completamente dentro do alcance da explicação mecanicista como foi concebida por Descartes e Cordemoy.

Evidentemente, nem La Mettrie nem Bougeant encaram o problema levantando por Descartes – o problema levantado pelo aspecto criativo do uso da linguagem, pelo fato de que a linguagem humana, estando livre do controle por estímulos externos identificáveis ou por estados fisiológicos internos, pode servir como um instrumento geral de pensamento e autoexpressão mais do que como um mero instrumento comunicativo para relatar, solicitar ou comandar.[18] As tentativas modernas para lidar

---

18 Isso não é negar que o método de explicação sugerido por La Mettrie possa ser, em princípio, correto. O que me preocupa aqui não é a adequação das explicações propostas por Descartes e outros, mas as observações sobre a linguagem humana que suscitaram essas tentativas. [A perspectiva de ser incapaz de explicar cientificamente o aspecto criativo do uso da linguagem desempenha um papel importante nas discussões de Chomsky pós-1966, em que constam afirmações gerais sobre as limitações (biológicas) da inteligência humana. Cf. a introdução do editor para discussão e referências.]

com o problema do comportamento inteligente são dificilmente mais satisfatórias. Ryle, por exemplo, em sua crítica do "mito cartesiano",[19] simplesmente evita completamente a questão. Ele afirma que os cartesianos deveriam ter "questionado a partir de quais critérios o comportamento inteligente se distingue, de fato, do comportamento não inteligente" (p.21), ao invés de procurar uma explicação para o comportamento inteligente. Entendidas adequadamente, essas não são alternativas mutuamente excludentes. Os critérios que Ryle discute diferem pouco, a princípio, dos "experimentos" propostos por Cordemoy; mas, enquanto Ryle se contenta em simplesmente citar o fato de que o "comportamento inteligente" tem certas propriedades,[20] os cartesianos estavam preocupados com o problema de explicar tal comportamento, dada sua inabilidade de explicá-lo em termos mecânicos. Dificilmente pode-se afirmar que nós avançamos significativamente além do século XVII em determinar as características do comportamento inteligente, os meios pelos quais é adquirido, os princípios que o governam, a natureza das estruturas que subjazem a ele. É possível escolher ignorar esses problemas, mas nenhum argumento coerente foi oferecido que sugira que eles não são reais ou que estão além da possibilidade de investigação.

A linguística moderna também falhou no tratamento das observações cartesianas sobre a linguagem humana, de qualquer forma séria. Bloomfield, por exemplo, observa que, em uma

---

19 G. Ryle, *The Concept of Mind* [O conceito de mente] (London: Hutchinson, 1949). Cf. J. Fodor, "Is Psychology Possible?", capítulo I de *Psychological Explanation* [Explicação psicológica] (New York: Random House, 1968), para uma crítica do ponto de vista de Ryle e outros sobre a explicação psicológica.

20 São descritas em termos de "poderes", "propensões" e "disposições", que são caracterizados apenas por meio de exemplos dispersos. Constituem um novo "mito", tão misterioso e mal compreendido quanto a "substância mental" de Descartes.

língua natural "as possibilidades de combinação são praticamente infinitas", o que significa que não há esperanças de que seja possível explicar o uso da linguagem com base em repetições ou na elaboração de listas, mas ele não tem nada mais a dizer sobre o problema, além da observação de que o falante enuncia novas formas "análogas a formas similares que ele ouviu".[21] De maneira semelhante, Hockett atribui a inovação completamente à "analogia".[22] Observações similares podem ser encontradas em Paul, Saussure, Jespersen e muitos outros. Atribuir o aspecto criativo do uso da linguagem à "analogia" ou a "padrões gramaticais" é usar esses termos de uma maneira completamente metafórica,

---

21 L. Bloomfield, *Language* [Linguagem] (New York: Holt, 1933), p.275. Quando um falante produz formas linguísticas que nunca ouviu, "dizemos que ele as produz *por analogia* com formas semelhantes que ouviu". Para Bloomfield, a linguagem humana não difere dos sistemas de comunicação animal de maneira crítica; mas apenas por sua "grande diferenciação". No mais, sua função é semelhante: "O homem emite muitos tipos de ruídos vocais e faz uso da variedade: sob certos tipos de estímulos, ele produz certos sons vocais, e seus companheiros, ouvindo esses mesmos sons, produzem a resposta apropriada" (p.27). Ele sustenta que "a linguagem é uma questão de treinamento e hábito" (p.34) e que, com investigação estatística cuidadosa, "sem dúvida seríamos capazes de prever quantas vezes qualquer enunciado dado ... seria falado dentro de um número fixo de dias" (p.37) (uma conclusão que certamente está correta, já que para quase todos os enunciados normais o número previsto seria zero).

22 C. F. Hockett, *A Course in Modern Linguistics* [Um curso de linguística moderna] (New York: Macmillan, 1958), §36, p.50. Ele observa que "foi dito que sempre que uma pessoa fala, ela está imitando ou fazendo analogias", e ele aceita esse ponto de vista, afirmando que, "quando ouvimos um enunciado bastante longo e envolvente que claramente não é uma citação direta, podemos ter razoável certeza de que a analogia está em ação" (p.425). Entre os linguistas modernos, Hockett é incomum, uma vez que ele notou que existe um problema. Ao discutir inovação, Hockett parece sugerir que expressões novas só podem ser compreendidas mediante referência ao contexto (p.303). Na verdade, a falha em considerar os mecanismos linguísticos que determinam o significado das sentenças do cotidiano, que são comuns e geralmente inéditas, é típica da linguística moderna.

sem sentido claro e sem relação com o uso técnico da teoria linguagem. Não é menos vazio do que a descrição de Ryle do comportamento inteligente como um exercício de "poderes" e "disposições" de algum tipo misterioso, ou a tentativa de explicar o uso criativo da linguagem normal em termos de "generalização", "hábito" ou "condicionamento". Uma descrição nesses termos é incorreta se os termos têm qualquer sentido técnico e altamente enganoso de outro modo, uma vez que sugere que as capacidades em questão podem, de certa forma, ser explicadas apenas como um "caso mais complicado" de algo razoavelmente bem compreendido.

Vimos que a visão cartesiana, conforme expressa por Descartes e Cordemoy, bem como por anticartesianistas declarados como Bougeant, é que, em seu uso normal, a linguagem humana é livre do controle de estímulos e não serve a uma função meramente comunicativa, mas é, antes, um instrumento para a livre expressão do pensamento e para respostas apropriadas a novas situações.[23] Essas observações sobre o que nós estamos chamando de aspecto criativo do uso da linguagem foram elaboradas de diferentes maneiras no século XVIII e no início do século XIX, como veremos a seguir. Ao mesmo tempo, o segundo teste de Descartes para determinar se autômatos são "homens reais" é também reinterpretado, no contexto da "grande cadeia do ser". Descartes faz uma distinção clara entre pessoas e animais, argumentando que o comportamento animal é uma questão de instinto e que a perfeição e a especificidade do instinto animal o torna sujeito à explicação mecânica. Uma visão característica subsequente é que há uma gradação de inteligência e que a perfeição

---

23 Discussões contemporâneas sobre a diferença entre a linguagem humana e os sistemas de comunicação animal ocasionalmente recuperam algumas das percepções cartesianas. Veja, por exemplo, L. Carmichael, "The Early Growth of Language Capacity in the Individual", em *New Directions in the Study of Language* [Novas direções no estudo da linguagem], editado por E. H. Lenneberg.

do instinto varia inversamente em relação à habilidade intelectual. Para La Mettrie, por exemplo, parece ser uma lei universal da natureza que, "quanto mais alguém ganha em inteligência [*du côté de l'esprit*], mais perde em instinto" (p.99). (Cf. notas 7, 29.) Os dois testes cartesianos (posse da linguagem, diversidade de ação) são relacionados por Herder, de maneira original, em seu influente ensaio premiado sobre a origem da linguagem.[24] Como Descartes, Herder argumenta que a linguagem humana é diferente de exclamações de paixões e que não pode ser atribuída a órgãos superiores de articulação; nem, obviamente, pode ter suas origens na imitação da natureza ou em um "acordo" para formar a linguagem.[25] Na verdade, a linguagem é uma propriedade natural da mente humana. Mas a natureza não deu ao ser humano uma linguagem instintiva, ou uma faculdade da linguagem instintiva, ou uma faculdade da razão da qual a linguagem é um "reflexo". A qualidade fundamental do homem é, na verdade, a fraqueza de

---

24 J. G. Herder, *Abhandlung über den Ursprung der Sprache* [Tratado sobre a origem da linguagem] (1772). Essa obra está disponível em parte na *Herder's Sprachphilosophie* [Filosofia da linguagem de Herder], editado por E. Heintel (Hamburg: Felix Meiner Verlag, 1960), p.1-87. As referências de página são para esse volume. [As traduções dessa obra são de Susan Judith Hoffmann; as referências permanecem como estavam na edição original. Há uma tradução moderna da obra, Herder (1966)].

25 Isso também é verdadeiro para o desenvolvimento da linguagem no indivíduo. O estudo da "origem da linguagem" é essencialmente um estudo da "essência da linguagem" nesse período, e o crescimento da linguagem no indivíduo e seu crescimento na nação são frequentemente considerados como paralelos, em suas características gerais. Cf. A.W. Schlegel, *Die Kunstlehre* [A teoria da arte] (1801) (Stuttgart: W. Kohlhammer Verlag, 1963), p.234: na descoberta da linguagem pelas crianças, "aquilo que ocorre na invenção da linguagem pela raça humana em geral se repete sempre, embora em traços mais tênues"; em geral, "na aquisição da linguagem, encontramos a mesma habilidade em ação, que está presente na invenção da linguagem, em um grau superior" (p.235). Sob a influência de Humboldt, H. Steinthal vai ainda mais longe e afirma: "Não há distinção entre a criação primordial da linguagem e sua recriação diária" (*Grammatik, Logik und Psychologie* [Gramática, lógica e psicologia]. [Berlim, 1855], p.232).

instinto, e o ser humano é claramente muito inferior aos animais na força e na certeza do instinto. Mas o instinto e o refinamento dos sentidos e das habilidades se correlacionam com a limitação do escopo e esfera da vida e da experiência, com o foco de toda sensitividade e de todo poder de representação em uma área estreita e fixa (p.15-6). Pode-se tomar como um princípio geral o seguinte: "a sensibilidade, as habilidades e o instinto produtivo dos animais aumentam em força e em intensidade na proporção inversa à magnitude da sua esfera de atividade" (p.16-7). Mas as faculdades humanas são menos agudas, mais variadas e mais difusas. "O homem não tem uma esfera de atividade invariável e limitada, em que apenas uma tarefa o aguarda" (p.17). Em outras palavras, ele não está sob o controle dos estímulos internos e dos ímpetos internos, impelido a responder de uma maneira perfeita e específica. Essa independência do instinto e do controle por estímulos é a base do que chamamos de "razão humana": "... se o homem tivesse os instintos dos animais, ele não poderia ter nele o que nós agora chamamos de razão, já que tais instintos arrastariam suas forças tão sombriamente de tal maneira que ele não teria uma esfera de consciência livre" (p.22). É essa fraqueza de instinto que é a vantagem natural do homem, que o faz um ser racional. "Se o homem não pode ser um animal instintivo, ele deve – habilitado pelo poder positivo que trabalha livremente de sua alma – tornar-se uma criatura reflexiva" (p.22). Para compensar sua fraqueza de instinto e de sentidos, o homem recebe a "vantagem da liberdade" (p.20). "Não mais inexoravelmente uma máquina nas mãos da natureza, ele próprio se torna o propósito e o objetivo de seus esforços" (p.20).

Livre para refletir e para contemplar, o homem pode observar, comparar, distinguir propriedades essenciais, identificar e nomear (p.23 ss.). É nesse sentido que a linguagem (e a descoberta da linguagem) é natural para o homem (p.23), que "o ser humano é formado para ser uma criatura de linguagem" (p.43). De um lado, Herder observa que o homem não tem uma linguagem inata – o homem não fala por natureza. De outro, a linguagem, na sua opinião, é tão especificamente um produto da organização intelectual particular do homem que ele pode afirmar: "Se eu fosse juntar todas as pontas soltas e mostrar esse tecido chamado natureza humana, definitivamente seria uma trama linguística!". A resolução desse aparente paradoxo se encontra em sua tentativa de explicar a linguagem humana como uma consequência da fraqueza do instinto humano.

Descartes tinha descrito a razão humana como "um instrumento universal que pode ser usado em todos os tipos de situações"[26] e que, portanto, proporciona uma diversidade ilimitada de pensamentos e ações livres.[27] Herder não observa a razão como uma "faculdade da mente", mas a define mais como uma liberdade de controle de estímulos e ele tenta mostrar como essa "vantagem natural" faz com que seja possível – na verdade, necessário (p.25) – para os humanos desenvolverem a linguagem.

Um pouco antes de Herder, James Harris tinha caracterizado a "racionalidade" em termos bastante semelhantes aos dele, ou seja, como liberdade de instinto – e não como uma faculdade com propriedades fixas. Harris distingue entre o "Princípio *Humano*", que ele chama de "razão", e o "Princípio *Brutal*", que ele chama de "instinto", na passagem seguinte:

---

26 *Discourse on the Method*, CSM I, p.140.
27 Descartes não restringe a linguagem apenas à função intelectual em sentido estrito. Veja, por exemplo, *Principles of Philosophy*, pt. IV, art. 197 (CSM I, p.284): "Com efeito, vemos que palavras faladas ou escritas despertam todo tipo de pensamentos e emoções em nossas mentes. Com o mesmo papel, caneta e tinta, se a ponta da caneta for deslizada sobre o papel de certa maneira, formará letras que despertam na mente do leitor pensamentos de batalhas, tempestades e violência, e emoções de indignação e tristeza; mas se os movimentos da caneta forem apenas ligeiramente diferentes, eles produzirão pensamentos completamente diferentes de tranquilidade, paz e prazer e emoções completamente opostas de amor e alegria".

REPARE então... a Diferença entre os Poderes *Humanos* e os *Brutais* – o Princípio Dirigente dos BRUTOS parece tender em cada Espécie a *um único* Propósito – a isso ele *chega uniformemente*; e aqui, em geral, ele *uniformemente para* – não são necessários Preceitos ou Disciplina para instruí-lo, nem pode ser facilmente modificado ou *admitir uma Direção diferente*. Pelo contrário, o Princípio Dirigente do HOMEM é capaz de *infinitas* direções, é conversível a *todos os tipos de Finalidades*, igual para *todos os tipos de Sujeitos*. Abandonado, permanece ignorante e destituído de qualquer Perfeição. Cultivado, torna-se adornado com as Ciências e as Artes. Pode levar-nos a superar não somente os *Brutos*, mas *nossa própria Espécie*. Com respeito aos nossos *outros* Poderes e Faculdades, pode nos instruir sobre como *usá-los*, assim como *aqueles* das várias *Naturezas* que vemos existir ao nosso redor. Em uma palavra, para opor os dois Princípios: O Princípio Dirigente do *Homem* é *Multiforme, Originalmente não instruído, Flexível* e *Dócil*. O Princípio dos *Brutos* é *Uniforme, Originalmente Instruído;* mas, na maior parte dos casos, *Inflexível* e *Indócil*.[28]

Assim, podemos dizer que "o HOMEM é por Natureza um ANIMAL RACIONAL", querendo dizer com isso que ele é livre da dominação do instinto.[29]

---

28 *Treatise the Third: Concerning Happiness, a Dialogue* [Tratado terceiro: sobre a felicidade, um diálogo] (1741), em *Works* [Obras], de Harris, editado pelo Conde de Malmesbury (London: F. Wingrove, 1801), v.I, p.94.
29 Nessa discussão, Harris parece estar fazendo a suposição gratuita, típica das variantes modernas dessa doutrina, de que, uma vez que o homem é capaz de "direções infinitas", ele é, portanto, completamente maleável; isto é, a suposição de que os fatores inatos governam seu desenvolvimento intelectual apenas marginalmente, se tanto. Obviamente, essa suposição adicional não tem relação com a observação sobre a ausência de controle do instinto e dos impulsos e sobre a gama infinita de habilidades e conhecimentos potenciais do ser humano. Com essa suposição independente, Harris está, naturalmente, completamente fora do modelo de pensamento cartesiano. Em outro texto, Harris se expressa de maneira que é suscetível a uma interpretação bastante diferente. Ao discutir a interação entre genialidade

Uma preocupação com o aspecto criativo do uso da linguagem persiste durante todo o período romântico, em relação ao problema geral da verdadeira criatividade, no sentido pleno do termo.[30] As observações de A. W. Schlegel em seu *Kunstlehre* [Ensino de arte][31] dão uma expressão característica a esses desen-

---

criativa e regra (*Philological Inquiries* [Investigações filológicas] (1780) em *Works*, v.II), ele rejeita a ideia de que "*Gênios*, embora *anteriores aos Sistemas*, eram também *anteriores às Regras* [por exemplo, as unidades de tempo e lugar, na teoria do drama], porque as *REGRAS*, desde o início, *existiam em suas próprias Mentes* e eram parte dessa *Verdade imutável* que é eterna e está em todo lugar" (p.409). Os gênios e as regras estão "tão *reciprocamente* ligados, que é o *GÊNIO* que descobre as *Regras* [estas estando implícitas na mente]; e então são as REGRAS que governam o *Gênio*".

30 Não se pode chamar um ato de "criativo" simplesmente com base em sua novidade e sua independência com relação a impulsos ou estímulos identificáveis. Portanto, o termo "aspecto criativo do uso da linguagem" não é totalmente apropriado, sem ressalvas, como uma designação para a propriedade da linguagem comum que preocupava Descartes e Cordemoy. É interessante observar, a esse respeito, que Galileu descreveu a descoberta de um meio de comunicar os "pensamentos mais secretos a qualquer outra pessoa ... sem maior dificuldade do que as várias combinações de vinte e quatro pequenos caracteres em um papel" como a maior de todas as invenções humanas, comparável às criações de um Michelangelo, um Rafael ou um Ticiano (*Dialogue on the Great World Systems* [Diálogo sobre os grandes sistemas do mundo] (1630) (Chicago: University of Chicago Press, 1953), p.116-7). Sou grato por essa referência a E. H. Gombrich.
Compare a referência na *Grammaire générale et raisonnée* a "essa maravilhosa invenção de compor a partir de 25 ou 30 sons uma variedade infinita de palavras, que embora não tenham, elas mesmas, qualquer semelhança com o que passa por nossas mentes, não deixam de revelar todos os segredos da mente, e tornar inteligível para os outros que não podem penetrar na mente tudo o que concebemos e todos os movimentos diversos de nossas almas" (p.27; GPR, p.65-6). [Traduções de passagens da *Gramática* de Port--Royal, aqui e posteriormente, são de Arnauld e Lancelot, 1975 (abreviado como GPR).]

31 Comparar com a nota 25. As referências são às páginas 233-4 da edição citada lá, que é o v.II de uma coleção de *Kritische Schriften und Briefe* [Escritos e cartas críticas]. [As traduções das citações de Chomsky das obras de A. W. Schlegel e de uma citação da obra de F. Schlegel são de Susan Judith Hoffmann; as referências permanecem como estavam na edição original.]

volvimentos. Em sua discussão sobre a natureza da linguagem, ele começa observando que a fala não se relaciona meramente a estímulos ou metas externas. As palavras da língua, por exemplo, podem provocar no falante ou no ouvinte ideias (*Vorstellungen*) de coisas que eles não tinham percebido diretamente, mas conhecem apenas pela descrição verbal ou coisas que eles "não são capazes de intuir sensorialmente porque eles existem em um mundo intelectual (*geistigen*). "Palavras podem também designar propriedades abstratas e relações do falante com o ouvinte e com o tópico do discurso, além de relações entre os elementos do discurso. Combinando nossos "pensamentos e ideias", usamos "palavras com significados tão sutis que esclarecê-las iria desconcertar um filósofo". Ainda assim, elas são usadas livremente pelos não instruídos e pelos não inteligentes:

> Nós juntamos todas essas palavras de maneiras que permitem aos outros não apenas entender nosso propósito, mas vislumbrar nossos sentimentos mais íntimos; dessa forma, nós estimulamos as mais diversas paixões, afirmamos ou negamos decisões morais e incitamos uma multidão à ação coletiva. De fato, as coisas mais impossíveis e impensáveis saem de nossas línguas com a mesma facilidade: as melhores coisas, assim como as menos significantes, a maior maravilha nunca antes ouvida.

A liberdade de controle externo ou fim prático é tão característica da linguagem para Schlegel que ele, em outro lugar,[32] propõe que "qualquer coisa por meio da qual o interno se manifeste exteriormente é adequadamente chamado de linguagem".

Dessa concepção de linguagem, é um curto passo para a associação do aspecto criativo do uso da linguagem com a

---

32 *Briefe über Poesie, Silbenmass und Sprache* [Cartas sobre poesia, medidas silábicas e linguagem] (1795). Em *Sprache und Poetik, v.I of Kritische Schriften und Briefe* [Linguagem e poética, v.I de escritos e cartas críticas] (Stuttgart: W. Kohlhammer Verlag, 1962), p.152.

verdadeira criatividade artística.[33] Ecoando Rousseau e Herder, Schlegel descreve a linguagem como "a mais maravilhosa criação da faculdade poética do ser humano" (*Sprache und Poetik* [Linguagem e poética], p.145). A linguagem é "um poema de toda a raça humana interminável, sempre em formação e que se autotransforma" (*Kunstlehre*, p.226). Essa qualidade poética é característica do uso normal da linguagem, que "nunca pode ser tão completamente despoetizado que deva se encontrar disperso em uma abundância de elementos poéticos, até no caso do mais calculado e racional uso de signos linguísticos e ainda mais no caso da vida cotidiana – na impetuosa, imediata e frequentemente apaixonada linguagem coloquial" (ibid., p.228). Haveria pouca dificuldade, ele continua, em demonstrar ao M. Jourdain de Molière que ele falava tanto poesia quanto prosa.

A qualidade "poética" da linguagem ordinária deriva de sua independência de estímulos imediatos (do "universo fisicamente observável") e de sua independência de finalidades práticas. Essas características, juntamente com a ilimitação da linguagem como um instrumento de livre autoexpressão, são essencialmente aquelas enfatizadas por Descartes e seus seguidores. Mas é interessante delinear, com um pouco mais de detalhe, o argumento que Schlegel desenvolve para relacionar aquilo que nós chamamos de aspecto criativo do uso da linguagem com a verdadeira criatividade. A arte, como a linguagem, é ilimitada em sua potencialidade expressiva.[34] Mas, argumenta Schlegel,

---

33 "(...) os meios naturais da arte são maneiras [*Handlungen*] para os seres humanos manifestarem externamente o que é interno" (*Die Kunstlehre* [A teoria da arte], p.230; os únicos meios são "palavras, sons, gestos"); portanto, é natural para Schlegel concluir que a própria linguagem é uma forma de arte primordial e que é, além disso, "desde seu início a substância primordial da poesia" (p.232).

34 Para Schlegel (*Die Kunstlehre*, p.225), "'Arte' é 'um pensamento ilimitado'"; "seu propósito, isto é, a direção de seu esforço, pode certamente ser indicado

a poesia tem um *status* único entre as artes a esse respeito; ela, em um sentido, é subjacente a todas as outras e se destaca como a forma de arte típica e fundamental. Nós reconhecemos esse *status* único quando usamos o termo "poético" para nos referir à qualidade da verdadeira criação imaginativa em qualquer uma das artes. A explicação para a posição central da poesia encontra-se em sua associação com a linguagem. A poesia é única porque o seu próprio meio é ilimitado e livre; ou seja, seu meio, a linguagem, é um sistema com potencialidades inovadoras ilimitadas para a formação e a expressão de ideias. A produção de qualquer obra de arte é precedida por um ato mental criativo pelo qual

---

em termos gerais, mas o que ela pode e deve alcançar ao longo do tempo, nenhum conceito da compreensão pode compreender, porque é infinito".
O trecho que é parafraseado no texto continua da seguinte forma:
"Na poesia, a potencialidade expressiva das artes é encontrada em grau ainda maior, uma vez que outras artes, afinal de contas, têm, à luz de seus meios ou formas de representação restritos [*Darstellung*], uma esfera de atividade determinada que poderia permitir-se ser circunscrita em certo grau. O meio da poesia é precisamente o meio através do qual o espírito humano desperta para si mesmo e através do qual ele se prende às suas apresentações [*Vorstellungen*] em associações e expressões arbitrárias, ou seja, a linguagem. Portanto, a poesia nem mesmo está vinculada a algum objeto; ao contrário, ela cria seu próprio objeto para si mesma; é a mais abrangente de todas as artes e é, por assim dizer, o espírito universal onipresente nelas. Aquilo que, nas representações das demais artes, nos eleva para fora da realidade cotidiana em um mundo de fantasia é chamado de seu elemento poético. A poesia designa, portanto, nesse sentido geral, a invenção artística, o ato maravilhoso pelo qual ela enriquece a natureza; como seu nome afirma, é uma verdadeira criação e geração. Toda representação material exterior é precedida por uma ideia na mente do artista na qual a linguagem sempre entra em jogo como mediadora da consciência; consequentemente, pode-se dizer que sempre emergem do ventre da poesia. A linguagem não é um produto da natureza, mas uma impressão [*Abdruck*] da mente humana que exibe o surgimento e as conexões de suas apresentações, bem como o mecanismo operacional [da mente humana]. Assim, na poesia, o que já tomou forma é novamente moldado, e sua plasticidade é tão ilimitada quanto a capacidade do espírito de se voltar sobre si mesmo em reflexões de potencialidades cada vez maiores".

os meios são fornecidos pela linguagem. Assim, o uso criativo da linguagem, que sob certas condições de forma e organização constitui a poesia (cf. p.231), acompanha e subjaz qualquer ato de imaginação criativa, não importando o meio no qual ele é realizado. Dessa forma, a poesia alcança seu *status* único entre as artes, e a criatividade artística é relacionada ao aspecto criativo do uso da linguagem[35] (compare com o terceiro tipo de inteligência de Huarte; veja a nota 9).

Schlegel distingue a linguagem humana da linguagem animal da maneira tipicamente cartesiana. Assim, ele observa que não é possível atribuir a habilidade linguística do ser humano à "disposição natural de seus órgãos":

> Diversas espécies, em certo grau, compartilham com os seres humanos a habilidade, ainda que totalmente mecânica, de aprender uma língua. Por meio de treinamento e de frequente repetição, um estímulo em direção a certas reações é provocado em seus órgãos, mas eles nunca usam de forma autônoma (ainda que possa parecer que sim) as palavras que aprenderam, nunca com o objetivo de designar algo; tampouco sua fala é uma linguagem autêntica quanto os sons produzidos por uma máquina falante. (p.236)

Não podemos estabelecer analogias entre a função intelectual de humanos e de animais. Animais vivem em um mundo de

---

[35] Para mais sobre caráter, fontes e desenvolvimento geral da teoria estética romântica, consulte M. H. Abrams, *The Mirror and the Lamp* [O espelho e o abajur] (Oxford: Oxford University Press, 1953). Há alguma discussão sobre a filosofia da linguagem do Romantismo no primeiro volume de E. Cassirer, *Philosophie der symbolischen Formen* [Filosofia das formas simbólicas] (1923), traduzido para o inglês como *The Philosophy of Symbolic Forms* (New Haven: Yale University Press, 1953). Veja também E. Fiesel, *Die Sprachphilosophie der deutschen Romantik* [A filosofia da linguagem do Romantismo alemão] (Tübingen: J. C. B. Mohr, 1927).

"estado de coisas" (*Zustände*), não de "objetos" (*Gegenstände*) no sentido humano (o mesmo é verdade, em parte, para crianças pequenas, o que explica o caráter confuso e incoerente mesmo das memórias de infância mais vívidas). A "dependência animal" (*tierische Abhängigkeit*) é, para Schlegel, diametralmente oposta ao "princípio da espontaneidade" (*selbsttätige Prinzip*) da "vontade racional" (*verständige Willkür*) que caracteriza a vida mental humana. É esse princípio que fornece as bases para a linguagem humana. Ele leva a uma busca por coerência e unidade na experiência, à comparação de impressões sensíveis (o que requer sinais mentais de algum tipo) e à capacidade e à necessidade única "de querer referir, por meio da linguagem, até mesmo às coisas que não podem ser apresentadas em nenhuma intuição sensorial". O resultado é uma língua humana, que serve primordialmente "como o órgão de pensamento, como um meio de reflexão" e apenas de forma derivada para o objetivo da "comunicação social" (p.237-41).

A ênfase cartesiana no aspecto criativo do uso da linguagem como a característica essencial e definidora da linguagem humana encontra a sua expressão de mais força na tentativa de Humboldt de desenvolver uma teoria abrangente de linguística geral.[36]

---

36 Em particular, em seu *Über die Verschiedenheit des Menschlichen Sprachbaues* [Sobre a diversidade da estrutura da linguagem humana], publicado postumamente em 1836. Uma edição fac-símile apareceu em 1960 (F. Bonn: Dümmlers Verlag). As referências de página aqui são para esta edição. Partes foram traduzidas para o inglês em M. Cowan, *Humanist without Portfolio* [Humanista sem portfólio] (Detroit: Wayne State University Press, 1963). Uma tradução completa com comentários está em preparação por J. Viertel. As origens das teorias linguísticas de Humboldt são discutidas em R. L. Brown, *Some Sources and Aspects of Wilhelm von Humboldt's Conception of Linguistic Relativity* [Algumas fontes e aspectos da concepção de relatividade linguística de Wilhelm von Humboldt], tese de doutorado inédita da Universidade de Illinois (1964). [A maioria das traduções nesta edição são de Susan Judith Hoffmann, mas algumas são traduções de P. L. Heath em Humboldt, 1999.]

A caracterização de Humboldt da linguagem como *energeia* ("atividade" (*Thätigkeit*)), em vez de *ergon* ("produto" (*Werk*)),[37] como uma "atividade gerativa" (*eine Erzeugung*)", em vez de "produto sem vida" (*ein todtes Erzeugtes*) amplia e elabora – frequentemente, quase nas mesmas palavras – as formulações típicas da linguística cartesiana e da filosofia da linguagem e da teoria estética românticas. Para Humboldt, a única definição verdadeira de linguagem é "uma atividade produtiva" (*eine genetische*): "É o sempre repetido *trabalho mental* (*Arbeit des Geistes*) de produzir *sons articulados* capazes de expressar o *pensamento* (p.57).[38] Há um

---

Bloomfield refere-se ao tratado de Humboldt como "o primeiro grande livro sobre linguística geral" (*Language*, p.18). Considerando o contexto que estamos examinando aqui, parece marcar o ponto final do desenvolvimento da linguística cartesiana, e não o início de uma nova era do pensamento linguístico. Ver Chomsky, *Current Issues in Linguistic Theory*, para alguma discussão sobre a linguística geral humboldtiana, a sua relação com o trabalho do século seguinte e o seu ressurgimento nos estudos contemporâneos da linguagem e da cognição.

37 As traduções alemãs são de Humboldt. Esses conceitos de Humboldt não me parecem totalmente claros, e vou focar aqui em um aspecto deles. Não é óbvio que uma única interpretação consistente dessas noções esteja claramente determinada pelo texto. Apesar dessa ressalva, parece seguro concluir que o que será delineado aqui é pelo menos uma das linhas centrais do pensamento de Humboldt. Sou grato a J. Viertel por muitas observações e sugestões sobre a interpretação do texto.

38 Para Humboldt, falar que uma palavra em uma língua é "articulada" é referi-la ao sistema de elementos subjacentes dos quais ela é construída, elementos que poderiam ser usados para formar infinitamente muitas outras palavras de acordo com intuições e regras definidas. É nesse sentido que uma palavra é um "objeto articulado", compreendido, na percepção, pelo exercício do "poder humano da fala", em vez de algum processo simplesmente análogo à "capacidade sensorial animal". Veja na página 71: "Mas, agora, o que a *articulação* adiciona à mera evocação de seu significado [*Bedeutung*]... [ou seja, do significado de uma palavra percebida] é que ela apresenta a palavra diretamente através de sua forma como parte de um todo ilimitado, uma língua. Pois mesmo em palavras individuais, é por meio disso que nos é dada a possibilidade de construir, a partir dos elementos da língua, um número verdadeiramente indefinido de outras palavras de

fator constante e uniforme que subjaz esse "trabalho mental"; é o que Humboldt chama de "Forma" da linguagem.[39] São apenas as leis subjacentes de geração que são fixas na linguagem. O escopo e a maneira como o processo gerativo opera na produção da fala (ou na percepção da fala, que Humboldt enxerga como um desempenho parcialmente análogo – ver adiante) são totalmente indeterminados (ver nota 38).

O conceito de Forma inclui as "regras de articulação da fala" (*Redefügung*), bem como as regras de "formação de palavras" (*Wortbildung*) e as regras de formação de conceitos que

---

acordo com intuições e regras específicas e, assim, estabelecer, entre todas as palavras, uma afinidade correspondente à afinidade dos conceitos" (Humboldt 1999, p.57-8 (com modificações)).

Ele então clarifica ainda mais seu pensamento, apontando que são apenas os processos gerativos que são compreendidos pela mente e que a linguagem não pode ser considerada "um material que simplesmente está lá, passível de ser examinado em sua totalidade, ou comunicável pouco a pouco; antes, ela deve ser entendida como algo que eternamente se produz, em que as leis de produção são determinadas, mas o escopo e, até certo ponto, a natureza do produto permanecem totalmente não especificados" (Humboldt, 1999, p.58).

Compare com a definição de "articulação" de A. W. Schlegel (*Kunstlehre*, p.239): "A articulação (os momentos articulados do discurso, por assim dizer) consiste em movimentos arbitrários deliberados do órgão e, portanto, corresponde a atividades espirituais semelhantes".

Ele assinala que a linguagem articulada é diferente, em espécie, dos gritos de animais ou expressões de emoção, e que a linguagem não pode ser abordada por "imitações grosseiras", mas requer um novo princípio.

Veja também a nota 30.

39 "O elemento constante e uniforme neste trabalho mental de elevar o som articulado a uma expressão do pensamento, quando visto em sua compreensão mais completa possível e apresentado sistematicamente, constitui a *forma* da linguagem" (Humboldt, 1999, p.50). Parece-me que a "forma da linguagem" de Humboldt é essencialmente o que seria chamado de "gramática gerativa" de uma linguagem, no sentido mais amplo em que esse termo tem sido usado atualmente. Veja a nota 2 e a discussão nas próximas páginas.

determinam a classe das "palavras raiz" (*Grundwörter*) (p.61). Em contraste, a substância (*Stoff*) da linguagem é som não articulado e "a totalidade de impressões sensoriais e de atividades mentais espontâneas que precedem a criação do conceito com o auxílio da linguagem" (p.61). A Forma da linguagem é uma estrutura sistemática. Ela não contém elementos individuais como componentes isolados, mas os incorpora somente na medida em que "um método de formação de linguagem" pode ser descoberto neles (p.62).

Os mecanismos fixos que, em sua representação sistemática e unificada, constituem a forma da linguagem devem permitir que se produza uma gama indefinida de eventos de fala, correspondendo às condições impostas por processos de pensamento. O domínio da linguagem é infinito e ilimitado, "a essência de tudo que pode ser pensamento" (p.122). Consequentemente, a propriedade fundamental de uma língua deve ser a sua capacidade de usar mecanismos finitamente especificáveis para um grupo de contingências sem limites e imprevisível. "Ela deve, portanto, fazer uso infinito de meios infinitos, e ser capaz de fazer isso através do poder produtivo que é a identidade da linguagem e do pensamento" (p.122).

Nem mesmo o léxico de uma língua pode, de acordo com Humboldt, ser encarado como uma "massa inerte completa". Mesmo excluindo a formação de novas palavras, o uso do léxico pelo falante ou pelo ouvinte envolve "uma contínua produção e reprodução da capacidade de formar palavras" (p.125-6). Isso é verdade para a formação original da língua e para sua aquisição pelas crianças, e é também verdade para o uso cotidiano da fala (cf. nota 25). Portanto, ele vê o léxico não como uma lista memorizada da qual as palavras são simplesmente extraídas quando a língua é usada ("Nenhuma memória humana conseguiria isso, se a alma não carregasse, por instinto e dentro de si, ao mesmo tempo, a chave para a formação de palavras"), mas como algo baseado em certos princípios gerativos organizadores que produzem os itens apropriados em dadas situações. É a partir de tal premissa que ele desenvolve a sua tão conhecida concepção de que (em termos modernos) conceitos são organizados em termos de certos "campos semânticos" e recebem o seu "valor" em termos de sua relação com os princípios que determinam esse sistema.

A fala é um instrumento de pensamento e de autoexpressão. Ela desempenha uma função "imanente" e "constitutiva" na determinação da natureza dos processos cognitivos do homem, seu "pensamento e, por meio do pensamento, processo criativo (*denkende und im Denken schöpferische Kraft*) (p.36), sua "visão de mundo" e processos de "junção de pensamentos" (*Gedankenverknüpfung*) (p.50). De forma mais geral, uma língua humana, como uma totalidade organizada, é interposta entre o homem e "a natureza que o afeta, tanto interna quanto externamente" (p.74). Embora as línguas tenham propriedades universais, atribuíveis à mentalidade humana como tal, cada língua fornece, no entanto, um "mundo de pensamento" e um ponto de vista de um tipo único. Ao atribuir esse papel na determinação dos processos mentais às línguas individuais, Humboldt se afasta radicalmente do quadro da linguística cartesiana, é claro, e adota um ponto de vista que é mais tipicamente romântico.

Humboldt permanece no quadro cartesiano, mas na medida em que ele considera a linguagem primordialmente como um meio de pensamento e de autoexpressão, mais do que como um sistema funcional de comunicação similar ao dos animais – quando ele afirma, por exemplo, que o homem "se cerca de um mundo de sons, de modo a absorver e processar dentro de si o mundo dos objetos" (p.74). Assim, mesmo em seus primórdios, "a linguagem... se estende irrefletidamente a todos os objetos da percepção sensível casual e da elaboração interior" (p.75; Humboldt, 1999, p.60). Ele considera um erro atribuir a linguagem primordialmente à necessidade de assistência mútua.

"O homem não é não necessitado – e sons inarticulados seriam suficientes como auxílio." Há, sem dúvida, usos puramente práticos da língua; por exemplo, se um homem ordena que uma árvore seja cortada e "pensa, por esse termo, apenas no tronco que ele designa" (p.220). As mesmas palavras poderiam, no entanto, ter um "significado aprimorado" se elas fossem usadas em uma descrição da natureza ou em um poema, por exemplo; nesse caso, as palavras não são usadas simplesmente como instrumentos ou com uma função puramente referencial, não são usadas "em uma *atividade localizada da alma* para um *propósito* limitado", mas referem-se "à totalidade interior de associação de pensamentos e sentimentos" (p.221; Humboldt, 1999, p.156). É somente no último caso que todos os recursos da língua são usados para formar ou interpretar a fala, que todos os aspectos da estrutura lexical e gramatical de um enunciado fazem sua contribuição completa para sua interpretação. O uso puramente prático da linguagem não é característico de nenhuma língua humana real, apenas de sistemas parasitários inventados.[40]

Ao desenvolver a noção de "forma de linguagem" como um princípio gerativo, fixo e invariável, determinando o escopo e fornecendo os meios para o conjunto ilimitado de atos "criativos" que constituem o uso normal da linguagem, Humboldt faz uma contribuição original e significativa para a teoria linguística – uma contribuição que, infelizmente, não obteve reconhecimento e não tinha sido investigada até muito recentemente.[41] A natureza da contribuição de Humboldt pode ser apreciada

---

40 Por exemplo, a língua franca da costa do Mediterrâneo; ou, podemos acrescentar, sistemas de comunicação animal ou "jogos de linguagem" do tipo mencionado por Bougeant, Bloomfield, Wittgenstein e muitos outros, e propostos por eles como típicos e paradigmáticos – como as "formas primitivas" da linguagem.
41 Ao identificar um estado particular de uma língua como um objeto de descrição com "realidade psicológica", nos afastamos de Humboldt, que é extremamente obscuro sobre a relação entre descrição sincrônica e diacrônica.

comparando a sua noção de "forma" à que foi desenvolvida por Harris em *Hermes* (1751), por exemplo. Para Harris, a linguagem é, essencialmente, um sistema de palavras. Os significados (as ideias das quais elas são símbolos) constituem a forma da linguagem; seu som, sua matéria (substância). A noção de Harris de forma é modelada por um padrão clássico, tendo por concepção subjacente uma forma ou arranjo ordenado. Mas, em seu trabalho sobre linguagem, Harris não sugere que uma descrição de sua forma exija mais que uma especificação de elementos, categorias e a associação de "elementos de conteúdo" a "elementos de expressão". Em outras palavras, ele não dá nenhuma indicação de que compreendeu o *insight* de Humboldt de que a linguagem é muito mais do que uma "organização padronizada" de elementos de vários tipos e que qualquer descrição adequada a seu respeito deve referir esses elementos ao sistema finito de princípios gerativos (que determinam os elementos linguísticos individuais e suas inter-relações e que subjazem à variedade de atos linguísticos que podem ser realizados de maneira significativa).[42]

O desenvolvimento da noção de Humboldt de "forma de linguagem" deve ser considerado contra o pano de fundo da

---

42 Em sua obra *Hermes*, Harris talvez chega mais perto da concepção humboldtiana de "forma" em uma citação de Ammonius, em que relaciona o movimento à dança, a madeira a uma porta e "o poder de produzir um som vocal" (como a base material para a fala) ao poder "de nos explicar por meio de Substantivos ou Verbos" (como sua forma, que deriva da alma única do homem, assim como a base material deriva da natureza). Cf. Harris, *Works*, v.I, p.393, nota de rodapé.
Em outro contexto, em outra conexão, Harris, contudo, discute uma concepção de "forma" muito mais rica. Em seus *Philosophical Arrangements* [Arranjos filosóficos] (1775; *Works*, v.II), ele desenvolve a noção de "forma" como "princípio animador": "a forma animadora de um corpo natural não é nem sua organização, nem sua figura, nem qualquer uma dessas formas inferiores que compõem o sistema de suas qualidades visíveis; mas é o poder, que, não sendo aquela organização, nem aquela figura, nem aquelas qualidades, ainda é capaz de produzi-las, preservá-las e empregá-las" (p.59).

discussão intensa durante o período romântico sobre a distinção entre "forma mecânica" e "forma orgânica". A. W. Schlegel faz a distinção desta forma:

> A forma é mecânica quando, por meio de uma força externa, é transmitida a qualquer material meramente como um acréscimo acidental, sem referência à sua qualidade; como, por exemplo, quando damos uma forma específica a uma massa macia para que ela possa manter a mesma forma após o seu endurecimento. A forma orgânica, novamente, é inata; ela se desdobra de dentro para fora, adquire sua determinação simultaneamente ao desenvolvimento perfeito do germe.[43]

Nas palavras de Coleridge:

> A forma é mecânica quando imprimimos em qualquer material uma forma predeterminada, não necessariamente decorrente das propriedades do material; como quando damos a uma massa de argila úmida a forma que desejamos que ela mantenha quando endurecida. A forma orgânica, por outro lado, é inata; ela se molda a partir de seu interior à medida que se desenvolve, e a plenitude de seu desenvolvimento é a mesma que a perfeição de sua forma externa. Como é a vida, é a forma. A natureza, a artista genial por excelência, inesgotável em diversos poderes, é igualmente inesgotável em formas, cada exterior é a fisionomia do ser interior, sua verdadeira imagem refletida e projetada no espelho côncavo...[44]

---

43 *Lectures on Dramatic Art and Literature* [Palestras sobre arte dramática e literatura] (1808), traduzido por John Black, p.340 da segunda edição (London: George Bell and Sons, 1892).

44 "Lectures and Notes of 1818" [Palestras e notas de 1818], em T. Ashe (ed.), *Lectures and Notes on Shakespeare and other English Poets* [Palestras e notas sobre Shakespeare e outros poetas ingleses] (London: George Bell and Sons, 1893), p.229. Alguns dos comentários de Coleridge sobre a natureza da mente prenunciam as observações de Humboldt sobre a linguagem em seu

O contexto, em ambos os casos, é a uma investigação sobre como trabalhos individuais de gênios são limitados por regras e leis. O conceito de Humboldt de "forma orgânica" de linguagem e seu papel em determinar as criações individuais da fala é um subproduto natural da discussão sobre forma orgânica e forma mecânica, particularmente à luz da conexão que já havia sido estabelecida entre criatividade artística e aspecto criativo do uso da linguagem (cf. discussão anterior).[45]

---

destaque para a diversidade de potencial criativo dentro dos limites de regras finitas. Na mesma palestra, ele nega que o gênio deva ser oposto à regra (novamente parafraseando Schlegel, cf. também nota 29) e argumenta que "nenhuma obra de verdadeiro gênio ousa dispensar sua forma apropriada [orgânica]". "Assim como não deve, o gênio não pode ser sem lei: pois é justamente isso que constitui seu gênio – o poder de agir criativamente sob leis de sua própria origem."

Em outro lugar, ele afirma que "a mente não se assemelha a uma harpa eólica, nem mesmo a um realejo movido por um fluxo de água, em que se podem conceber quantas melodias mecanizadas se quiser; no que se refere a objetos, trata-se de um violino ou outro instrumento de poucas cordas, porém vasto compasso, tocado por um músico de Gênio" (citado por R. Wellek, *Kant in England* [Kant na Inglaterra] (Princeton: Princeton University Press, 1931), p.82). Para material adicional relevante, veja Abrams, *The Mirror and the Lamp* [O espelho e a lâmpada].

45 Deve-se notar que esse tópico não parece ter sido levantado de forma explícita na correspondência entre Schlegel e Humboldt. Veja A. Leitzmann (ed.), *Briefwechsel zwischen W. von Humboldt und W. Schlegel* [Correspondência entre W. von Humboldt e W. Schlegel] (1908). Essa correspondência contém muita discussão sobre forma "orgânica" e "mecânica", mas em uma conexão diferente, ou seja, com referência à relação entre a flexão e a aglutinação como processos linguísticos, um tópico que também é desenvolvido extensivamente na obra de Humboldt *Über die Verschiedenheit des menschlichen Sprachbaues* [Sobre a diversidade da estrutura da linguagem humana].

A questão de como a forma da linguagem surge a partir de atos individuais "criativos" – e os determina – foi bastante comum durante esse período – cf., por exemplo, Coleridge: "Que História magnífica de atos de mentes individuais, sancionada pela Mente coletiva do País, é uma Linguagem... um caos moendo-se em compatibilidade". A citação aparece em A. D. Snyder, *Coleridge on Logic and Learning* [Coleridge, sobre Lógica e Aprendizagem] (New York: Yale University Press, 1929), p.138.

O paralelo entre a noção de Humboldt de "forma orgânica" na linguagem e a teoria, muito anterior, de Goethe sobre "Urform" em biologia[46] também é muito impressionante. O conceito de "Urform" foi concebido como uma nova dimensão, para além do conceito "estático" de forma de Linnaeus e Cuvier, por exemplo (ou seja, o conceito de forma como estrutura e organização). Mas, pelo menos em um estágio de seu pensamento, Goethe considerou essa dimensão como sendo da ordem lógica, e não temporal. Em uma carta para Herder, em 1787, Goethe escreve:

> A planta primordial é a mais maravilhosa coisa criada no mundo, e a própria natureza deveria me invejar. Com esse modelo e sua chave, é possível inventar outras plantas *ad infinitum*, que devem ser consistentes com o modelo. Ou seja, mesmo que essas

---

46 O significado e as origens dessa noção são descritos em R. Berthelot, *Science et philosophie chez Goethe* [Ciência e filosofia em Goethe] (Paris: F. Alcan, 1932) e R. Magnus, *Goethe als Naturforscher* [Goethe como cientista natural] (Leipzig: Barth, 1906), trad. H. Norden, *Goethe as a Scientist* (New York, 1949). Como é bem conhecido, o conceito de forma orgânica se desenvolve na biologia, bem como na filosofia e na crítica, durante o período que estamos revisando. Compare, por exemplo, a noção de forma orgânica de Schlegel com o conceito de *"Bildungstrieb"* de Blumenbach na biologia, ou seja, o conceito de um princípio vivo, gerativo e formativo interno a um organismo que determina sua ontogênese e o leva do embrião ao adulto (cf. Berthelot, p.42; ele afirma que isso influenciou formulações semelhantes de Kant em *Critique of Judgment* [Crítica do juízo]). Berthelot caracteriza a Naturphilosophie de Schelling, com relação ao conceito de natureza, "como uma transformação qualitativa dinâmica que produz novas formas irredutíveis às anteriores, pela ação de uma atividade espontânea, interna e primitivamente inconsciente" (p.40). Muitas outras referências poderiam ser fornecidas para ilustrar esse paralelo e essa interação. Essas questões são discutidas em vários lugares, por exemplo: A. O. Lovejoy, *The Great Chain of Being* [A grande cadeia do ser] (New York: Harper & Row, 1936) e Abrams, *The Mirror and the Lamp*. Para mais contexto e muitas referências, cf. E. Mendelsohn, "The Biological Sciences in the Nineteenth Century: Some Problems and Sources" [As ciências biológicas no século XIX: alguns problemas e fontes], *History of Science*, v.3 (1964), p.39-59.

plantas inventadas não existam, elas *poderiam* existir. Elas não são, por exemplo, sombras e ilusões pictóricas ou poéticas; elas têm uma verdade e uma necessidade internas. A mesma lei se aplica a todos os outros seres vivos.[47]

Assim, a Urform é um tipo de princípio gerativo que determina a classe dos organismos fisicamente possíveis; e, ao elaborar essa noção, Goethe tentou formular princípios de coerência e unidade que caracterizam a classe e que podem ser identificados como um fator constante e invariável sob todas as modificações superficiais determinadas por variações em condições ambientais (cf. Magnus, op. cit., cap.7, para alguns materiais relevantes). De modo semelhante, a "forma linguística" de Humboldt restringe todos os atos de produção ou percepção individuais de fala em uma língua particular, e, mais genericamente, os aspectos universais da forma gramatical determinam a classe de línguas possíveis.[48]

---

47 Citado em Magnus, *Goethe als Naturforscher*, p.59. Em *The Great Chain of Being*, Lovejoy rastreia a ideia de um "Urbild" lógico até o *De la Nature* [Sobre a natureza], de J. B. Robinet (1761-1768). Ele cita Robinet (p.279), que define a noção de "protótipo" como "um princípio intelectual que muda apenas na medida em que se realiza na matéria". Robinet elaborou essa noção com relação a toda a natureza, animada e até mesmo inanimada.

48 O título da obra principal de Humboldt não deve levar ninguém a supor que ele seria simpático à ideia de que cada língua é um produto histórico único que pode, em princípio, ter qualquer estrutura imaginável. Esse ponto de vista, de uma forma ou de outra, foi expresso por muitos linguistas pós-humboldtianos. Para mencionar apenas os extremos temporais, a crítica de W. D. Whitney à linguística humboldtiana ["Steinthal and the Psychological Theory of Language" [Steinthal e a teoria psicológica da linguagem], na *North American Review*, 1872; reimpresso em *Oriental and Linguistic Studies* (New York: Scribner, Armstrong, 1874), na qual ele conclui que "a diversidade infinita da fala humana deveria ser suficiente para impedir a afirmação de que uma compreensão dos poderes da alma envolve a explicação da fala" (*Oriental and Linguistic Studies*, p.360) e que a linguagem é estritamente um "produto histórico", nada mais do que "a soma de palavras e frases pelas quais qualquer homem expressa seu pensamento" (p.372); ou, ainda, o

Finalmente, deveríamos observar que a concepção de linguagem de Humboldt deve ser considerada no contexto fornecido por seus escritos sobre a teoria social e política[49] e o conceito de natureza humana que subjaz a eles. Humboldt foi descrito como "o mais proeminente representante na Alemanha" da doutrina dos direitos naturais e da oposição ao estado autoritário.[50] Sua denúncia do excessivo poder estatal (e de qualquer tipo de fé dogmática) baseia-se em sua defesa do direito humano fundamental de desenvolver uma individualidade pessoal por meio de trabalho criativo significativo e do pensamento irrestrito:

> Naturalmente, a liberdade é a condição necessária sem a qual mesmo a ocupação que mais satisfaça a alma não pode produzir

---

resumo de M. Joos do que ele chama de tradição "boasiana" da linguística norte-americana, ao adotar a concepção "de que as línguas poderiam diferir umas das outras sem limites e de maneiras imprevisíveis" (M. Joos (ed.), *Readings in Linguistics* [Leituras em linguística] (Washington: American Council of Learned Societies, 1957), p.96). Humboldt, ao contrário, expressa repetidamente sua opinião de que, em suas características estruturais gerais, as línguas são moldadas do mesmo modo. Parece-me que ele é consistente ao adotar a posição que expressa claramente em uma carta a A. W. Schlegel (1822, cf. Leitzmann, *Briefwechsel zwischen W. von Humboldt und A. W. Schlegel*, p.54): "Que todas as línguas, em termos de gramática, se parecem muito entre si torna-se indiscutível quando alguém investiga profundamente seus mecanismos internos, em vez de apenas superficialmente". Além disso, essa é claramente a única concepção compatível com sua teoria platonista da aquisição de linguagem (cf. discussão a seguir).

Cf. Chomsky, *Current Issues in Linguistic Theory*, para mais discussão sobre a importância histórica da crítica influente (mas, na minha opinião, totalmente equivocada e superficial) de Whitney.

49 Como enfatizado por H. Steinthal, em *Gedächtnisrede auf Humboldt an seinem hundertjährigen Geburtstag* [Discurso em memória de Humboldt em seu centenário] (Berlin, 1867).

50 R. Rocker, *Nationalism and Culture* [Nacionalismo e cultura], trad. R. E. Chase (London: Freedom Press, 1937). Esse julgamento é baseado em grande parte no ensaio inicial de Humboldt, *Ideen zu einem Versuch die Grenzen der Wirksamkeit des Staats zu bestimmen* [Ideias sobre uma tentativa de determinar os limites da eficácia do Estado] (1792). Partes desse texto estão traduzidas em Cowan, *Humanist without Portfolio*, p.37-64.

nenhum efeito salutar desse tipo. Qualquer tarefa que não seja escolhida pelo livre-arbítrio do homem, qualquer coisa que o restrinja, ou mesmo apenas o guie, não se torna parte de sua natureza. Ela permanece para sempre estranha a ele; se ele a executa, não o faz com verdadeira energia humana, mas com mera habilidade mecânica. (Cowan, op. cit., p.46-7)

[Sob a condição de liberdade de controle externo]... todos os camponeses e artesãos poderiam ser transformados *em artistas*, isto é, pessoas que amam seu ofício por si só, que o refinam com sua energia e inventividade autoguiadas e que, ao fazê-lo, cultivam suas próprias energias intelectuais, enobrecem seu caráter e aumentam sua satisfação. Dessa forma, a humanidade seria enobrecida pelas mesmas coisas que hoje, por mais belas que sejam, a degradam. (ibid., p.45)

O desejo de autorrealização é a necessidade humana básica do homem (diferente de suas necessidades meramente animais). Quem não reconhece isso "deve justamente ser suspeito de não reconhecer a natureza humana pelo que ela é e de querer transformar os homens em máquinas" (ibid., p.42). Mas o controle estatal é incompatível com essa necessidade humana. Ele é fundamentalmente coercitivo e, portanto, "produz monotonia e uniformidade e aliena as ações das pessoas de seu próprio caráter" (ibid., p.41: *"so bringt er Einformigkeit und eine fremde Handlungsweise"*). É por isso que "a verdadeira razão não pode desejar, para o homem, nenhuma condição diferente daquela em que... cada indivíduo desfruta da liberdade mais absoluta e ilimitada para se desenvolver para fora de si mesmo, em sua verdadeira individualidade" (ibid., p.39). Pelos mesmos motivos, ele aponta para os "resultados perniciosos das limitações à liberdade de pensamento" e "o dano causado se o governo se envolve de forma positiva na promoção do culto religioso" (ibid., p.30-1), ou se interfere no ensino superior (ibid., p.133 ss.), ou se regula as relações pessoais de qualquer tipo (por exemplo, casamento; ibid., p.50), e assim por diante. Além disso, os direitos em questão são intrinsecamente humanos e não devem ser limitados aos "poucos em qualquer nação"; "há algo totalmente degradante para a humanidade no simples pensamento de que o direito de algum ser humano de ser humano possa ser revogado" (ibid., p.33). Para determinar se os direitos humanos fundamentais estão sendo respeitados, devemos considerar não apenas o que uma pessoa faz, mas as condições sob as quais ela o faz – se é feito sob controle externo ou espontaneamente, para satisfazer uma necessidade interior. Se um homem age de forma puramente mecânica, "podemos admirar o que ele faz, mas desprezamos o que ele é" (ibid., p.37).[51]

---

51 A significância política de uma doutrina de "direitos naturais" como a de Humboldt depende muito da maneira exata como é formulada e do contexto social em que aparece, e uma avaliação dessas questões, no caso presente, levanta muitos problemas. Os termos nos quais Humboldt formula essa doutrina sugerem uma comparação com os *Economic and Philosophic Manuscripts* [Manuscritos econômicos e filosóficos] de Marx (1844; trad. T. B. Bottomore, em *Marx's Concept of Man* [O conceito do homem em Marx], ed. E. Fromm, New York: Ungar, 1961), com sua descrição da "alienação do trabalho quando o trabalho é *externo* ao trabalhador ... não é parte de sua natureza ... [então] ... ele não se realiza em seu trabalho, mas se nega ... [e está] ... fisicamente exausto e mentalmente degradado" (p.98) e sua definição do "caráter da espécie" dos seres humanos como "atividade livre e consciente" e "vida produtiva" (p.101), da qual o homem é privado pelo trabalho alienado que "lança alguns dos trabalhadores de volta a uma espécie bárbara de trabalho e transforma outros em máquinas" (p.97), bem como com a conhecida referência de Marx a uma forma superior de sociedade na qual "o trabalho se tornou não apenas um meio de vida, mas também a mais alta necessidade da vida" (*Critique of the Gotha Program* [Crítica do Programa de Gotha], 1875).
As observações de Humboldt podem ser comparadas com a crítica de Rousseau às instituições sociais modernas em *Discourse on the Origins and Foundations of Inequality among Men* [Discurso sobre a origem e os fundamentos da desigualdade entre os homens] (1755; traduzido em *The First and Second Discourses* [O primeiro e o segundo discursos], ed. R. D. Masters, New York: St. Martin's, 1964). O objetivo de Rousseau é "expor a origem

É claro, então, que a ênfase de Humboldt nos aspectos espontâneos e criativos do uso da linguagem deriva de um conceito muito mais geral de "natureza humana", um conceito que ele

---

e o progresso da desigualdade, o estabelecimento e o abuso das sociedades políticas, na medida em que essas coisas podem ser deduzidas da natureza do homem apenas pela luz da razão e independentemente dos dogmas sagrados que dão à autoridade soberana a sanção do direito divino" (p.180). De um ponto de vista estritamente cartesiano, ele caracteriza um animal como "somente uma máquina engenhosa à qual a natureza deu sentidos para revitalizar-se e reservar-se, até certo ponto, de tudo o que tende a destruir ou perturbar". "Todo animal tem ideias, uma vez que tem sentidos; até certo ponto, ele combina suas ideias, e nesse aspecto o homem difere de uma besta apenas em grau" (cf. nota 13). O que distingue o homem da besta de forma absoluta é que o homem é um "agente livre" e tem "a consciência dessa liberdade" (uma diferença específica adicional, talvez redutível à liberdade do homem, é sua "faculdade de autoaperfeiçoamento", como indivíduo e espécie). Embora muito na natureza do homem possa ser atribuído às propriedades da "máquina humana", ainda assim o comportamento do homem está singularmente além dos limites da explicação física, "pois a física explica de alguma forma o mecanismo dos sentidos e a formação de ideias; mas no poder de querer, ou melhor, de escolher, e no sentimento desse poder, encontram-se apenas atos espirituais sobre os quais as leis da mecânica não explicam nada" (p.113 ss.).

A partir dessa concepção essencialmente cartesiana da natureza humana, Rousseau desenvolve sua teoria e sua avaliação sobre a sociedade moderna. Uma vez que a liberdade é "a faculdade mais nobre do homem", está-se "degradando a própria natureza, colocando-se no nível das bestas escravizadas pelo instinto" ao renunciar à liberdade e se sujeitar aos ditames de um "mestre feroz ou insano" (p.167). O Estado nacional, a organização social moderna e a lei convencional têm todas origem em uma espécie de conspiração dos ricos e poderosos para preservar e institucionalizar poder e propriedade, uma conspiração que "deu novos grilhões aos fracos e novas forças aos ricos, destruiu a liberdade natural para todo o sempre, estabeleceu para sempre a lei da propriedade e da desigualdade, mudou uma astuta usurpação em um direito irrevogável e, para o lucro de alguns homens ambiciosos, submeteu daí em diante toda a raça humana ao trabalho, à servidão e à miséria". Finalmente, com o estabelecimento do Estado nacional, "os homens mais decentes aprenderam a considerar como um dos seus deveres assassinar seus semelhantes; por fim, homens foram vistos a se massacrar aos milhares sem saber por quê" (p.160-1). Na medida em que a sociedade institucionaliza direitos de propriedade, magistratura e poder arbitrário, ela

não criou, mas desenvolveu e elaborou em maneiras originais e importantes.

Como observado acima, o esforço de Humboldt para revelar a forma orgânica da linguagem – o sistema gerativo de regras e princípios que determinam cada um de seus elementos isolados – teve pouco impacto na linguística moderna, com uma exceção significativa. A ênfase estruturalista na linguagem como um "sistema no qual tudo se mantém unido" é, pelo menos conceitualmente, um desenvolvimento direto do interesse pela forma orgânica na linguística humboldtiana. Para Humboldt, uma língua não deve ser encarada como uma massa de fenômenos isolados – palavras, sons, produções de fala individuais etc. – mas como um "organismo" no qual todas as partes estão interconectadas e o papel de cada elemento é determinado por sua relação aos processos gerativos que constituem a forma subjacente. Na linguística moderna, com sua restrição de atenção quase exclusiva a inventários de elementos e "padrões" fixos, o escopo da "forma orgânica" é muito mais estreito do que na concepção humboldtiana. Mas dentro desse quadro mais restrito, a noção de "interconexão

---

viola a lei natural (p.168 ss.). É contrário ao direito natural e contra a lei da natureza que "um punhado de homens seja saciado com superfluidades enquanto a multidão faminta carece de necessidades" (p.181) ou que "cada homem encontre seu lucro na desgraça dos outros" (p.194); "e os juristas, que pronunciaram gravemente que o filho de um escravo nasceria escravo, decidiram em outros termos que um homem não nasceria homem" (p.168). O homem se tornou mero "homem sociável", vivendo "fora de si mesmo" e "apenas na opinião dos outros", da qual ele retira sozinho "o sentimento de sua existência" (p.179). Ele só pode recuperar a verdadeira humanidade abolindo o *status* de ricos e pobres, poderosos e fracos, mestres e escravos, por "novas revoluções" que vão "dissolver completamente o governo ou aproximá-lo de sua instituição legítima" (p.172); "a revolta que termina estrangulando ou derrubando um sultão é um ato tão legal quanto aqueles pelos quais ele dispunha, no dia anterior, das vidas e bens de seus súditos" (p.177). [Chomsky expande sua discussão sobre Rousseau e Humboldt em "Language and Freedom" [Linguagem e Liberdade] (originalmente publicado em 1970; uma reimpressão acessível é encontrada em Chomsky, 1987).]

orgânica" foi desenvolvida e aplicada a materiais linguísticos de uma forma que vai muito além de qualquer coisa sugerida por Humboldt. Para o estruturalismo moderno, o pressuposto dominante é que "um sistema fonológico [em particular] não é a soma mecânica de fonemas isolados, mas um todo orgânico do qual os fonemas são os membros e cuja estrutura está sujeita a leis".[52] Esses desenvolvimentos posteriores são conhecidos e não falarei mais sobre eles aqui.

Como observado anteriormente, a forma de linguagem, para Humboldt, abarca as regras da sintaxe e de formação de palavras, bem como o sistema sonoro e as regras que determinam o sistema de conceitos que constituem o léxico. Ele introduz uma distinção adicional entre a forma de uma linguagem e o que ele chama de seu "caráter". Parece-me que, quando ele usa esse termo, o caráter de uma língua é determinado pela maneira como ela é usada, em particular, na poesia e na filosofia, e o "caráter interior" (p.208) de uma língua deve ser diferenciado de sua estrutura sintática e semântica, que são questões de forma, não de uso. "Sem mudar a língua em seus sons, e muito menos em suas formas e leis, o *tempo*, por meio de uma crescente evolução de ideias, um maior poder de pensamento e uma capacidade de sentimento mais profunda, muitas vezes trará para uma língua o que ela não possuía anteriormente" (p.116; Humboldt, 1999, p.86-7). Dessa forma, um grande escritor ou pensador pode modificar o caráter de uma língua e enriquecer os seus meios de expressão sem afetar a sua estrutura gramatical. O caráter de uma língua está intimamente ligado a outros elementos do caráter nacional e é uma criação altamente individual. Para Humboldt, assim como para seus precursores cartesianos e românticos, o uso comum da linguagem tipicamente envolve atos mentais criativos; mas é o caráter da língua, mais do que a sua forma, que

---

[52] N. S. Troubetzkoy, "La phonologie actuelle" [A fonologia atual], *Psychologie de langage* (Paris, 1933), p.245.

reflete a verdadeira "criatividade" em um sentido superior – no sentido que implica tanto valor como novidade.

Apesar de toda a sua preocupação com o aspecto criativo do uso da linguagem e com a forma como processo gerativo, Humboldt não chega a enfrentar a questão substancial: qual é o caráter preciso da "forma orgânica" na linguagem. Ele não tenta, até onde posso ver, construir gramáticas gerativas específicas ou determinar o caráter geral de qualquer sistema desse tipo, o esquema universal ao qual qualquer gramática específica se conforma. Nesse aspecto, seu trabalho em linguística geral não atinge os níveis alcançados por alguns de seus predecessores, como veremos em seguida. Seu trabalho também é prejudicado pela falta de clareza em relação a várias questões fundamentais, em particular em relação à distinção entre a criatividade governada por regras que constitui o uso normal da linguagem (e que absolutamente não modifica a forma da língua) e o tipo de inovação que leva a uma modificação na estrutura gramatical da língua. Esses defeitos foram reconhecidos e, até certo ponto, superados em trabalhos mais recentes. Além disso, em sua discussão sobre os processos gerativos na linguagem, muitas vezes não fica claro se o que ele tem em mente é a competência subjacente ou o desempenho – o primeiro ou o segundo grau de realidade da forma de Aristóteles (*De Anima*, livro II, cap.1). Essa distinção clássica foi enfatizada novamente em trabalhos modernos. Consulte a nota 2 e as referências ali mencionadas. O conceito de gramática gerativa, no sentido moderno, é um desenvolvimento da noção humboldtiana de "forma da linguagem" somente se esta última for entendida como *forma* no sentido de "posse de conhecimento" ao invés de "exercício real do conhecimento", em termos aristotélicos; veja a nota 39.

Deve-se notar, aliás, que a falha em formular regras de construção de frases de forma precisa não foi simplesmente um descuido da linguística cartesiana. Até certo ponto, foi uma consequência da hipótese explícita de que a sequência de palavras em uma frase corresponde diretamente ao fluxo do pensamento, pelo menos em uma língua "bem planejada";[53] por isso, não é adequadamente estudada como parte da gramática. Na *Grammaire générale et raisonnée* [Gramática geral e fundamentada],

---

53 Esse conceito parece ter se desenvolvido em conexão com a controvérsia sobre o uso do vernáculo para substituir o latim. Cf. F. Brunot, *Histoire de la langue française* [História da língua francesa] (Paris: Librairie Armand Colin, 1924), v.IV, p.1104 ss., e G. Sahlin, *César Chesneau du Marsais et son rôle dans l'évolution de la Grammaire générale* [César Chesneau du Marsais e seu papel na evolução da gramática geral] (Paris: Presses Universitaires, 1928), p.88-9, para algumas referências iniciais, incluindo uma a 1669 que defende tanto a naturalidade do francês que alega que "os romanos pensam em francês antes de falar em latim". Diderot está tão convencido da "naturalidade" do francês, que o considera mais adequado para a ciência do que para a literatura, e as outras línguas europeias, "não naturais" em sua ordem de palavras, sendo mais adequadas para a expressão literária (*Lettre sur les sourds et muets* [Carta sobre os surdos e mudos], 1751). Os ingleses tendiam a ter uma visão diferente do assunto. Bentham, por exemplo, afirmava que "de todas as línguas conhecidas, o inglês é... aquela em que se encontram em mais alto grau, tomadas em conjunto, as mais importantes entre as propriedades desejáveis em qualquer língua" (*Works*, ed. J. Bowring (New York: Russell and Russell, 1962), v.VIII, p.342). Huarte, escrevendo no final do século XVI, dava como certa "a Analogia e a Correspondência entre a Língua Latina e a Alma Racional": "Palavras *latinas*, e a maneira de falar esta Língua, são tão Racionais, e tão agradavelmente chegam ao Ouvido, que a Alma Racional, encontrando com o Temperamento necessário para inventar uma língua muito eloquente, imediatamente tropeça no Latim" (*Examen de Ingenios*, op.cit., p.122).
A partir do século XVII, houve muita discussão sobre a possibilidade de inventar uma "língua filosófica" que refletisse "la vraie philosophie" e os princípios do pensamento de maneira melhor do que qualquer língua humana real. Um interesse nessa questão está aparentemente na fonte do interesse de Leibniz sobre a gramática comparativa, que poderia revelar as "excelências da linguagem". Para discussão desses desenvolvimentos, cf. Couturat e Leau, *Histoire de la langue universelle* [História da língua universal] (Paris, 1903); Margaret M. C. McIntosh, "The Phonetic and Linguistic Theory of the Royal Society School, from Wallis to Cooper" [A teoria fonética e linguística da Royal Society School, de Wallis a Cooper], tese de B. Litt., não publicada, Universidade de Oxford (1956); Cassirer, *The Philosophy of Symbolic Forms* [A filosofia das formas simbólicas].

argumenta-se que, com exceção do uso figurativo da linguagem, há pouco a ser dito, na gramática, a respeito das regras de construção de frases (p.145). Na retórica de Lamy, logo depois, a omissão de qualquer discussão sobre "a ordem das palavras e as regras que devem ser observadas na composição da fala" é justificada porque "a luz natural mostra tão vividamente o que deve ser feito" que nenhuma especificação adicional é necessária (p.25).[54] Por volta da mesma época, o bispo Wilkins[55] faz uma distinção entre as construções que são meramente "costumeiras" (*take one's heels and fly away* [partir em disparada], *hedge a debt* [cobrir uma dívida], *be brought to heel* [ser obrigado a obedecer] etc.) e aquelas que seguem "o sentido e a ordem natural das palavras" e, por isso, não exigem nenhuma discussão especial (p.354); por exemplo, a organização de Sujeito, Verbo e Objeto ou Sujeito, Cópula e Adjetivo e o ordenamento de partículas "gramaticais" e "transcendentais" relativas aos itens que elas governam etc. (p.354).

No polo oposto da crença na "ordem natural" está a visão de que cada língua contém uma coleção arbitrária de "padrões" aprendidos por meio de repetição constante (e "generalização") e que formam um conjunto de "hábitos verbais" ou "disposições". A crença de que a estrutura e o uso da linguagem podem, de alguma forma, ser descritos nesses termos é a base de grande parte do estudo moderno da linguagem e do comportamento verbal, muitas vezes associada à negação da possibilidade de generalizações translinguísticas úteis na sintaxe (veja discussão

---

54 B. Lamy, *De L'art de parler* [Sobre a arte de falar] (1676). No entanto, existem razões estilísticas que podem levar alguém a inverter a "ordre naturel" em muitas línguas, mas não em francês, que – como ele argumenta – não faz uso de tais "figures de Grammaire", uma vez que essa língua "aprecia a limpeza e a simplicidade; é por isso que expressa as coisas tanto quanto possível na ordem mais simples e natural" (p.23).

55 J. Wilkins, *An Essay towards a Real Character and a Philosophical Language* [Um ensaio sobre um caráter real e uma linguagem filosófica] (1668).

anterior). Assim como a confiança em uma suposta ordem natural, isso ajudou negligenciar o problema de especificar a "forma gramatical" de línguas específicas ou o esquema abstrato geral ao qual cada língua deve se conformar.[56]

Em resumo, uma contribuição fundamental do que temos chamado de "linguística cartesiana" é a observação de que a linguagem humana, em seu uso normal, está livre do controle de estímulos externos ou estados internos independentemente identificáveis e não está restrita a nenhuma função comunicativa prática, em contraste, por exemplo, com a pseudolinguagem dos animais. Ela é, portanto, livre para servir como um instrumento de livre pensamento e autoexpressão. As possibilidades ilimitadas de pensamento e imaginação são refletidas no aspecto criativo do uso da linguagem. A linguagem oferece meios finitos, mas infinitas possibilidades de expressão, limitadas apenas por regras de formação de conceitos e de frases, que são em parte particulares e idiossincráticas e em parte universais, um dom humano comum. A forma finitamente especificável de cada língua – em termos modernos, sua gramática gerativa (cf. nota 39) – fornece uma "unidade orgânica", inter-relacionando seus elementos básicos e subjazendo a cada uma de suas manifestações individuais, que são potencialmente infinitas em número.

A visão dominante durante esse período é que "as línguas são o melhor espelho da mente humana".[57] Essa virtual identi-

---

[56] A suposição de uma "ordem natural", no entanto, tem a vantagem de não ser contrária aos fatos, como o é a crença de que as línguas podem ser descritas em termos de "hábitos" ou "disposições para responder", ou que a estrutura sintática de uma língua é uma espécie de lista de padrões. Portanto, não se exclui a ideia de que a "ordem natural" possa ser esclarecida e desenvolvida como uma hipótese de alguma relevância em relação à estrutura da linguagem.

[57] Leibniz, *Nouveaux essais sur l'entendment humain* [Novos ensaios sobre a compreensão humana], livro III, cap. VII; trad. *New Essays Concerning Human Understanding*, ed. A. G. Langley (La Salle: Open Court, 1949). Na sequência, ele afirma que "uma análise exata da significação das palavras nos mostraria

ficação de processos linguísticos com processos mentais é o que motiva o teste cartesiano para a existência de outras mentes, tal como discutimos anteriormente. Ele encontra expressão em todo o período romântico. Para Friedrich Schlegel, "a mente e a linguagem são tão inseparáveis, o pensamento e a palavra são tão essencialmente um só; que, assim como os pensamentos são considerados o privilégio característico da humanidade, podemos chamar a palavra, de acordo com seu significado e dignidade internos, a essência original do homem".[58] Já fizemos referência à conclusão de Humboldt de que a força que gera a linguagem é indistinguível daquela que gera o pensamento. Os ecos dessa conclusão persistem por algum tempo,[59] mas tornam-se menos frequentes à medida que entramos no período moderno.

---

melhor do que qualquer outra coisa o funcionamento do entendimento" (p.368 da edição de 1949). Para mais discussões sobre a preocupação de Leibniz com a linguagem, cf. H. Aarslef, "Leibniz on Locke on Language" [Leibniz sobre Locke sobre a linguagem], *American Philosophical Quarterly*, v.1 (1964), p.1-24.

58 F. Schlegel, *Geschichte der alten und neuen Literatur* [História da literatura antiga e nova] (1812); citado por Fiesel, *Die Sprachphilosophie der deutschen Romantik* [A filosofia da linguagem do Romantismo alemão], p.8. Cf. também A. W. Schlegel, "De l'étymologieen général" [Etimologia em geral], em *Oeuvres écrites en français* [Obras escritas em francês], ed. E. Böcking (Leipzig, 1846), p.133: "Muitas vezes se dizia que a gramática é a lógica em ação; mas há mais: ela constitui uma análise profunda, uma metafísica sutil do pensamento".

59 Ocasionalmente, de fontes muito inesperadas. Por exemplo, o pedido de bolsa de estudos de Proudhon para a Academia de Besançon, em 1837, demonstrou sua intenção de desenvolver uma gramática geral na qual ele esperava "pesquisar a psicologia de novas regiões, a filosofia de novos caminhos; estudar a natureza e o mecanismo da mente humana com relação à faculdade mais marcante e reconhecível dela, a fala; determinar, com base na origem e no funcionamento da linguagem, a fonte e a organização das crenças humanas; aplicar, em uma palavra, a gramática à metafísica e à ética e alcançar um pensamento sobre o qual gênios profundos se preocupam..." (*Correspandance de P.-J. Proudhon* [Correspondência de P.-J. Proudhon], ed. J. A. Langlois (Paris: Librairie Internationale, 1875), v.I, p.31).

Cf. também J. S. Mill: "A gramática... é o início da análise do processo de pensamento. Os princípios e as regras da gramática são os meios pelos

A associação da linguagem e da mente, deve-se observar, é abordada de forma bastante diferente nas fases anteriores e posteriores ao período em análise. A concepção anterior é que a estrutura da linguagem reflete a natureza do pensamento de forma tão próxima que "a ciência da linguagem não difere em quase nada da ciência do pensamento" (Beauzée, p.x);[60] o aspecto criativo do uso da linguagem é explicado com base nessa premissa.[61] Por outro lado, a observação de que a linguagem serve como

---

quais as formas de linguagem são feitas para corresponder às formas universais de pensamento. As distinções entre as várias partes do discurso, entre os casos de substantivos, os modos e tempos dos verbos, as funções das partículas, são distinções de pensamento, não apenas de palavras... A estrutura de cada frase é uma lição em lógica" (discurso reitoral em St. Andrews, 1867, citado com uma característica desaprovação moderna por Jespersen, *The Philosophy of Grammar* [A filosofia da gramática] (London: Allen e Unwin, 1924), p.47).

Outro desenvolvimento muito diferente da concepção de que a linguagem (em sua estrutura mais profunda) espelha o pensamento pode ser encontrado no trabalho de Frege, Russell e no início de Wittgenstein. Isso é bem conhecido, e não discutirei mais sobre isso aqui. [Para uma discussão de alguns aspectos da concepção de Chomsky sobre Frege, veja o segundo capítulo de Chomsky, 1996.]

60 N. Beauzée, *Grammaire générale, ou exposition raisonnée des éléments nécessaires du langage* [Gramática geral, ou exposição racional dos elementos necessários da linguagem] (1767). As referências de paginação feitas aqui se referem à edição revisada e corrigida de 1819.

61 Isso, é claro, deixa completamente aberta a questão de como o pensamento criativo é possível, e a discussão sobre esse assunto não foi mais satisfatória do que qualquer explicação que possa ser dada hoje em dia; ou seja, ela permanece como um completo mistério. Cordemoy, por exemplo, atribui "novos pensamentos que nos ocorrem, sem conseguirmos encontrar sua causa em nós mesmos, ou atribuí-los a outros", à "inspiração", ou seja, à comunicação de espíritos desencarnados (op.cit., p.185-6). Muitos outros da época concordariam que, de alguma forma, "o homem possui alguma analogia com os atributos divinos em suas faculdades intelectuais" (Herbert de Cherbury, *De Veritate* [Sobre a verdade] (1624), p.167; as referências de página aqui se referem à tradução de M. H. Carré, University of Bristol Studies n.6 (1937)). Essa invocação do sobrenatural deve ser considerada no contexto do neoplatonismo revivido, com sua interpretação da criatividade

um meio de pensamento começa a ser reformulada como a visão de que a linguagem tem uma função constitutiva com relação ao pensamento. La Mettrie, por exemplo, ao discutir como o cérebro compara e relaciona as imagens que ele distingue, conclui que sua estrutura é tal que, uma vez que os sinais dos objetos e suas diferenças "tenham sido traçados ou impressos no cérebro, a alma necessariamente examina suas relações[62] – um exame que teria sido impossível sem a descoberta dos sinais ou a invenção da linguagem" (op. cit., p.105); antes da descoberta da linguagem, as coisas só podiam ser percebidas de maneira vaga ou superficial.

Já nos referimos à concepção de Humboldt de que "o homem vive principalmente com os objetos; de fato, como suas ações e sentimentos dependem de suas apresentações (*Vorstellungen*), ele de fato o faz exclusivamente conforme a linguagem os apresenta a ele" (op.cit., p.74; Humboldt, 1999, p.60). Sob o impacto do novo

---

    humana como um análogo da "emanação" divina, na teoria estética do século XVI ao Romantismo. Para discussão, cf. Lovejoy, *The Great Chain of Being* [A Grande Cadeia do Ser], e Abrams, *The Mirror and the Lamp*, e as referências adicionais mencionadas aí. [É evidente, pelos exemplos, que Chomsky está falando aqui das causas ou fontes do pensamento criativo. Trabalhos posteriores (por exemplo, Chomsky, 1972) parecem permitir que se dê uma explicação de como o pensamento criativo é possível: seria possível falar sobre a natureza da mente que o permitiria. Veja a introdução do editor e também McGilvray, 2005.]

62 Lembremos que, para La Mettrie, a alma não é uma substância separada; ao contrário, "uma vez que todas as faculdades da alma dependem tanto da organização específica do cérebro e de todo o corpo, que claramente não são nada além dessa mesma organização em si: a máquina está perfeitamente explicada!... Assim, a alma é apenas um termo vão do qual não temos ideia e que uma mente sã deveria usar apenas para se referir àquela parte que pensa" (p.26; *MaM*, p.128). Ele admite francamente, no que toca a "faculdade imaginativa" do cérebro, que sabemos "tão pouco sobre sua natureza quanto sobre seu método de funcionamento" e que seus produtos são "o resultado maravilhoso e incompreensível da organização do cérebro" (p.15; *MaM*, p.107). Escritores posteriores são muito menos hesitantes e descrevem o cérebro como secretando pensamentos, assim como o fígado segrega a bile (Cabanis), e assim por diante.

relativismo dos românticos, a concepção da linguagem como um meio constitutivo para o pensamento passa por uma modificação significativa, e a ideia de que a diferença nas línguas pode levar a diferenças, até mesmo à incomparabilidade, nos processos mentais é explorada.[63] Esse desenvolvimento, no entanto, não faz parte de nosso tema principal; sua elaboração moderna é conhecida e não será mais discutida aqui.

---

63 Os cartesianos, de maneira característica, admitiram que os processos mentais são comuns a todos os seres humanos normais e que as línguas podem, portanto, diferir na maneira de expressão, mas não nos pensamentos expressos. Cordemoy, por exemplo, ao discutir a aprendizagem de línguas (*Discours* [Discurso], p.40 ss.), descreve a aquisição de uma segunda língua como uma mera questão de atribuir novas expressões linguísticas às ideias que já estão associadas às expressões da primeira língua. Segue-se, então, que não deve haver dificuldade fundamental em traduzir de uma língua para outra. Essa afirmação, é claro, seria vigorosamente negada pelos românticos, que pensam a linguagem não apenas como um "espelho da mente", mas como um elemento constitutivo dos processos mentais e como um reflexo da individualidade cultural (cf. Herder: "O melhor relato da história e das diversas características do entendimento humano e do sentimento seria assim uma comparação filosófica das línguas, pois o entendimento e o caráter de um povo são, em todos os casos, estampados em sua língua". *Ideen zur Philosophie der Geschichte der Menschheit* [Ideias para a filosofia da história da humanidade], 1784-5, em Heintel, op.cit., p.176).

Estrutura profunda e estrutura de superfície

Observamos que o estudo do aspecto criativo do uso da linguagem se desenvolve a partir da suposição de que os processos linguísticos e mentais são praticamente idênticos, sendo a linguagem o principal meio para a livre expressão do pensamento e do sentimento e o principal meio para o funcionamento da imaginação criativa. Da mesma forma, grande parte da discussão substancial da gramática, ao longo do desenvolvimento daquilo que temos chamado de "linguística cartesiana", deriva dessa suposição. A *Gramática* de Port-Royal, por exemplo, começa a discussão sobre a sintaxe com a observação de que existem "três operações de nossas mentes: *conceber, julgar* e *raciocinar*" (p.27), das quais a terceira é irrelevante para a gramática (ela é abordada na *Lógica* de Port-Royal, que apareceu dois anos depois, em 1662). A partir da maneira como os conceitos são combinados em julgamentos, a *Gramática* deduz o que considera ser a forma geral de qualquer gramática possível e segue daí para elaborar essa estrutura subjacente universal considerando "a maneira natural como expressamos nossos pensamentos" (p.30).⁶⁴ A maioria das tentativas subsequentes de desenvolver um esquema de gramática universal segue dessa forma.

Hermes, de James Harris, que não traz influências da *Gramática* de Port-Royal como era comum nos trabalhos do século XVIII, também raciocina indo da estrutura dos processos mentais para a estrutura da linguagem, mas de uma forma diferente. De modo geral, ele argumenta que, quando alguém fala, "sua Fala ou Discurso é *uma externalização de alguma Energia ou Movimento de sua alma*" (p.223).⁶⁵ As "potências da alma" são de dois tipos gerais: percepção (envolvendo os sentidos e o intelecto) e volição (a vontade, as paixões, os apetites – "tudo o que se move à Ação, seja racional ou irracional" (p.224)). Segue-se daí que existem dois tipos de atos linguísticos: afirmar, ou seja, "externalizar alguma Percepção, dos Sentidos ou do Intelecto"; ou "externalizar volições", ou seja, perguntar, comandar, rezar ou desejar (p.224). O primeiro tipo de frase serve "para nos declararmos aos outros"; o segundo, para induzir os outros a satisfazer uma necessidade. Continuando assim, podemos analisar as frases volitivas em termos de se a necessidade é "ter alguma percepção informada" ou "alguma volição gratificada" (os modos interrogativo e requisitivo, respectivamente); o requisitivo é ainda analisado como imperativo ou precativo, dependendo se a frase é dirigida a inferiores ou não inferiores. Como tanto interrogativas quanto requisitivas servem "para atender a uma necessidade", ambos os tipos "exigem uma resposta" – uma resposta na forma de palavras ou ações (para o requisitivo) e apenas na forma de palavras (para o interrogativo) (p.293 ss.).⁶⁶ Assim, o quadro para

---

64 Retornamos diretamente a algumas de suas propostas concretas.
65 As referências de paginação são para *Works*, v.I (cf. nota 28).
66 Segue-se, então, que a interrogativa e o indicativo (no qual a resposta é feita) estão intimamente relacionados. "Tão próxima é essa Afinidade que, nesses dois Modos, o Verbo mantém a mesma Forma, nem são eles diferenciados de outra maneira, senão pela Adição ou Ausência de alguma

a análise dos tipos de frases é fornecido por uma certa análise dos processos mentais.

Investigando a distinção fundamental entre corpo e mente, a linguística cartesiana assume, tipicamente, que a linguagem tem dois aspectos. Em particular, é possível estudar um signo linguístico do ponto de vista dos sons que o constituem e dos caracteres que representam esses signos, ou do ponto de vista de sua "significação", ou seja, "a maneira como os homens os usam para significar seus pensamentos" (*Gramática de Port-Royal*, p.41). Cordemoy anuncia seu objetivo em termos semelhantes: "neste discurso, traço um discernimento exato de tudo o que ela [a Fala] tira da Alma e de tudo o que ela toma emprestado do corpo" (*Discours physique de la parole* [Discurso físico da fala], Prefácio). De modo semelhante, Lamy começa sua retórica fazendo a distinção entre "a alma das palavras" (ou seja, "seu aspecto mental [*espiritual*]", "o que é particular a nós" – a capacidade de expressar "nossas ideias") e "seu corpo" – "seu aspecto corporal", "o que os pássaros que imitam as vozes dos homens têm em comum conosco", ou seja, "os sons, que são sinais de suas ideias" (*De L'art de parler*).

Em resumo, a linguagem tem um aspecto interno e outro externo. Uma frase pode ser estudada do ponto de vista de como ela expressa um pensamento ou do ponto de vista de sua forma física; ou seja, do ponto de vista da interpretação semântica ou do ponto de vista da interpretação fonética.

---

pequena partícula, ou por alguma mudança mínima na colocação das palavras, ou às vezes apenas por uma mudança no Tom, ou no Acento" (p.299). Mais precisamente, no caso de uma "interrogativa simples" (ou seja, uma pergunta simples de sim ou não), a resposta é (exceto por possível elipse) feita usando praticamente as mesmas palavras da interrogativa; no entanto, "interrogativas indefinidas" podem ser respondidas por infinitas afirmativas ou negativas. Por exemplo, para *De quem são estes versos?*, podemos responder afirmativamente *São de Virgílio, São de Horácio, São de Ovídio* etc.; ou negativamente *Não são de Virgílio, Não são de Horácio, Não são de Ovídio* e assim por diante, indefinidamente" (p.300, nota de rodapé).

Usando uma terminologia recente, podemos traçar a distinção entre a "estrutura profunda" de uma frase e sua "estrutura de superfície". A primeira é a estrutura abstrata subjacente que determina sua interpretação semântica; a última, a organização superficial de unidades que determina a interpretação fonética e que se relaciona com a forma física do enunciado concreto, com sua forma percebida ou pretendida. Nesses termos, podemos formular uma segunda conclusão fundamental da linguística cartesiana: a estrutura profunda e a estrutura de superfície não precisam ser idênticas. A organização subjacente de uma frase que é relevante para a interpretação semântica não é necessariamente revelada pela disposição e pelo arranjo das partes que a compõem.

Esse ponto é apresentado com particular clareza na *Gramática* de Port-Royal, na qual uma abordagem cartesiana da linguagem é desenvolvida pela primeira vez, com considerável perspicácia e sutileza.[67] A principal forma de pensamento (mas não a única – cf. a seguir) é o julgamento, em que alguma coisa é dita sobre alguma outra coisa. Sua expressão linguística é a proposição, cujos dois termos são o "sujeito, que é aquele de que se afirma" e o "atributo, que é aquilo que se afirma" (p.29; GPR, p.67). O sujeito e o atributo podem ser *simples*, como em "A Terra é redonda", ou *complexos* [*composé*], como em "Um magistrado capaz

---

[67] Além de suas origens cartesianas, a teoria da linguagem Port-Royal, com sua distinção entre estrutura profunda e de superfície, pode ser rastreada até a gramática escolástica e renascentista; em particular, até a teoria da elipse e dos "tipos ideais" que alcançou seu desenvolvimento mais completo na *Minerva* de Sanctius (1587). Para uma discussão mais detalhada, consulte Sahlin, citado anteriormente, capítulo I e p.89 ss. [Como observado anteriormente, as citações da *Gramática* de Port-Royal – a *Grammaire générale et raisonnée* de Lancelot e Arnauld – são da tradução em Arnauld e Lancelot (1975), ocasionalmente modificada. As referências às páginas são fornecidas tanto para a primeira edição francesa (1660) quanto para Arnauld e Lancelot (1975).]

é um homem útil à república" ou "Deus invisível criou o mundo visível". Além disso, em casos como esses, as proposições

> contêm, pelo menos em nossa mente, vários julgamentos, dos quais é possível fazer outras tantas proposições. Assim, por exemplo, quando digo "Deus invisível criou o mundo visível", três julgamentos que passam pela minha mente estão incluídos nessa proposição. Pois eu julgo
> (1) que Deus é invisível;
> (2) que Ele criou o mundo;
> (3) que o mundo é visível.
> Dessas três proposições, a segunda é a principal e a essencial da proposição. Mas a primeira e a terceira são apenas incidentais e apenas parte da principal, da qual a primeira constitui o sujeito e a segunda, o atributo. (p.68; GPR, p.99-100)

Em outras palavras, a estrutura profunda subjacente à proposição "Deus invisível criou o mundo visível" consiste em três proposições abstratas, cada uma expressando certo julgamento simples, embora sua forma de superfície expresse somente a estrutura sujeito-atributo. Obviamente, essa estrutura profunda está apenas implícita; ela não é expressa, mas apenas representada na mente:

> Ora, essas proposições incidentais estão muitas vezes em nossa mente, sem serem expressas por palavras, como no exemplo proposto [viz. "Deus invisível criou o mundo visível"]. (p.68; GPR, p.100)

Às vezes é possível expressar a estrutura profunda de maneira mais explícita na forma de superfície, "como quando eu reduzo esse mesmo exemplo a estes termos: 'Deus QUE é invisível criou o mundo QUE é visível'" (p.68-9; GPR, p.100). No entanto, isso constitui uma realidade mental subjacente – um acompanhamento mental ao enunciado – independentemente de a forma superficial do enunciado produzido corresponder a ele de maneira simples, ponto a ponto.

Em geral, construções de um substantivo que tem como aposto um substantivo, um adjetivo ou um particípio têm como base uma estrutura profunda que contém uma oração relativa: "todas essas formas de falar incluem o relativo no seu significado e podem ser resolvidas pelo relativo" (p.69, GPR, p.100). A mesma estrutura profunda pode ser realizada de maneira diferente em diferentes línguas, como vemos em latim *video canem currentem* e em francês *Je voy un chien qui court* (p.69-70; GPR, p.100) [vejo um cachorro que corre]. A posição do pronome relativo na "proposição subordinada" (*proposition incidente*) é determinada por uma regra que converte a estrutura profunda em estrutura de superfície. Vemos isso, por exemplo, em frases como "Deus, a quem eu amo" e "Deus, pelo qual o mundo foi criado". Em tais casos,

> coloca-se sempre o relativo no início da proposição (embora, de acordo com o significado, ele devesse aparecer apenas no final), a menos que seja governado por uma preposição, pois a preposição vem em primeiro lugar, ao menos ordinariamente. (p.71; GPR, p.101)

No caso de cada uma das frases discutidas anteriormente, a estrutura profunda consiste em um sistema de proposições e não recebe uma expressão direta, ponto a ponto, no objeto físico real que é produzido. Para formar uma frase real a partir desse sistema subjacente de proposições elementares, aplicamos certas regras (em termos contemporâneos, transformações gramaticais). Nesses exemplos, aplicamos a regra de antepor o pronome relativo que substitui o substantivo da proposição incidente (juntamente com a preposição que o precede, se houver alguma). Podemos então, opcionalmente, prosseguir para apagar o pronome relativo, ao mesmo tempo em que apagamos a cópula (como em *Dieu invisible*) ou alteramos a forma do verbo (como em *canis currens*). Finalmente, devemos, em certos casos, trocar a ordem do substantivo e do adjetivo (como em *un habile magistrat*).[68]

A estrutura profunda que expressa o significado é comum a todas as línguas, segundo se afirma, sendo um simples reflexo das formas de pensamento. As regras de transformação que convertem a estrutura profunda em estrutura de superfície podem diferir de uma língua para outra. A estrutura de superfície resultante dessas transformações evidentemente não expressa de maneira direta as relações de significado das palavras, exceto nos casos mais simples. É a estrutura profunda subjacente ao enunciado concreto – uma estrutura puramente mental – que transmite o conteúdo semântico da frase. Essa estrutura profunda, no entanto, se relaciona com as frases concretas no sentido de que cada uma de suas proposições abstratas constituintes (nos casos que acabamos de discutir) poderia ser realizada diretamente como um julgamento proposicional simples.

A teoria de proposições essenciais e incidentais como elementos constituintes da estrutura profunda é ampliada na *Lógica* de Port-Royal[69] com uma análise mais detalhada de orações relativas. Lá, é desenvolvida uma distinção entre orações relativas *explicativas* (não restritivas ou explicativas) e *determinativas* (restritivas). A distinção é baseada em uma análise prévia da "compreensão"

---

68 Essa transformação não é mencionada, mas está implícita nos exemplos que são dados.
69 Arnauld, *La logique, ou l'art de penser* [Lógica, ou a arte de pensar] (1662), traduzido por J. Dickoff e P. James como *The Art of Thinking: Port-Royal Logic* (Indianapolis: Bobbs Merrill, 1964). As referências de página são para essa tradução. [Também traduzido por J. V. Buroker em Arnauld e Nicole (1996), abreviado LPR, para o qual as referências de paginação também são fornecidas]. Para uma discussão recente sobre a importância linguística dessa obra, veja H. E. Brekle, "Semiotik und linguistische Semantik in Port-Royal" [Semiótica e semântica linguística em Port-Royal], *Indogermanische Forschungen*, v.69 (1964), p.103-21.

e da "extensão" de "ideias universais"[70] – em termos contemporâneos, uma análise de sentido e referência. A compreensão de uma ideia é o conjunto de atributos essenciais que a definem,

---

[70] A noção de "ideia" no pensamento cartesiano é crucial, mas difícil. Vários termos são usados (por exemplo, "ideia", "noção") aparentemente sem uma distinção sistemática de sentido, e o próprio conceito não é claramente caracterizado. Nas *Meditations* [Meditações], III, Descartes relaciona o termo "ideia" a "imagem", afirmando que "alguns dos meus pensamentos são como que as imagens das coisas, e é apenas nesses casos que o termo 'ideia' [Latim: *idea*] é estritamente apropriado" (CSM II, p.25; é claro que essas "imagens" podem ser derivadas pela imaginação ou reflexão, ao invés de serem recebidas através dos sentidos). Em sua resposta à objeção de Hobbes a esse trecho, Descartes esclarece suas intenções (modificando sua formulação no processo, aparentemente), afirmando: "estou tomando a palavra 'ideia' para fazer referência a tudo o que é imediatamente percebido pela mente. Por exemplo, quando eu quero algo, ou tenho medo de algo, eu percebo simultaneamente que eu quero, ou tenho medo; e é por isso que considero a vontade e o medo entre as minhas ideias" (CSM II, p.127). Esse último uso de "ideia" como sendo, essencialmente, um objeto do pensamento, é o que parece consistente com seu uso geral. Por exemplo, no *Discurso sobre o Método* ele fala de "certas leis que Deus estabeleceu na natureza e das quais ele imprimiu tais noções em nossas mentes" (CSM I, p.131). Da mesma forma, em *Principles of Philosophy* [Princípios da filosofia] (pt. I, art.13), nenhuma distinção fundamental é feita entre "as ideias de números e formas" e "noções comuns como *Se você adiciona iguais a iguais os resultados serão iguais*" (CSM I, p.197). Este último uso do termo "ideia", como tudo o que pode ser "concebido" (não apenas "imaginado"), é o que é transportado para a *Lógica de Port-Royal*. Nesse sentido, conceitos de tipos variados, até mesmo proposições, são ideias. Esse uso é generalizado. Lamy (op. cit., p.7), que não tem pretensão à originalidade, descreve as ideias como "os objetos de nossas percepções" e afirma que "além dessas ideias, que são excitadas por coisas que tocam nosso corpo, encontramos outras que estão profundas em nossa natureza, que não vêm à nossa mente através dos sentidos – por exemplo, aquelas que representam verdades primárias como *Você deve devolver a alguém aquilo que lhe pertence*; *É impossível que algo seja e não seja ao mesmo tempo* etc.". Em geral, a discussão de proposições simples e complexas ao longo da *Gramática* e da *Lógica de Port-Royal* sugere esse conceito de "ideia", uma vez que as proposições são descritas como formadas pela combinação de ideias, e ideias complexas são descritas com

juntamente com tudo o que pode ser deduzido deles; sua extensão é o conjunto de objetos que ela denota:

> A compreensão de uma ideia consiste nas partes constituintes que compõem a ideia, nenhuma das quais pode ser removida sem destruir a ideia. Por exemplo, a ideia de um triângulo é composta pela ideia de ter três lados, a ideia de ter três ângulos e a ideia de ter ângulos cuja soma é igual a dois ângulos retos e assim por diante.
> A extensão de uma ideia são os objetos aos quais a palavra que expressa a ideia pode ser aplicada. Os objetos que pertencem à extensão de uma ideia são chamados de inferiores dessa ideia, sendo a ideia chamada de superior em relação a eles. Assim, a ideia geral de triângulo tem, em sua extensão, triângulos de todos os tipos possíveis. (p.51; LPR, p.39-40)

Nesses termos, podemos distinguir tais "explicações" como "Paris, que é a maior cidade da Europa" e "homem, que é mortal" de "determinações" como "corpos transparentes, homens sábios" ou "um corpo que é transparente, homens que são piedosos" (p.59-60, 118; LPR, p.44-5, 89):

> Uma expressão complexa é uma mera *explicação* se (1) a ideia expressa pela expressão complexa já está contida na compreensão da ideia expressa pela palavra principal da expressão complexa, ou (2) a ideia expressa pela expressão complexa é a ideia de alguma

---

base em proposições constituintes subjacentes. Nesse sentido, "ideia" é um termo teórico da teoria dos processos mentais; a compreensão (ou seja, a intensão ou o significado) de uma ideia é a noção fundamental na interpretação semântica, e, na medida em que a estrutura profunda da linguagem é considerada como um reflexo direto dos processos mentais, é a noção fundamental na análise do pensamento. Para mais discussões, veja J. Veitch, *The Method, Meditations, and Selections from the Principles of Descartes* [O método, meditações e seleções dos princípios de Descartes] (Edinburgh: Blackwood and Sons, 1880), nota II, p.276-85.

característica acidental de todos os inferiores de uma ideia expressa pela palavra principal. (p.59-60; LPR, p.45)

> Uma expressão complexa é uma *determinação* se a extensão da ideia expressa pelo termo complexo é menor do que a extensão da ideia expressa pela palavra principal. (p.60; LPR, p.45)

No caso de uma oração relativa explicativa, a estrutura profunda subjacente implica, na verdade, o julgamento expresso por essa oração quando seu pronome relativo é substituído por seu antecedente. Por exemplo, a frase "os homens, que foram criados para conhecer e amar a Deus..." implica que os homens foram criados para conhecer e amar a Deus. Assim, uma oração relativa explicativa tem as propriedades essenciais de uma conjunção. Mas no caso de uma oração relativa restritiva (uma determinação), isso obviamente não é verdade. Assim, ao dizer "Homens que são piedosos são caridosos", não afirmamos nem que os homens são piedosos nem que os homens são caridosos. Ao declarar essa proposição,

> formamos uma ideia complexa através da união de duas ideias simples: a ideia de homem e a ideia de piedade. E julgamos que o atributo de ser caridoso faz parte dessa ideia complexa. Por isso, a cláusula subordinada não afirma nada além de que a ideia de piedade não é incompatível com a ideia de homem. Tendo feito esse julgamento, então consideramos que ideia pode ser afirmada sobre essa ideia complexa de homem piedoso. (p.119; LPR, p.89-90)

Da mesma forma, considere a expressão "A doutrina que identifica o bem soberano com o prazer sensual do corpo, que foi ensinada por Epicuro, é indigna de um filósofo".[71] Ela contém o

---

71 No original em francês, a frase citada é: "*La doctrine qui met le souverain bien dans la volupté du corps, laquelle a été enseignée par Epicure, est indigne d'un Philosophe*". A tradução de Dickoff e James, que eu acompanhei em outros

sujeito "A doutrina que... ensinada por Epicuro" e o predicado "indigna de um filósofo". O sujeito é complexo, contendo a oração relativa restritiva "que identifica o bem soberano com o prazer sensual do corpo" e a oração relativa explicativa "que foi ensinada por Epicuro". O pronome relativo nessa última oração tem como antecedente a expressão complexa "a doutrina que identifica o bem soberano com o prazer sensual do corpo". Já que a cláusula "que foi ensinada por Epicuro" é explicativa, a frase original, de fato, implica que a doutrina em questão foi ensinada por Epicuro. Mas o pronome relativo da oração restritiva não pode ser substituído por seu antecedente ("a doutrina") para formar uma afirmação que esteja implicada pela frase completa. Mais uma vez, a oração complexa contendo a oração relativa restritiva e seu antecedente expressa uma única ideia complexa formada a partir das duas ideias, de uma doutrina e de identificar o bem soberano com o prazer sensual do corpo. Todas essas informações devem ser representadas na estrutura profunda da frase original, de acordo com a teoria de Port-Royal, e a interpretação semântica dessa frase deve proceder da maneira recém indicada, utilizando essas informações (p.119-20; LPR, p.90).

Uma oração relativa restritiva é baseada em uma proposição, de acordo com a teoria de Port-Royal, ainda que essa proposição não seja afirmada quando a oração relativa é usada em uma

---

lugares, traz: *"The doctrine which identifies the sovereign good with the sensual pleasure of the body and which was taught by Epicurus is unworthy of a philosopher"* [A doutrina que identifica o bem soberano com o prazer sensual do corpo e que foi ensinada por Epicuro é indigna de um filósofo]. Mas, nessa tradução, a relativa explicativa "que foi ensinada por Epicuro" naturalmente seria interpretada como uma cláusula determinativa concomitante com a primeira cláusula determinativa "que identifica...", caso em que o ponto do exemplo é perdido. [Em Arnauld e Nicole (1996), a frase é traduzida como: *"The doctrine that places the highest good in bodily pleasure, which was taught by Epicurus, is unworthy of a philosopher"* [A doutrina que coloca o bem supremo no prazer corporal, que foi ensinada por Epicuro, é indigna de um filósofo] (p.90).]

expressão complexa. O que é afirmado em uma expressão como "homens que são piedosos", como observado anteriormente, é apenas a compatibilidade das ideias constituintes. Portanto, na expressão "mentes que são quadradas são mais sólidas do que aquelas que são redondas", podemos dizer corretamente que a oração relativa é "falsa", em certo sentido, uma vez que "a ideia de ser quadrado" não é compatível com "a ideia de mente entendida como o princípio do pensamento" (p.124; LPR, p.93).

Logo, frases contendo orações relativas explicativas, bem como orações relativas restritivas, são baseadas em sistemas de proposições (ou seja, objetos abstratos que constituem os significados das frases);[72] mas a maneira de interconexão é diferente no caso de uma oração explicativa – em que o julgamento subjacente é realmente afirmado – e de uma oração determinativa – em que a proposição formada pela substituição do pronome relativo por seu antecedente não é afirmada, mas constitui uma única ideia complexa, juntamente com esse substantivo.

Essas observações estão certamente corretas, em essência, e devem ser acomodadas em qualquer teoria sintática que tente tornar precisa a noção de "estrutura profunda" e que tente formular e investigar os princípios que relacionam a estrutura profunda à organização de superfície. Em resumo, essas observações devem ser acomodadas de alguma forma em qualquer teoria de gramática gerativa transformacional. Uma teoria assim está preocupada precisamente com as regras que especificam estruturas profundas e as relacionam com estruturas de superfície e com as regras de interpretação semântica e fonológica que se aplicam, respectivamente, às estruturas profundas e de

---

72 Observe, incidentalmente, que as construções de adjetivo-nome na estrutura de superfície podem derivar de transformações gramaticais do tipo proposto na *Gramática* de Port-Royal a partir de qualquer tipo de relativa, como é evidente nos exemplos dados lá e, mais supreendentemente, em exemplos ambíguos como o de Jespersen: "Os japoneses trabalhadores a longo prazo conquistarão" (*Philosophy*, p.112).

superfície. Em outras palavras, isso é, em grande medida, uma elaboração e uma formalização de noções que estão implícitas e, em parte, expressamente formuladas em passagens como as que acabamos de discutir. Em muitos aspectos, parece-me bastante correto, então, considerar a teoria da gramática gerativo-transformacional (tal como ela está se desenvolvendo no trabalho atual) essencialmente como uma versão moderna e mais explícita da teoria de Port-Royal.

Na teoria de Port-Royal, o pronome relativo que aparece na forma de superfície nem sempre tem a dupla função de representar um substantivo e conectar proposições. Ele pode ser "despojado de sua natureza pronominal" e ter apenas a última função, ou seja, conectar proposições. Por exemplo, em frases como "Eu suponho que você será sábio" e "Eu te digo que você está errado", descobrimos que, na estrutura profunda, "essas proposições, 'você será sábio', 'você está errado', compõem apenas parte das proposições 'Eu suponho...' e 'Eu te digo...'" (*Grammaire*, p.73; GPR, p.104-5).[73]

A *Gramática*, além disso, argumenta que as construções infinitivas desempenham o mesmo papel no sistema verbal que as

---

73 Observe que, em tais casos, não é verdade que cada um dos objetos abstratos elementares que constituem a estrutura profunda em si subjaz a uma possível sentença; assim, *"je vous dis"*, por exemplo, não é uma sentença em si mesma. Na terminologia atual, não é o caso que cada item gerado pelas regras de base subjacentes (estrutura sintagmática) subjaz a uma possível sentença nuclear. Da mesma forma, em todo o trabalho na gramática gerativo-transformacional dos últimos dez anos ou mais, tem sido considerado como certo que as regras de estrutura sintagmática podem introduzir "símbolos postiços" que recebem uma representação em termos de cadeias de morfemas apenas como resultado da aplicação de regras de incorporação de um tipo ou de outro (como, por exemplo, em construções com complemento verbal em inglês), e as cadeias elementares nas quais esses símbolos postiços aparecem não subjazem as sentenças nucleares. Várias ideias relacionadas que foram exploradas durante esse período estão resumidas e foram discutidas em Chomsky, *Aspects of the Theory of Syntax*, capítulo III. [Veja também a discussão do editor e as referências citadas na nota 80.]

orações relativas desempenham no sistema nominal, fornecendo um meio de estender o sistema verbal através da incorporação de proposições inteiras: "o infinitivo é, entre os outros modos do verbo, o que o relativo é entre os outros pronomes" (p.111-2; GPR, p.139); assim como o pronome relativo, "o infinitivo tem, além da afirmação do verbo, o poder de unir a proposição na qual aparece a outra proposição" (p.112; GPR, p.139). Assim, o significado de *"scio malum esse fugiendum"* ("sei que o mal deve ser evitado") é transmitido por uma estrutura profunda baseada nas duas proposições expressas pelas frases *"scio"* e *"malum est fugiendum"*. A regra transformacional (em termos modernos) que forma a estrutura de superfície da frase substitui *"est"* por *"esse"*, da mesma forma como as transformações que formam frases como *"Dieu (qui est) invisible a créé le monde (qui est) visible"* ("Deus (que é) invisível criou o mundo (que é) visível") realizam diversas operações de substituição, reordenação e exclusão nos sistemas subjacentes de proposições. "E disso resultou o fato de que, em francês, quase sempre expressamos o infinitivo pelo indicativo do verbo e pela partícula 'que': *'Je sais que le mal est à fuir'*" [Eu sei que o mal deve ser evitado] (p.112; GPR, p.140). Nesse caso, a identidade da estrutura profunda em latim e francês pode ser um pouco obscurecida pelo fato de que as duas línguas usam operações transformacionais ligeiramente diferentes para derivar as formas de superfície.

A *Gramática* prossegue, mostrando que o discurso indireto pode ser analisado de modo semelhante.[74] Se a proposição encaixada subjacente for interrogativa, é a partícula "se" em vez de

---

74 Uma análise muito diferente dessas estruturas é apresentada por Beauzée, citado anteriormente. Ele as considera como se estivessem baseadas em orações relativas com o antecedente apagado por transformação. Assim, as sentenças *"L'état présent des Juifs prouve que notre religion est divine"*, *"Ich glaube dass ich liebe"* e *"I think (that) I love"* derivam, respectivamente, de *"L'état présent des Juifs prouve une vérité qui est, notre religion est divine"*, *"Ich glaube ein Ding dass ist, ich liebe"* e *"I think a thing that is, I love"* (p.405).

"que" que é introduzida pela regra transformacional, como em "Me perguntaram se eu podia fazer isso", em que o "discurso que é reportado" é "Você pode fazer isso?". Às vezes, na verdade, nenhuma partícula precisa ser adicionada, sendo suficiente uma mudança de pessoa, como em "Ele me perguntou: quem é você?" em contraste com "Ele me perguntou quem eu era" (p.113; GPR, p.140-1).

Resumindo a teoria de Port-Royal em linhas gerais, uma frase possui um aspecto mental interno (uma estrutura profunda que transmite seu significado) e um aspecto externo, físico, como uma sequência de sons. Sua análise de superfície em sintagmas pode não indicar as conexões significativas presentes na estrutura profunda, seja por alguma marca formal, seja pela disposição concreta das palavras. No entanto, a estrutura profunda é representada na mente conforme o enunciado concreto é produzido. A estrutura profunda consiste em um sistema de proposições, organizadas de diferentes maneiras. As proposições elementares que constituem a estrutura profunda são da forma sujeito-predicado, com sujeitos e predicados simples (ou seja, categorias em vez de sintagmas mais complexos). Muitos desses objetos elementares podem ser realizados de forma independente como frases. Em geral, não é verdade que os julgamentos elementares que constituem a estrutura profunda são afirmados quando a frase de que ela é subjacente é produzida; relativas explicativas e determinativas, por exemplo, diferem nesse aspecto. Para realmente produzir uma frase a partir da estrutura profunda que carrega o pensamento que ela expressa, é necessário aplicar regras transformacionais que reorganizam, substituem ou apagam itens da frase. Algumas dessas regras são obrigatórias, outras opcionais. Assim, "Deus, que é invisível, criou o mundo, que é visível" é diferenciado de sua paráfrase "Deus invisível criou o mundo visível" por uma operação opcional de apagamento, mas a transformação que substitui um pronome relativo pelo substantivo e então antepõe o pronome é obrigatória.

Essa explicação dá conta apenas das frases baseadas exclusivamente em julgamentos. Contudo, embora sejam a forma principal de pensamento, essas frases não esgotam as "operações de nossas mentes", e "ainda é necessário relacionar ao que ocorre em nossa mente as conjunções, disjunções e outras operações similares de nossas mentes; e todos os outros movimentos da nossa alma; como desejos, mandamentos, questionamentos etc." (p.29; GPR, p.67). Em parte, essas outras "formas de pensamento" são representadas por partículas especiais como "e", "não", "ou", "se", "portanto" etc. (p.137-8; GPR, p.168). Mas com relação a esses tipos de frases, uma identidade de estrutura profunda pode ser mascarada pela divergência dos meios transformacionais pelos quais as frases concretas são formadas, correspondendo aos significados pretendidos. Um exemplo disso é a interrogação. Em latim, a partícula interrogativa *ne* "não tem objeto fora de nossa mente; apenas marca o movimento de nossa alma, pelo qual desejamos saber algo" (p.138; GPR, p.168). Quanto ao pronome interrogativo, ele "não é nada mais do que um pronome ao qual se acrescenta a significação de *ne*; isto é, que, além de ocupar o lugar de um substantivo como os outros pronomes, marca ainda mais esse movimento da nossa alma, que deseja saber algo e que exige ser instruída sobre isso" (p.138; GPR, p.168). Mas esse "movimento da alma" pode ser representado de várias maneiras além da adição de uma partícula; por exemplo, pela inflexão vocal ou inversão da ordem das palavras, como no francês, onde o sujeito pronominal é "transportado" para a posição seguinte ao marcador de pessoa do verbo (preservando a concordância da forma subjacente). São todos dispositivos para realizar a mesma estrutura profunda (p.138-9; GPR, p.168-9).

Repare que a teoria da estrutura profunda e de superfície, conforme desenvolvida nos estudos linguísticos de Port-Royal, contém implicitamente dispositivos recursivos e, por isso, permite o uso infinito dos meios finitos de que dispõe, como qualquer teoria linguística adequada deve fazer. Além disso, observamos que, nos exemplos dados, os dispositivos recursivos atendem a certas condições formais que, *a priori*, não são necessárias. Tanto nos casos triviais (por exemplo, conjunção, disjunção etc.) quanto nos casos mais interessantes discutidos em relação às relativas e aos infinitivos, o único método para estender estruturas profundas é aquele em que se adicionam proposições completas de uma forma básica sujeito-predicado. As regras transformacionais de apagamento, rearranjo etc., não desempenham um papel na criação de novas estruturas. Em que medida os gramáticos de Port-Royal podem ter sido conscientes ou ficado interessados nessas propriedades de sua teoria é, naturalmente, uma questão em aberto.

Em termos modernos, podemos formalizar esse ponto de vista descrevendo a sintaxe de uma língua de acordo com dois sistemas de regras: um sistema base que gera estruturas profundas e um sistema transformacional que mapeia essas estruturas em estruturas de superfície. O sistema base consiste de regras que geram as relações gramaticais subjacentes com uma ordem abstrata (as regras de reescrita de uma gramática sintagmática); o sistema transformacional consiste de regras de exclusão, rearranjo, adjunção e assim por diante. As regras de base permitem a introdução de novas proposições (ou seja, há regras de reescrita da forma $A \rightarrow ...S...$, em que S é o símbolo inicial da gramática sintagmática que constitui a base); não existem outros dispositivos recursivos. Entre as transformações estão aquelas que formam perguntas, frases imperativas etc., quando a estrutura profunda assim indica (ou seja, quando a estrutura profunda representa o "ato mental" correspondente em uma notação apropriada).[75]

---

75 Para maior aprofundamento, cf. Chomsky, *Aspects of the Theory of Syntax*. Vale mencionar que a teoria da gramática gerativa-transformacional, em muitos aspectos, tem se aproximado de um ponto de vista semelhante ao implícito na teoria de Port-Royal, à medida que novas evidências e *insights* têm se acumulado durante os poucos anos em que ela se tornou, uma vez mais, um objeto de investigação bastante intensiva.

A gramática de Port-Royal aparentemente é a primeira a desenvolver a noção de estrutura sintagmática de uma maneira razoavelmente clara.[76] É interessante notar, portanto, que ela também mostra de forma bastante clara a inadequação da descrição de estrutura sintagmática para a representação da estrutura sintática e sugere uma forma de gramática transformacional, semelhante em muitos aspectos àquela que está sendo estudada ativamente hoje em dia.

Ao passarmos da concepção geral de estrutura gramatical para casos específicos de análise gramatical, encontramos, na *Gramática* de Port-Royal, muitas outras tentativas de desenvolver a teoria das estruturas profunda e de superfície. Assim, os advérbios, na maioria das vezes, são analisados como surgindo do "desejo que os homens têm de abreviar o discurso", sendo, portanto, formas elípticas de construções preposição-substantivo; por exemplo, "sabidamente" para "com sabedoria" ou "hoje" para "neste dia" (p.88; GPR, p.121). De forma semelhante, os verbos são analisados como se contivessem implicitamente uma cópula subjacente que expressa afirmação; assim, como antes, são analisados como se surgissem do desejo de abreviar a expressão real do pensamento. O verbo é, então, "uma palavra cujo uso[77] principal é significar afirmação ou assertividade, ou seja, indicar que o discurso em que essa palavra é empregada é o discurso de um homem que não apenas concebe coisas, mas que as julga e

---

76 Algumas noções anteriores são revisadas por Sahlin, *César Chesneau*, p.97 ss. A ideia de que uma sentença pode ser considerada simplesmente como uma sequência de palavras ou categorias de palavras, sem outra estrutura, é frequentemente expressa por muitos escritores posteriores – quer acreditem ou não nessa ideia.

77 Observe que isso é considerado como o papel principal (mas não único) dos verbos. São também usados "para indicar outros movimentos de nossas mentes, como desejar, perguntar, ordenar etc." (p.90). Essas questões são retomadas novamente no capítulo XV, onde os meios gramaticais pelos quais esses estados e processos mentais são realizados em várias línguas são brevemente discutidos.

as afirma" (p.90; GPR, p.122). Usar um verbo, então, é realizar o ato de afirmar e não simplesmente o de referir-se à afirmação como um "objeto de nosso pensamento", como no uso de "um número de substantivos que também significam afirmação, como *affirmans* e *affirmatio*" (p.90; GPR, p.122). Assim, a frase latina *Petrus vivit* significa "Pedro está vivendo" (p.90; GPR, p.123), e na frase *Petrus affirmat*, "*affirmat* é o mesmo que *est affirmans*" (p.98; GPR, p.128). Segue-se, então, que na frase *Affirmo* (em que sujeito, cópula e atributo estão todos abreviados em uma única palavra), estão expressas duas afirmações: uma sobre o ato do falante em afirmar e outra sobre a afirmação que ele atribui (a si mesmo, nesse caso). Da maneira semelhante, "o verbo *nego*... contém uma afirmação e uma negação" (p.98; GPR, p.128).[78]

Ao formular essas observações no quadro delineado anteriormente, o que os gramáticos de Port-Royal estão afirmando é que a estrutura profunda subjacente a uma frase como "Pedro vive" ou "Deus ama a humanidade" (*Lógica*, p.108; LPR, p.83) contém um verbo copular que expressa a afirmação e um predicado ("vive", "ama a humanidade") atribuído ao sujeito da proposição. Os verbos constituem uma subcategoria dos predicados; eles estão sujeitos a uma transformação que faz com que se fundam com a cópula para formar uma única palavra.

A análise dos verbos é estendida na *Lógica*, onde se afirma (p.117) que, apesar das aparências superficiais, uma frase que contém um verbo transitivo e seu objeto "expressa uma proposição complexa e, em certo sentido, duas proposições". Assim, podemos contradizer a frase "Brutus matou um tirano" dizendo ou que Brutus não matou ninguém, ou que a pessoa que Brutus

---

78 A *Gramática* prossegue, observando que seria um erro aceitar, como fizeram certos gramáticos anteriores, que os verbos necessariamente expressam ações ou paixões ou algo que está ocorrendo, e oferece como contraexemplos verbos como "existit", "quiescit", "friget", "alget", "tepet", "calet", "albet", "viret", "claret" (p.94).

matou não era um tirano. Segue-se disso que a frase expressa a proposição que Brutus matou alguém que era um tirano, e a estrutura profunda deve refletir esse fato. Parece que essa análise também se aplicaria, na visão da *Lógica*, caso o objeto fosse um termo singular como em "Brutus matou César", por exemplo.

Essa análise desempenha um papel na teoria do raciocínio desenvolvida posteriormente na *Lógica*. Ela é usada para desenvolver o que efetivamente é uma teoria parcial de relações, permitindo que a teoria do silogismo seja estendida a argumentos aos quais, de outro modo, não se aplicaria. Assim, assinala-se (p.206–7; LPR, p.159-60) que inferir que "A lei divina nos ordena a honrar Luís XIV" a partir de "A lei divina nos ordena a honrar reis" e "Luís XIV é um rei" é obviamente válida, embora, superficialmente, não exemplifique nenhuma figura válida no estado em que se encontra. Ao considerar "reis" como "o sujeito de uma frase contida implicitamente na frase original", usando a transformação passiva[79] e, sob outros aspectos, decompondo a frase original em seus constituintes proposicionais subjacentes, podemos finalmente reduzir o argumento à figura válida *Barbara*.

A redução de frases à estrutura profunda subjacente é utilizada em outros trechos na *Lógica*, para o mesmo propósito. Por exemplo, Arnauld observa (p.208; LPR, p.160) que a frase "Há poucos pastores hoje em dia dispostos a dar suas vidas por suas ovelhas", embora tenha a forma afirmativa na superfície, na verdade "contém implicitamente a frase negativa 'Muitos pastores hoje em dia não estão dispostos a dar suas vidas por suas ovelhas'". Em geral, ele aponta diversas vezes que o que é afirmativo ou negativo "na aparência" pode (ou não) o ser no significado, ou seja, na estrutura profunda. Em suma, a "forma

---

[79] Como observado anteriormente: "Muitas vezes é necessário transformar uma frase da voz ativa para a voz passiva a fim de deixar o argumento na sua forma mais natural e expressar explicitamente aquilo que deve ser provado".

lógica" real de uma frase pode ser bem diferente de sua forma gramatical de superfície.[80]

---

[80] Não é realmente justo atribuir essa percepção à filosofia britânica do século XX como sua "descoberta central e fundamental" (cf. Flew, *Introduction to Logic and Language* [Introdução à lógica e à linguagem], First Series (Oxford: Blackwell, 1952), p.7; ou Wittgenstein, *Tractatus Logico-Philosophicus* (1922), 4.0031, onde é atribuída a Russell). Nem a observação de que "semelhanças e dissimilaridades gramaticais podem ser logicamente enganosas" (Flew, p.8) é uma percepção tão nova quanto Flew sugere.

A premissa geral da linguística cartesiana é que a organização superficial de uma frase pode não fornecer uma representação verdadeira e completa das relações gramaticais que desempenham um papel na determinação do seu conteúdo semântico, e, como observamos, é esboçada uma teoria da gramática na qual frases reais são derivadas a partir de "estruturas profundas" subjacentes nas quais tais relações são gramaticalmente representadas. A extensão em que a "forma lógica" é realmente representada pelas estruturas profundas definidas sintaticamente, no sentido técnico moderno, ou no sentido relacionado sugerido na linguística cartesiana, é uma questão adicional e, em muitos aspectos, em aberto. Cf. J. Katz, *The Philosophy of Language* [A filosofia da linguagem] (New York: Harper & Row, 1966), para discussão.

[Em seu livro *Aspects*, de 1965, Chomsky considerava a ideia de que a "interpretação semântica" ocorria na estrutura profunda. Em seguida ele abandonaria essa ideia, em favor de versões cada vez mais refinadas de um ponto de vista que ele havia adotado anteriormente, em *The Logical Structure of Linguistic Theory* [Estrutura lógica da teoria linguística] (publicado como Chomsky, 1975b) e em *Syntactic Structures* [Estruturas sintáticas], segundo a qual a interpretação semântica ocorre em um nível de *"output"* de uma derivação, onde sistemas "intencionais conceituais" usam o produto de uma derivação como uma "ferramenta" (*Syntactic Structures*) para quaisquer operações que realizem. Na década de 1970, esse nível de *output* de uma derivação passou a ser chamado de "FL" ("Forma Lógica") ou, mais tarde, nos anos 1990, SEM ("interface semântica"). A estrutura profunda permaneceu, até o início dos anos 1990, não como o "local" onde ocorre a interpretação semântica, mas como o local onde são feitas "atribuições temáticas" básicas; mas ela foi abandonada à medida que o "programa minimalista" se desenvolveu e cada vez mais aquilo que costumava ser considerado como estrutura linguística irredutível passou a ser visto como um "epifenômeno" de operações primitivas. Mais recentemente (em 2001), até a FL foi abandonada como um "nível" de uma derivação, e SEM passou a indicar simplesmente uma "interface" com outros sistemas mentais ou internos. Para leitura relevante, mas frequentemente técnica, cf. *Syntactic Structures*

A identidade de uma estrutura profunda que subjaz uma variedade de formas de superfície em diferentes línguas é algo frequentemente destacado, nesse período, em conexão com o problema de como as conexões semânticas significativas entre os elementos discurso são expressos. O Capítulo VI da *Gramática* de Port-Royal considera a expressão dessas relações em sistemas de caso, como nas línguas clássicas, ou por meio de modificação interna, como no estado da construção em hebraico, ou por partículas, como nas línguas vernáculas, ou simplesmente por uma ordem fixa de palavras,[81] como no caso das relações sujeito-verbo e verbo-objeto em francês. Elas são todas consideradas manifestações de uma estrutura subjacente comum a todas essas línguas, refletindo a estrutura do pensamento. De forma semelhante, Lamy fala, em sua retórica, sobre os diversos meios usados por várias línguas para expressar as "relações, e a sequência e a ligação entre todas as ideias que a consideração das coisas desperta em nossa mente" (*De L'Art de Parler*, p.10-1). O enciclopedista Du Marsais também enfatiza o fato de que os sistemas de caso expressam relações entre os elementos do discurso que são, em outras línguas, expressas por ordem de palavras ou por partículas específicas, e ele aponta a correlação entre liberdade de transposição e riqueza flexional.[82]

---

e Chomsky, 1965, 1975a e b, 1980, 1986, 1992, 1995b, 2000, 2001, 2005, 2007. É bem provável que os linguistas cartesianos tenham influenciado Chomsky no final dos anos 1950 e início dos anos 1960 em sua decisão de endossar provisória e temporariamente a sugestão de Katz e Postal de que a interpretação semântica ocorre na estrutura profunda, em vez de em algum nível de *"output"*. Para alguns comentários sobre essa influência, cf. *Current Issues in Linguistic Theory* e, em especial, *Aspects of the Theory of Syntax*.]

81 Chamada, tipicamente, de "ordem natural".

82 Muitas das obras publicadas e inéditas de Du Marsais sobre linguagem foram impressas postumamente em *Logique et Principes de Grammaire* [Lógica e princípios de gramática] (1769). As referências às páginas aqui são para este volume. A correlação entre liberdade de ordem das palavras e flexão foi observada por muitos outros escritores, como, por exemplo, Adam Smith,

Repare que o que é pressuposto é a existência de um conjunto uniforme de relações nas quais as palavras podem entrar, em qualquer língua, correspondendo às exigências do pensamento. Os gramáticos filosóficos não tentam mostrar que todas as línguas literalmente têm sistemas de casos ou que elas usam mecanismos flexionais para expressar essas relações. Pelo contrário, eles enfatizam repetidamente que um sistema de casos é apenas um dos mecanismos para expressar essas relações. Ocasionalmente, eles apontam que nomes de casos podem ser atribuídos a essas relações como um recurso didático; eles também argumentam que considerações de simplicidade às vezes podem levar a uma distinção de casos mesmo onde não há diferença na forma. O fato de o francês não ter um sistema de casos já foi, na verdade, observado nas primeiras gramáticas (cf. Sahlin, p.212).

É importante perceber que o uso dos nomes dos casos clássicos para línguas sem flexões de caso implica apenas uma crença na uniformidade das relações gramaticais envolvidas, uma crença de que as estruturas profundas são fundamentalmente as mesmas em todas as línguas, ainda que os meios para sua expressão possam ser muito diversos. Essa afirmação não é obviamente verdadeira – ela, em outras palavras, é uma hipótese não trivial. Até onde eu sei, porém, a linguística moderna não oferece dados que a desafiem de forma séria.[83]

---

em *Considerations concerning the First Formation of Languages* [Considerações sobre a primeira formação das línguas].

83 Quando Bloomfield (juntamente com muitos outros) critica a linguística pré-moderna por obscurecer a diferença estrutural entre as línguas "ao forçar suas descrições no esquema da gramática latina" (*Language*, p.8), ele está presumivelmente se referindo a afirmações como essa, que ele considera terem sido refutadas. Se for o caso, então deve ser observado que seu livro não contém evidências para sustentar nem a conclusão de que a gramática filosófica estava ligada a um modelo latino, nem a conclusão de que sua hipótese real sobre a uniformidade das relações gramaticais subjacentes foi questionada pelo trabalho moderno.

Conforme observado anteriormente, a teoria gramatical de Port-Royal argumenta que, na maioria das vezes, os advérbios não constituem propriamente uma categoria de estrutura profunda; antes, eles apenas funcionam "para significar, em uma única palavra, o que de outra forma só poderia ser indicado por uma preposição e um substantivo" (p.88; GPR, p.121). Os gramáticos que se seguiram simplesmente eliminaram a qualificação "na maioria das vezes". Assim, para Du Marsais, "o que distingue os advérbios de outros tipos de palavras é que os advérbios têm

---

Em geral, deve-se observar que a explicação de Bloomfield sobre a linguística pré-moderna não é confiável. Seu levantamento histórico consiste em poucos comentários dispersos que, segundo ele, resumem "o que os estudiosos do século XVIII sabiam sobre a linguagem". Essas observações nem sempre são precisas (como, por exemplo, sua afirmação surpreendente de que, antes do século XIX, os linguistas "não tinham observado os sons da fala e os confundiram com os símbolos escritos do alfabeto", ou que os escritores de gramáticas gerais consideravam o latim como a suprema incorporação dos "cânones universais da lógica"); e, quando precisas, suas observações dão pouca indicação do caráter do que foi feito nesse período. A maneira como os sons da fala foram analisados nesse período merece uma discussão separada; é muito arbitrário excluir esse tópico do levantamento atual, como eu fiz. A maioria das obras discutidas aqui, e muitas outras, contém discussões sobre fonética, e o ditado aristotélico de que "as palavras faladas são os símbolos da experiência mental, e as palavras escritas são os símbolos das palavras faladas" (*De Interpretation*, 1) aparentemente é aceito sem discussão. Há apenas algumas poucas referências modernas à fonética desse período. Por exemplo, M. Grammont comenta sobre a fonética em Cordemoy, citado anteriormente, nos seguintes termos: "... as articulações de um certo número de fonemas franceses são descritas com notável clareza e precisão" (*Traité de phonétique* [Tratado de fonética] (Paris: Librairie Delagrave, 1933), 4.ed. (1950), p.13n.; ele continua: "Essas são as descrições que Molière reproduziu palavra por palavra em *Le Bourgeois gentilhomme*, ato II, cena 6 (1670)"). [Chomsky desenvolveu suas ideias sobre fonologia e fonética durante o final dos anos 1950 e início dos anos 1960 com seu colega Morris Halle; veja Chomsky e Halle (1968). Assim como sua concepção de "significados" (FLs ou representações semânticas), sua concepção sobre os sons linguísticos é que eles estão "na cabeça". Veja, a esse respeito, Chomsky (2000), uma coleção de seus trabalhos mais recentes sobre linguagem e mente.]

o valor de uma preposição e um substantivo, ou uma preposição com seu complemento: são palavras que abreviam" (p.660). Essa é uma caracterização irrestrita. Du Marsais prossegue, analisando uma grande classe de itens dessa forma – em nossa paráfrase, como derivando de uma estrutura profunda do tipo preposição-complemento. Essa análise é levada ainda mais longe por Beauzée.[84] Ele, incidentalmente, afirma que, embora um "sintagma adverbial" como "com sabedoria" não difira do advérbio correspondente "sabiamente" em sua "significação", pode diferir nas "ideias acessórias" associadas a ele: "quando se trata de contrastar uma ação com um hábito, o advérbio é mais apropriado para indicar o hábito, e o sintagma adverbial, para indicar a ação; assim eu diria 'Um homem que se comporta sabiamente não pode prometer que todas as suas ações sejam realizadas com sabedoria'" (p.342).[85] Essa distinção é um caso

---

84 *Grammaire générale*, p.340 ss. Bentham sugere uma análise semelhante (*Works*, p.356).
85 Uma distinção entre as "ideias principalmente expressas" por uma forma linguística e as "ideias acessórias" associadas a ela é desenvolvida na *Lógica* de Port-Royal, capítulos XIV e XV. A ideia principal é o que é afirmado pela "definição lexical", que tenta formular de forma precisa a "verdade de uso". No entanto, a definição lexical não pode "refletir toda a impressão que a palavra definida causa na mente", e "muitas vezes acontece que uma palavra excita em nossas mentes, além da ideia principal que consideramos como o significado adequado da palavra, outras ideias, às quais, embora recebamos sua impressão, não prestamos atenção explicitamente" (p.90). Por exemplo, o significado principal de *você mentiu* é que você sabia que o oposto do que disse é verdadeiro. "Mas, além desse significado principal, essas palavras transmitem uma ideia de desprezo e indignação que sugere que o falante não hesitaria em prejudicá-lo – uma sugestão que torna suas palavras ofensivas e injuriosas". Da mesma forma, a frase de Virgílio *Usque adeone mori miserum est?* [É tão miserável morrer?] tem o mesmo significado principal de *Non est usque adeo mori miserum* [Não é tão miserável morrer], mas o original "expressa não apenas o mero pensamento de que a morte não é tão ruim quanto se supõe, mas também sugere a imagem de um homem que desafia a morte e a encara destemidamente" (p.91-2). Ideias acessórias podem estar "permanentemente ligadas a palavras", como nos

particular da "antipatia que todas as línguas naturalmente demonstram em relação a uma sinonímia total, que enriqueceria um idioma apenas com sons que não serviriam à precisão e à clareza da expressão".

Gramáticos mais antigos fornecem exemplos adicionais de análise em termos de estrutura profunda, como, por exemplo, quando imperativos e interrogativos são analisados, na prática, como formas derivadas elípticas de expressões subjacentes com termos suplementares como "Eu te ordeno..." ou "Eu peço...".[86] Assim, "Venha me ver" tem a estrutura profunda "Eu ordeno/imploro que você venha me ver"; "Quem encontrou isso?" significa "Eu pergunto quem encontrou isso?" etc.

Outro exemplo que ainda poderia ser mencionado é a derivação transformacional de expressões com termos unidos, com base em frases subjacentes, de maneira óbvia (por exemplo, em Beauzée, op. cit., p.399 ss.). A discussão de Beauzée sobre conjunções também fornece casos um pouco mais interessantes,

---

casos mencionados, ou podem estar ligadas apenas em uma determinada enunciação, por exemplo, por gesto ou tom de voz (p.90). A associação pode, em outras palavras, ser uma questão tanto de *langue* quanto de *parole*. A distinção é muito semelhante à do significado cognitivo e do significado emotivo. Também relevante para questões contemporâneas é o exemplo de como certos processos gramaticais podem alterar as ideias acessórias expressas, sem modificação do significado principal; assim, segundo se afirma, acusar alguém de ignorância ou de engodo é diferente de chamá-lo de ignorante e enganador, já que as formas adjetivas "expressam, além da ideia de deficiências particulares, uma ideia de desprezo, enquanto os substantivos significam apenas a falta particular, sem nenhuma condenação acompanhante".

86 C. Buffier, *Grammaire françoise sur un plan nouveau* [Gramática francesa em um novo plano] (1709), citado por Sahlin, *César Chesneau*, p.121-2, com o típico desprezo moderno, mais uma vez, baseado na suposição de que apenas a estrutura de superfície é um objeto adequado de estudo. Cf. J. Katz e P. Postal, *An Integrated Theory of Linguistic Descriptions* [Uma teoria integrada de descrições linguísticas], §§4.2.3, 4.2.4, para o desenvolvimento e a justificativa de uma ideia muito semelhante.

como, por exemplo, quando ele analisa "como" [*comment*] sendo baseado em uma forma subjacente com "maneira" [*manière*] e uma oração relativa, de tal modo que a frase "Eu sei como aquilo aconteceu" significa "Eu sei a maneira como aquilo aconteceu"; ou quando ele analisa "a casa que eu adquiri". Dessa forma, a estrutura profunda subjacente com suas proposições essenciais e incidentais é revelada.

Um desenvolvimento adicional interessante, nesse sentido, é realizado por Du Marsais em sua teoria de *construção* e *sintaxe*.[87] Ele propõe que o termo "construção" seja aplicado ao "arranjo de palavras no discurso", e o termo "sintaxe", às "relações que as palavras têm entre si". Por exemplo, as três frases *accepi litteras tuas, tuas accepi litteras* e *litteras accepi tuas* ["Recebi a tua carta"] exibem três construções diferentes, mas têm a mesma sintaxe; as relações entre os elementos constituintes são as mesmas nos três casos. "Portanto, cada um desses três arranjos produz o mesmo significado [*sens*] na mente: 'Recebi a tua carta'." Ele prossegue definindo "sintaxe" como "aquilo que faz com que, em cada língua, as palavras produzam o significado que desejamos que surja na mente daqueles que conhecem a língua... a parte da gramática que dá o conhecimento dos signos estabelecidos em uma língua para ativar um significado na mente" (p.229-31). Por isso, a sintaxe de uma expressão é essencialmente o que chamamos de sua estrutura profunda; sua construção é o que chamamos de sua estrutura de superfície.[88]

---

87 "De la construction grammaticale", *Logique et Principes de Grammaire* [Lógica e princípios de gramática], p.229.
88 O exemplo latino, entretanto, levanta uma variedade de problemas. Para algumas observações sobre o fenômeno da chamada "ordem livre de palavras", dentro do contexto atual, veja Chomsky, *Aspects of the Theory of Syntax*, cap.II, §4.4. [O fenômeno da "marcação de caso" em diferentes línguas tem se mostrado uma questão particularmente interessante para o linguista que constrói uma Gramática Universal. Cf. Chomsky (1986, 1995b) e as referências fornecidas nesses trabalhos.]

O quadro geral dentro do qual essa distinção é desenvolvida é o seguinte. Um ato da mente é uma unidade única. Para uma criança, a "ideia" [*sentiment*] de que o açúcar é doce é, a princípio, uma experiência única e não analisada (p.181); para o adulto, o significado da frase "O açúcar é doce", o pensamento que ela expressa, também é uma entidade única. A linguagem fornece um meio indispensável para a análise desses objetos que, de outra forma, seriam indiferenciados. Ela fornece um

> meio de vestir nosso pensamento, por assim dizer, de torná-lo perceptível, de dividi-lo, de analisá-lo; em poucas palavras, de torná-lo tal que seja comunicável aos outros com mais precisão e detalhamento.
>
> Os pensamentos particulares são, portanto, um conjunto, por assim dizer, um todo que o uso da palavra divide, analisa e distribui em detalhe por meio das diferentes articulações dos órgãos da fala que formam as palavras. (p.184)

De forma semelhante, a percepção da fala é uma questão de determinar o pensamento unificado e indiferenciado a partir da sucessão de palavras. "[As palavras] trabalham juntas para produzir o sentido completo ou o pensamento que desejamos que surja nas mentes daqueles que as leem ou as ouvem" (p.185). Para determinar esse pensamento, a mente deve primeiro descobrir as relações entre as palavras da frase, ou seja, sua sintaxe; ela deve então determinar o significado, dada uma explicação completa dessa estrutura profunda. O método de análise usado pela mente é reunir aquelas palavras que estão relacionadas, estabelecendo assim uma "ordem significativa" [*ordre significatif*] na qual os elementos relacionados se sucedem. A frase realizada pode, ela mesma, ter essa "ordem significativa", caso em que é chamada de "construção simples (natural, necessária, significativa, assertiva)" (p.232). Quando não tem, essa "ordem significativa" deve ser reconstruída por algum procedimento de análise – ela deve ser "reestabelecida pela mente, que compreende o significado [*sens*] apenas por meio dessa ordem" (p.191-2). Para entender uma frase em latim, por exemplo, você deve reconstruir a "ordem natural" que o falante tem em sua mente (p.196). Você deve não apenas entender os significados de cada palavra, mas, além disso,

> você não entenderia nada a menos que reunisse em sua mente as palavras em sua relação umas com as outras, e você pode fazer isso somente depois de ter ouvido a frase completa. (p.198-9)

Em latim, por exemplo, são as "terminações relativas das palavras que nos fazem considerar as palavras na proposição completa, de acordo com a ordem de suas inter-relações e, portanto, de acordo com a *ordem da construção simples, necessária e significativa*" (p.241-2). Essa "construção simples" é uma "ordem que sempre é indicada, mas raramente observada na construção comum de línguas cujos substantivos têm casos" (p.251). A redução à "construção simples" é um primeiro passo essencial na percepção da fala:

> As palavras formam um todo que é constituído por partes. A mera percepção das relações entre essas partes nos faz conceber o todo delas, e nos chega exclusivamente a partir da construção simples, que, enunciando as palavras de acordo com a ordem de sucessão de suas relações, as apresenta de uma maneira que é mais adequada para nos fazer reconhecer essas relações e fazer surgir o pensamento como um todo. (p.287-8)

As construções que não são as "construções simples" (ou seja, as "construções figuradas" [*constructions figurées*])

> são compreendidas apenas porque a mente corrige suas irregularidades, com a ajuda de ideias acessórias que nos fazem conceber o

que lemos e ouvimos como se o sentido fosse expresso na ordem da construção simples... (p.292)

Em suma, na "construção simples", as relações de "sintaxe" são representadas diretamente nas associações entre palavras que se sucedem, e o pensamento indiferenciado expresso pela frase é derivado diretamente dessa representação subjacente, que é considerada como algo comum a todas as línguas (e, tipicamente, corresponde à ordem usual do francês – cf., por exemplo, p.193).

As transformações que formam uma "construção figurativa" efetuam reordenação e elipse. O "princípio fundamental de toda a sintaxe" (p.218) é que a reordenação e a elipse devem ser recuperáveis pela mente do ouvinte (cf. p.202, 210 ss., 277), ou seja, elas só podem ser aplicadas quando é possível recuperar unicamente "a ordem metafísica estrita" da "construção simples".[89]

Muitos exemplos de redução à construção simples são apresentados com o intuito de ilustrar essa teoria.[90] Assim, a frase "Quem disse isso?" é reduzida à construção simples "A pessoa que disse isso é qual?" (Sahlin, p.93); a frase "Sendo tão amados quanto amantes, vocês não são obrigados a derramar lágrimas" é reduzida a "Já que vocês são tão amados tanto quanto vocês são amantes..."; a frase "É melhor ser justo do que ser rico,

---

[89] Não é totalmente claro, a partir do contexto, se essas condições sobre transformações são consideradas como questões de *langue* ou *parole*, como condições sobre uma gramática ou sobre o uso de uma gramática; tampouco está claro se, dentro do quadro que Du Marsais aceita, essa questão pode ser levantada de forma sensata.
A descrição da interpretação de sentenças dada por Du Marsais pode ser comparada proveitosamente com a proposta por Katz, Fodor e Postal em trabalhos recentes. Cf. Katz e Postal, op. cit., e as referências citadas lá. [Veja também as referências na adição entre colchetes à nota 80 de Chomsky.]

[90] Os exemplos que forneço aqui são citados por Sahlin como indicativos do caráter ridículo da teoria de Du Marsais, sobre a qual "seria injusto confrontá-la com a ciência moderna para revelar os erros totalmente óbvios nela" (Sahlin, *César Chesneau*, p.84).

ser razoável do que ser sábio" é reduzida a quatro proposições subjacentes, duas negativas, duas positivas, de maneira óbvia (p.109) etc.

Um exemplo um tanto diferente da distinção entre estrutura profunda e de superfície é oferecido por Du Marsais em sua análise (p.179-80) de expressões como "Eu tenho um(a) ideia/medo/dúvida" etc. Essas expressões, diz ele, não devem ser interpretadas como análogas às expressões superficialmente semelhantes "Eu tenho um livro/diamante/relógio", em que os substantivos são "nomes de objetos reais que existem independentemente de nosso pensamento [*manière de penser*]". Ao contrário, o verbo em "Eu tenho uma ideia" é "uma expressão emprestada [*empruntée*]", produzida apenas "por imitação". O significado de "Eu tenho uma ideia" é simplesmente "Eu estou pensando" ou "Eu estou concebendo algo de tal e tal maneira". Assim, a gramática não permite supor que palavras como "ideia", "conceito", "imagem" representem "objetos reais", muito menos "objetos perceptíveis". Dada essa observação gramatical, estamos a apenas um pequeno passo de uma crítica à teoria das ideias, em suas formas cartesiana e empirista, como sendo baseada em uma falsa analogia gramatical. Esse passo foi dado por Thomas Reid, pouco tempo depois.[91]

Como Du Marsais indica com referências abundantes, sua teoria de construção e sintaxe é prenunciada pela gramática escolástica e renascentista (ver nota 67). No entanto, ele segue os gramáticos de Port-Royal ao considerar a teoria da estrutura profunda e de superfície como sendo essencialmente uma teoria psicológica, e não apenas um meio para elucidação de formas dadas ou para análise de textos. Como indicado anteriormente, ela desempenha um papel em sua explicação hipotética sobre a

---

[91] T. Reid, *Essays on the Intellectual Powers of Man* [Ensaios sobre os poderes intelectuais do homem] (1785). Para algumas considerações e citações, cf. Chomsky, *Aspects of the Theory of Syntax*, p.199-200.

percepção e a produção da fala, da mesma forma que, na *Gramática de Port-Royal*, a estrutura profunda é representada "na mente" enquanto a expressão é ouvida ou produzida.

Como um último exemplo da tentativa de descobrir as regularidades ocultas que subjazem a variedade de superfície, podemos mencionar a análise dos artigos indefinidos em francês, no Capítulo VII da *Gramática* de Port-Royal, onde se argumenta, com base na simetria de padrões, que *de* e *des* desempenham o papel do plural de *un*, como em *Un crime si horrible mérite la mort* ("Um crime tão horrível merece a morte"), *Des crimes si horribles méritent la mort* ("Crimes tão horríveis merecem a morte"), *De si horribles crimes méritent la mort* ("Tão horríveis crimes merecem a morte") etc. Para lidar com a aparente exceção, *Il est coupable de crimes horribles (d'horribles crimes)* ("Ele é culpado de crimes horríveis (de horríveis crimes)"), eles propõem a "regra da cacofonia", em que uma sequência *de de* é substituída por *de*. Eles também observam o uso de *des* como realização do artigo definido e outros usos dessas formas.

Talvez esses comentários e exemplos sejam suficientes para sugerir algo sobre a amplitude e o caráter das teorias gramaticais dos "gramáticos filosóficos". Como observado anteriormente, sua teoria da estrutura profunda e de superfície está diretamente relacionada ao problema da criatividade do uso da linguagem, discutido na primeira parte do presente trabalho.

Do ponto de vista da teoria linguística contemporânea, essa tentativa de descobrir e caracterizar a estrutura profunda e estudar as regras de transformação que a relacionam com a forma de superfície é algo um tanto absurdo;[92] indica falta de respeito com a "língua real" (ou seja, a forma de superfície) e falta de

---

92 Exceto como indicado pelo exemplo final, a análise dos artigos indefinidos. Tais tentativas de ir além da forma de superfície são toleradas pela teoria linguística moderna e foram objeto de muita discussão metodológica durante a década de 1940, especialmente nos Estados Unidos.

preocupação com os "fatos linguísticos". Essa crítica se baseia numa redução do domínio do "fato linguístico" a subpartes fisicamente identificáveis de enunciados reais e suas relações formalmente marcadas.[93] Reduzida dessa maneira, a linguística estuda o uso da linguagem para a expressão do pensamento apenas de forma incidental, apenas até o limite em que a estrutura profunda e de superfície coincidem; em particular, estuda "correspondências de som-significado" apenas na medida em que são representáveis em termos de estrutura de superfície. Dessa limitação decorre a crítica geral ao cartesianismo e à linguística anterior,[94] que tentavam dar uma explicação completa da

---

93 Cf. Postal, *Constituent Structure* [Estrutura de constituintes] (Haia: Mouton, 1964), para uma discussão sobre abordagens contemporâneas da sintaxe que aceitam essa limitação. Muitas discussões metodológicas modernas realmente implicam, adicionalmente, que a investigação linguística deve ser restrita à estrutura de superfície dos enunciados encontrados em um determinado *corpus*; assim, Sahlin reflete atitudes modernas ao criticar Du Marsais (p.36) pela "falha inescusável por parte de um gramático" de usar exemplos inventados em vez de se restringir a enunciados realmente observados na fala viva, como se uma alternativa racional fosse concebível. Para mais discussões sobre o problema de analisar estruturas profundas e de superfície, cf. Chomsky, *Syntactic Structures* (Haia: Mouton, 1957), *Current Issues in Linguistic Theory*, *Aspects of the Theory of Syntax*; Lees, *Grammar of English Nominalizations* [Gramática das nominalizações em inglês] (Haia: Mouton, 1960); Postal, "Underlying and Superficial Linguistic Structures" [Estruturas linguísticas subjacente e de superfície], *Harvard Educational Review*, v.34 (1964); Katz e Postal, *An Integrated Theory of Linguistic Descriptions* [Uma teoria integrada de descrições linguísticas]; Katz, *The Philosophy of Language* [A filosofia da linguagem] e muitas outras publicações.

94 Para citar apenas um exemplo, veja a declaração introdutória de Harnois em sua discussão sobre a "gramática filosófica" ("Les théories", p.18; é importante ressaltar que essa discussão é incomum, pois ela pelo menos presta atenção às doutrinas reais que eram sustentadas pelos gramáticos filosóficos, ao invés de atribuir a eles crenças absurdas que eram completamente contrárias ao seu trabalho real). Ele aponta que os participantes do trabalho se sentiam como se estivessem contribuindo para "uma ciência que já havia produzido uma obra fundamental [a saber, a *Gramática* de Port--Royal], enriquecendo uma tradição existente e somando aos numerosos

estrutura profunda, mesmo quando ela não está correlacionada de maneira estritamente, ponto por ponto, com características observáveis da fala. Essas tentativas tradicionais de lidar com a organização do conteúdo semântico, assim como a organização do som, tinham vários tipos de defeitos, mas a crítica moderna geralmente as rejeita mais por seu escopo de análise do que por suas falhas.

---

resultados já alcançados. Tal opinião pode parecer ridícula para um linguista moderno, mas era real".

Deve-se mencionar que o desprezo moderno pela teoria linguística tradicional se desenvolve não apenas a partir da decisão de restringir a atenção à estrutura de superfície, mas também, muitas vezes, da aceitação acrítica de uma explicação "behaviorista" do uso e da aquisição da linguagem, comum em suas essências a várias áreas – uma explicação que me parece ser pura mitologia. [Veja também a citação da reedição da resenha de Chomsky sobre o livro *Verbal Behavior*, de B. F. Skinner, na nota 23 da introdução do editor.]

Descrição e explicação em linguística

No quadro da linguística cartesiana, uma gramática descritiva se preocupa tanto com o som quanto com o significado. Em nossa terminologia, ela atribui a cada frase uma estrutura profunda abstrata que determina seu conteúdo semântico e uma estrutura de superfície que determina sua forma fonética. Uma gramática completa consistiria, então, de um sistema finito de regras que gerasse esse conjunto infinito de estruturas pareadas, mostrando, assim, como o falante-ouvinte pode fazer uso infinito de meios finitos para expressar seus "atos mentais" e "estados mentais".

Contudo, a linguística cartesiana não estava preocupada simplesmente com a gramática descritiva, nesse sentido, mas com a *grammaire générale*, ou seja, com os princípios universais da estrutura da linguagem. No início do trabalho em questão, fez-se uma distinção entre gramática geral e particular, caracterizada por Du Marsais da seguinte forma:

> Há, na gramática, algumas observações que se aplicam a todas as línguas. Elas formam o que chamamos de gramática geral: por exemplo, as observações que fizemos em relação aos sons

articulados e às letras que são os sinais desses sons, à natureza das palavras e às várias formas que devem ser ordenadas ou terminadas para adquirir significado. Além dessas observações gerais, há algumas que são peculiares a uma língua particular, e estas formam a gramática especial dessa língua.[95]

Beauzée elabora a distinção da seguinte forma:

> A GRAMÁTICA, cujo objeto é a expressão do pensamento com a ajuda de palavras faladas ou escritas, admite dois tipos de princípios. Um tipo, sendo imutavelmente verdadeiro e universalmente aplicável, deriva da natureza do próprio pensamento, seguindo sua análise e sendo seu resultado. O outro tipo é apenas hipoteticamente verdadeiro e depende de convenções que, sendo acidentais, arbitrárias e mutáveis, deram origem a diferentes idiomas. O primeiro tipo de princípios constitui a gramática geral, e o segundo é o objeto de várias gramáticas particulares.
>
> A GRAMÁTICA GERAL é, portanto, a ciência racional dos princípios imutáveis e gerais da Linguagem falada ou escrita, em qualquer língua que seja.
>
> Uma GRAMÁTICA PARTICULAR é a arte de aplicar as convenções arbitrárias e habituais de uma língua particular aos princípios imutáveis e gerais da Linguagem escrita ou falada.

---

95 *Véritables principes de la grammaire* [Verdadeiros princípios de gramática] (1729), citado por Sahlin, *César Chesnau*, p.29-30. A datação é discutida por Sahlin na Introdução, p.ix. Muito antes, Arnauld havia apontado que "não se costuma tratar como assuntos de gramáticas particulares o que é comum a todas as línguas" (1669 apud Sainte-Beuve, *Port-Royal*, p.538), e a distinção entre gramática geral e particular está implícita, embora não expressa, na *Gramática* de Port-Royal. Wilkins também faz uma distinção entre gramática "natural" (isto é, "filosófica", "racional" ou "universal"), que trata dos "princípios e regras que necessariamente pertencem à filosofia das letras e da fala", e gramática "instituída" ou "particular", que trata das "regras que são particulares a uma língua específica" (*Essay*, [Ensaio], p.297).

A Gramática Geral é uma *ciência*, porque seu objeto é a especulação racional sobre os princípios imutáveis e gerais da Linguagem. Uma Gramática Particular é uma *arte*, porque considera a aplicação prática das convenções arbitrárias e habituais de uma língua particular aos princípios gerais da Linguagem. A *ciência da gramática* é anterior a todas as línguas, na medida em que seus princípios pressupõem apenas a possibilidade das línguas e são os mesmos que orientam a razão humana em suas operações intelectuais; em suma, porque são eternamente verdadeiros.

A *arte da gramática*, ao contrário, é posterior às línguas, porque os usos das línguas devem existir antes de serem artificialmente relacionados com os princípios gerais da Linguagem, e os sistemas analógicos que formam a arte só podem ser o resultado de observações feitas sobre usos pré-existentes.[96]

Em seu *Eloge de du Marsais* [Elogio de du Marsais], D'Alembert dá esta descrição da "gramática filosófica":

> A gramática é, portanto, obra dos filósofos. Somente uma mente filosófica pode ascender aos princípios sobre os quais suas regras se baseiam... Essa mente primeiramente reconhece, na gramática de cada língua, os princípios gerais que são comuns a todas elas e que formam a Gramática Geral. Em seguida, ela diferencia, entre os usos peculiares de cada língua, aqueles que podem ser fundamentados na razão e aqueles que são obra do acaso ou negligência: ela observa as influências recíprocas que as línguas tiveram umas sobre as outras e as alterações que essa mistura trouxe sem destruir completamente seu caráter individual; ela pondera sobre suas vantagens e desvantagens mútuas; diferenças em sua construção...; a diversidade de seu gênio...; sua riqueza e liberdade, pobreza e servidão. O desenvolvimento desses vários

---

96 Beauzée, *Grammaire générale* [Gramática geral], prefácio, p.v-vi.

fatores é a verdadeira metafísica da gramática. Seu objeto... é fazer avançar a mente humana na geração de suas ideias e no uso que faz das palavras para transmitir pensamentos a outros homens.[97]

A descoberta de princípios universais forneceria uma explicação parcial para os fatos das línguas particulares, na medida em que estes se revelassem simples instâncias específicas das características gerais da estrutura da linguagem, formuladas na *grammaire générale*. Além disso, as próprias características universais poderiam ser explicadas com base em pressupostos gerais sobre os processos mentais humanos ou sobre as contingências do uso da linguagem (por exemplo, a utilidade das transformações elípticas). Procedendo assim, a linguística cartesiana tenta desenvolver uma teoria gramatical que não seja apenas "geral", mas que também seja "explicativa" [*raisonnée*].

A linguística de Port-Royal e suas sucessoras desenvolveram-se em parte como reação às abordagens predominantes representadas, por exemplo, em trabalhos como *Remarques sur la langue françoise* [Observações sobre a língua francesa], de Vaugelas (1647).[98] O objetivo de Vaugelas é simplesmente descrever o uso "que todos reconhecem como o mestre e governante das línguas vivas" (Prefácio). Seu livro é chamado *Remarques*... ao invés de *Décisions*... [Decisões] ou *Loix*... [Leis] porque ele é "um simples observador (*tesmoin*)". Ele se exime de qualquer intenção de explicar os fatos da fala ou encontrar princípios gerais que os fundamentem, assim como não sugere, em geral, nenhuma modificação ou "purificação" do uso linguístico por motivos racionais ou estéticos. Sua gramática, então, não é nem

---

[97] Citado por Sahlin, *César Chesneau*, p.21. Repare que há uma diferença de ênfase nos comentários de Beauzée e D'Alembert sobre a relação entre fatos particulares e princípios gerais. No entanto, os dois pontos de vista não são inconsistentes.

[98] Cf. Sainte Beuve, *Port-Royal*, p.538 ss.; Harnois, "Les théories," p.20.

"explicativa" nem prescritiva.[99] Ele está bem ciente dos problemas de determinar o uso real e fornece uma discussão interessante sobre "procedimentos de elicitação" (p.503 ss.), na qual, entre outras coisas, ele aponta a inadequação dos chamados testes de "pergunta direta" de gramaticalidade que ocasionalmente foram propostos e aplicados por linguistas estruturalistas, com resultados previsivelmente inconclusivos. Ele não restringe seus comentários descritivos à estrutura de superfície.[100] Por exemplo, ele aponta que não se pode determinar, a partir da forma de uma palavra, se ela tem um significado (*signification*) "ativo" ou um significado "passivo" ou, de forma ambígua, ambos (p.562-3). Assim, na frase "Minha estima não é algo do qual você possa obter grandes vantagens", o sintagma "minha estima" tem o sentido de "a estima que tenho por você"; enquanto na frase "Minha estima não depende de você", significa "a estima que tenho" ou "a estima que se pode ter de mim"; e o mesmo vale para palavras como "ajuda", "auxílio" e "opinião". Existem outros exemplos de preocupação com a adequação descritiva em larga escala. Ao mesmo tempo, o trabalho de Vaugelas antecipa muitos dos defeitos da teoria linguística contemporânea, como em sua

---

99 Certamente existe um elemento implícito do chamado "prescritivismo" em sua escolha de "uso cultivado" (ou seja, o uso dos melhores autores, mas, especialmente, "o uso da linguagem falada na Corte") como objeto de descrição.

100 Observe que uma restrição à descrição sem explicação, no estudo linguístico, não implica uma restrição correspondente à investigação da estrutura de superfície. Esta última é uma limitação adicional e independente. [Compare a restrição à "descrição pura" com o *Blue Book* [Livro azul] e as *Philosophical Investigations* [Investigações filosóficas] de Wittgenstein. É interessante observar que Chomsky, assim como Wittgenstein, considera praticamente impossível construir uma ciência (uma teoria séria) do uso da linguagem – e por razões paralelas, relacionadas ao uso criativo da linguagem, embora Wittgenstein não usasse essa terminologia. Chomsky, é claro, ao contrário de Wittgenstein, sustenta que é possível construir uma ciência da linguagem (a Gramática Universal). Para mais discussões, cf. a introdução do editor, além de McGilvray (1999, 2005).]

falha em reconhecer o aspecto criativo do uso da linguagem. Assim, ele considera o uso normal da linguagem como sendo algo construído de frases e sentenças que são "autorizadas pelo uso", embora novas palavras (por exemplo, *brusqueté, pleurement*) possam ser corretamente formadas por analogia (p.568 ss.). Sua concepção de estrutura da linguagem, nesse aspecto, parece não ser muito diferente daquela de Saussure, Jespersen, Bloomfield e muitos outros que consideram que a inovação somente seja possível "por analogia", pela substituição de itens lexicais por itens da mesma categoria dentro de esquemas fixos.

A reação da "gramática filosófica" não é contra o descritivismo de Vaugelas e outros dessa linha,[101] mas contra a restrição ao descritivismo *puro*. A *Gramática* de Port-Royal adota como máxima geral para qualquer pessoa que trabalhe com uma língua viva o seguinte: "as formas de falar que são autorizadas pelo uso geral e não contestadas devem ser aceitas como boas, mesmo que contrariem as regras e a analogia da língua" (p.83; GPR, p.113). Lamy, em sua retórica, ecoa Vaugelas ao descrever o uso como "o mestre e árbitro soberano das línguas" e também ao afirmar que "ninguém pode contestar essa regra que a necessidade estabeleceu e

---

[101] Vaugelas certamente não é o primeiro a insistir na primazia do uso. Um século antes, em uma das primeiras gramáticas francesas, Meigret insiste que "devemos falar da maneira como realmente falamos" e que não se pode "fazer nenhuma lei contra a maneira como o francês é geralmente pronunciado" (citado por Ch. L. Livet, *La grammaire française et les grammairiens du XVIᵉ siècle* [A gramática francesa e os gramáticos do século XVI]).

É interessante observar que a reação dos linguistas cartesianos contra o puro descritivismo recapitula a evolução da gramática especulativa no século XIII, como uma tentativa de fornecer uma explicação racional ao invés de um mero registro de uso. A gramática especulativa também fazia a distinção entre a gramática universal e a gramática particular; por exemplo, Roger Bacon afirma: "com relação à sua substância, a gramática é uma e a mesma em todas as línguas, embora varie acidentalmente" (*Grammatica Graeca* [Gramática grega], ed. Charles, p.278, citado em N. Kretzmann, "History of Semantics", em *Encyclopedia of Philosophy* [Enciclopédia de Filosofia], ed. P. Edwards (New York: Macmillan, 1967)).

o acordo geral das pessoas confirmou" (op. cit., p.31). Du Marsais insiste que "o gramático filosófico deve considerar a língua particular que está estudando em relação ao que essa língua é em si mesma e não em relação a outra língua".[102] A gramática filosófica não estava, portanto, tentando refinar ou melhorar a língua; antes, intentava descobrir seus princípios subjacentes e explicar os fenômenos particulares que são observados.[103]

O exemplo que, por mais de um século, foi usado para ilustrar essa diferença entre a gramática descritiva e a explicativa foi fornecido por uma regra de Vaugelas (p.385 ss.) sobre as orações relativas: a regra de que uma oração relativa não pode ser adicionada a um substantivo que não tem artigos ou apenas o "artigo indefinido" *de*. Assim, não se pode dizer *Il a fait cela par avarice, qui est capable de tout* ("Ele fez isso por avareza, que é capaz de tudo") ou *Il a fait cela par avarice, dont la soif ne se peut esteindre* ("Ele fez isso por avareza, cuja sede não pode ser saciada"). Da mesma forma, não se pode dizer *Il a esté blessé d'un coup de fleche, qui estoit empoisonnée* ("Ele foi ferido por um golpe de flecha, que estava envenenada") (p.385), embora seja correto dizer *Il a esté blessé*

---

102 Citado por Sahlin, *César Chesneau*, p.26, no artigo "Datif" na *Encyclopedia*. Sahlin também fornece (p.45) uma citação muito anterior dos *Véritables principes* (ver nota 95): "A gramática não vem antes das línguas. Não há língua que tenha sido baseada na gramática; as regras [*observações*] dos gramáticos devem ser baseadas no uso, e não são leis que precederam o uso". Essa citação antecede o comentário sobre Du Marsais não ter aderido a esse princípio; embora haja muito o que criticar em seu trabalho, encontro pouco evidência para apoiar essa acusação.

103 Isso é, obviamente, consistente com a metodologia cartesiana, que insiste na necessidade de observação e de experimentos cruciais para escolha entre explicações concorrentes. Veja o *Discourse on the Method*, parte VI. As origens cartesianas da preocupação por uma "gramática geral (universal)" [*grammaire générale*] (expressando o que é uma posse humana comum) e uma "gramática explicativa" [*grammaire raisonnée*] (que explicará fatos ao invés de apenas listá-los) são muito óbvias para demandar qualquer discussão. Da mesma forma foi o conceito aristotélico recém-redescoberto de ciência racional que levou à gramática especulativa do século XIII. Cf. Kretzmann, op. cit.

de la fleche, qui estoit empoisonnée ("Ele foi ferido pela flecha, que estava envenenada") ou *Il a esté blessé d'une fleche qui estoit empoisonnée* ("Ele foi ferido por uma flecha que estava envenenada").

No Capítulo IX, a *Gramática* de Port-Royal observa, em primeiro lugar, uma variedade de exceções a essa regra e depois propõe um princípio explicativo geral para analisar tanto os exemplos que se enquadram na regra de Vaugelas quanto as exceções à sua regra.[104] A explicação é, mais uma vez, baseada na distinção entre significado e referência. No caso de um "substantivo comum", o significado (*signification*) é fixo (exceto por ambiguidade ou metáfora), mas a referência (*estendue*) varia, dependendo do sintagma nominal em que o substantivo aparece. Uma ocorrência particular de um substantivo é chamada de *indeterminada* "quando não há nada que indique se ela deve ser tomada de forma geral ou particular e, sendo tomada particularmente, se é tomada por um particular certo ou incerto" (p.77; GPR, p.109); caso contrário, ela é *determinada*. A regra de Vaugelas é agora reformulada em termos de *determinação*: "no uso atual do francês, não se pode colocar *qui* depois de um substantivo comum, a menos que seja determinado por um artigo ou por alguma outra coisa que o determine como o faria um artigo" (p.77; GPR, p.109). Segue-se uma análise detalhada que tenta mostrar que os aparentes contraexemplos envolvem ocorrências de substantivos que são "determinados" por algum outro meio que não o artigo. Em parte, a análise é baseada em suposições sobre a estrutura profunda que não são desprovidos de interesse em si. A regra também é discutida por

---

104 Essa discussão se dá graças a Arnauld e aparece em sua correspondência um ano antes da publicação da *Gramática*. Cf. Sainte Beuve, op. cit., p.536 ss.
A *Gramática*, aliás, não é inteiramente justa com Vaugelas, ao implicar tacitamente que ele desconhecia contraexemplos. Na verdade, o próprio Vaugelas menciona um dos contraexemplos citados (o vocativo, para o qual ele propõe um artigo subentendido apagado). Além disso, Vaugelas de fato oferece uma explicação provisória, de forma bem apologética, é verdade, para a regra conforme ele a formula.

Du Marsais, Beauzée e outros, com alguma profundidade. Não precisamos entrar em detalhes aqui. A questão, no contexto atual, é que isso foi considerado como um exemplo paradigmático da necessidade de complementar declarações descritivas com uma explicação racional, se a linguística quiser ir além da compilação de fatos para se tornar uma verdadeira "ciência". Ou, na terminologia da época, se a gramática quisesse se tornar "filosófica".

Mantendo relação com a regra de Vaugelas e muitos outros casos, as explicações que são propostas, na gramática universal, têm algum conteúdo substancial e linguístico. Com muita frequência, no entanto, elas são bastante vazias e invocam pressupostos sobre a realidade mental subjacente de uma maneira mecânica e pouco reveladora. Na verdade, parece-me que, em geral, a crítica moderna à "gramática filosófica" está bastante equivocada. O erro dessa posição (como geralmente se assume) é sua excessiva racionalidade e seu apriorismo, além de sua negligência com relação aos fatos linguísticos. Mas uma crítica mais convincente é que a tradição da gramática filosófica está muito limitada à mera descrição dos fatos – que ela é insuficientemente *raisonnée*. Em outras palavras, parece-me que as falhas (ou limitações) desse trabalho são exatamente o oposto daquelas que lhe foram atribuídas pelos críticos modernos. Os gramáticos filosóficos consideraram um amplo domínio de exemplos particulares. Eles tentaram mostrar, para cada exemplo, qual era a estrutura profunda que subjazia à sua forma de superfície e expressava as relações entre os elementos que determinam seu significado. Até aí, seu trabalho é puramente descritivo (assim como a linguística moderna é puramente descritiva na busca de seu objetivo mais restrito de identificar as unidades que constituem a estrutura de superfície de enunciados particulares, sua organização em sintagmas e suas relações formalmente marcadas). Ao ler esses trabalhos, fica-se constantemente impressionado com o caráter *ad hoc* da análise, mesmo quando ela parece estar factualmente correta. Propõe-se uma estrutura profunda que realmente veicula o conteúdo semântico, mas a base para sua seleção (para além da mera correção factual) geralmente não é formulada. O que falta é uma teoria da estrutura linguística que seja articulada com precisão suficiente e que seja suficientemente rica para carregar o ônus da justificação. Embora os exemplos de estrutura profunda, que são dados em abundância, muitas vezes pareçam bastante plausíveis, eles são insatisfatórios – da mesma forma como as descrições linguísticas modernas permanecem insatisfatórias – e pelo mesmo motivo –, embora elas sejam frequentemente bastante plausíveis em sua análise de enunciados particulares em fonemas, morfemas, palavras e sintagmas. Em nenhum dos casos temos uma hipótese subjacente quanto à natureza geral da linguagem que seja suficientemente forte para indicar por que apenas essas e não outras descrições são selecionadas pela criança durante a aquisição da linguagem ou pelo linguista durante o processo de descrição linguística, com base nos dados disponíveis para eles.[105]

---

105 Para mais discussão sobre a questão da explicação na linguística, cf. Chomsky, *Syntactic Structures*; "Explanatory Models in Linguistics", em *Logic, Methodology and Philosophy of Science* [Lógica, metodologia e filosofia da ciência], ed. E. Nagel, P. Suppes, A. Tarski (Stanford: Stanford University Press, 1962); *Current Issues in Linguistic Theory* e J. Katz, "Mentalism in Linguistics", *Language*, v.40 (1964), p.124-37. [Cf. também Chomsky (1975a, 1975b, 1980, 1981, 1986, 1988a, 1992, 1995b, 2000, 2005, 2007). Em certo sentido, o trabalho mais recente de Chomsky foi "além da explicação", pois, ao contrário do estado da linguística em 1966, agora ele pode argumentar plausivelmente que a questão da adequação explicativa, conforme originalmente formulada em *Aspects* (efetivamente, resolver "o problema de Platão"), foi suficientemente resolvida para passar para outras questões. Agora ele se concentra em outras questões explanatórias – questões de economia computacional e incorporação biológica, algumas das quais dizem respeito à evolução da linguagem e à "acomodação" da linguagem à biologia. Veja a introdução do editor. Aliás, é esclarecedor comparar a concepção de Chomsky sobre o inatismo com a de Humboldt.]
Uma das características mais marcantes do descritivismo americano da década de 1940 foi sua insistência na justificação em termos de procedimentos de análise precisamente especificados. A ênfase na precisão e

Além disso, na gramática filosófica, há pouco reconhecimento da complexidade dos mecanismos que relacionam a estrutura profunda à estrutura de superfície, e, além dos contornos gerais esboçados acima, não há investigação detalhada sobre o caráter das regras que aparecem nas gramáticas nem sobre as condições formais que elas satisfazem. Concomitantemente, não é feita nenhuma distinção clara entre a estrutura abstrata subjacente de uma frase e a própria frase. Em geral, supõe-se que a estrutura profunda é formada por frases reais, com uma organização mais simples ou mais natural, e que as regras de inversão, elipse etc. que formam todo o conjunto das frases reais simplesmente operam nessas frases simples já formadas. Esse ponto de vista fica explícito, por exemplo, na teoria de construção e sintaxe de Du Marsais, e é sem dúvida a concepção geral predominante.[106] A suposição totalmente infundada de que uma estrutura profunda não é nada além de

---

na necessidade de justificação das declarações descritivas em termos que fossem independentes da linguagem constitui uma contribuição importante. Mas os requisitos impostos à justificação (ou seja, que ela seja "procedural", no sentido das discussões metodológicas dos anos 1940) eram tão rigorosos a ponto de tornar o empreendimento inviável, e algumas das reações a essa rigorosidade (em particular, a concepção de que qualquer procedimento de análise claramente especificado fosse tão bom quanto qualquer outro) diminuíram substancialmente sua relevância potencial.

106 Observe, no entanto, que a discussão na *Gramática* de Port-Royal, se interpretada de maneira bastante literal, não identifica as estruturas subjacentes com sentenças reais – veja a nota 73. Ela está mais próxima, em sua concepção, da gramática gerativo-transformacional do tipo desenvolvido nas referências da nota 93, que também se baseia na suposição de que as estruturas às quais as regras de transformação se aplicam são formas subjacentes abstratas – e não sentenças reais. Observe, além disso, que a teoria das transformações, conforme originalmente desenvolvida por Harris, fora do quadro da gramática gerativa, considera as transformações como relações entre sentenças reais e, de fato, está muito mais próxima da concepção de Du Marsais e outros, nesse aspecto (veja Z. S. Harris, "Co-occurrence and Transformation in Linguistic Structure", *Language*, v.33 (1957), p.283-340, e muitas outras referências). Cf. Chomsky, *Current Issues in Linguistic Theory*, p.62, para alguma discussão relacionada a esse ponto.

um arranjo de frases simples remonta o postulado cartesiano de que, de maneira geral, os princípios que determinam a natureza do pensamento e da percepção devem ser acessíveis à introspecção e podem, com cuidado e atenção, ser trazidos à consciência.

Apesar dessas deficiências, as percepções sobre a organização da gramática que foram alcançadas na linguística cartesiana ainda são muito impressionantes, e um estudo cuidadoso desse trabalho dificilmente deixará de ser recompensador para um linguista que o aborda sem preconceitos ou preconcepções quanto às limitações *a priori* sobre a investigação linguística permitida. Além dessas realizações, os gramáticos universais dos séculos XVII e XVIII fizeram uma contribuição de valor duradouro pelo simples fato de terem proposto tão claramente o problema de mudar a orientação da linguística, de "história natural" para "filosofia natural", e pelo fato de enfatizarem a importância da busca por princípios universais e por uma explicação racional dos fatos linguísticos, para que o progresso possa ser feito em direção a esse objetivo.

Aquisição e uso da linguagem

Até agora, extraímos da "linguística cartesiana" certas doutrinas características e muito importantes sobre a natureza da linguagem e traçamos, superficialmente, seu desenvolvimento durante o período que vai de Descartes a Humboldt. Como subproduto deste estudo da *langue*, e tendo como pano de fundo a teoria racionalista da mente, surgiram certas concepções sobre como a linguagem é adquirida e usada. Após um longo intervalo, essas concepções estão novamente começando a receber a atenção que merecem, embora seu aparecimento (assim como o reaparecimento das ideias centrais da gramática transformacional) tenha sido, na verdade, um desenvolvimento em grande parte independente.

A doutrina central da linguística cartesiana é que as características gerais da estrutura gramatical são comuns a todas as línguas e refletem certas propriedades fundamentais da mente. Foi essa suposição que levou os gramáticos filosóficos a se concentrarem na *grammaire générale* em vez de na *grammaire particulière*. Isso se expressa na crença de Humboldt de que uma análise profunda mostrará uma "forma de linguagem" comum subjacente à variedade nacional e individual.[107] Existem, assim, certos universais linguísticos que estabelecem limites para a variedade das línguas humanas.[108] O estudo das condições universais que prescrevem a forma das línguas humanas é a *grammaire générale*. Essas condições universais não são aprendidas; antes, elas fornecem os princípios organizadores que tornam possível a aprendizagem de uma língua – e que devem existir para que os dados nos guiem ao conhecimento. Atribuindo tais princípios à mente, como uma propriedade inata, torna-se possível explicar o fato bastante óbvio de que o falante de uma língua sabe muito mais do que aquilo aprendeu.

Ao abordar a questão da aquisição da linguagem e dos universais linguísticos dessa maneira, a linguística cartesiana reflete a preocupação da psicologia racionalista do século XVII com a contribuição da mente para o conhecimento humano. Talvez a primeira exposição do que viria a se tornar um tema central, ao longo da maior parte desse século, seja *De Veritate*, de Herbert of Cherbury (1624),[109] em que ele desenvolve a ideia de que

---

107 A perspectiva de Humboldt, no entanto, era bem mais complexa.

108 Observe que, quando descritos nesses termos, os universais linguísticos não precisam ser encontrados em todas as línguas. Assim, por exemplo, quando se afirma que determinado conjunto de características fonéticas constitui um universal fonético, não se propõe que cada uma dessas características esteja em atuação em todas as línguas, mas sim que cada língua faça sua escolha particular dentro desse sistema de características. Cf. Beauzée, op. cit., p.ix: "os elementos necessários da linguagem... estão, na verdade, presentes em todas as línguas, e sua necessidade é indispensável para a exposição analítica e metafísica do pensamento. Mas não pretendo falar de uma necessidade individual, que não deixa nenhum idioma livre para rejeitar algum desses elementos; quero apenas indicar uma necessidade específica [*une necessite d'espèce*], que define os limites das escolhas que se pode fazer". [Essa ideia de a mente "escolher" entre características fonéticas antecipa a abordagem de princípios e parâmetros de Chomsky do início dos anos 1980 – a mente de uma criança faz "escolhas" ao adquirir uma língua. Para discussão, veja a introdução do editor.]

109 Trad. M. H. Carré (1937), University of Bristol Studies, n.6.

existem certos "princípios ou noções implantados na mente" que "trazemos para objetos de nós mesmos ... [como] ... um presente direto da Natureza, um preceito de instinto natural" (p.133). Embora essas Noções Comuns sejam "estimuladas por objetos", no entanto, "ninguém, por mais selvagem que sejam suas opiniões, imagina que elas sejam transmitidas pelos próprios objetos" (p.126). Pelo contrário, elas são essenciais para a identificação de objetos e para a compreensão de suas propriedades e relações. Embora as "verdades intelectuais" compreendidas entre as Noções Comuns "pareçam desaparecer na ausência de objetos, ainda assim elas não podem ser completamente passivas e ociosas, uma vez que são essenciais para os objetos e os objetos para elas... É apenas com sua ajuda que o intelecto, quer em coisas familiares ou em novos tipos de coisas, pode ser levado a decidir se nossas faculdades subjetivas têm conhecimento preciso dos fatos" (p.105). Pela aplicação dessas verdades intelectuais, que são "impressas na alma pelos ditames da própria Natureza", podemos comparar e combinar sensações individuais e interpretar a experiência em termos de objetos, suas propriedades e os eventos nos quais participam. Evidentemente, esses princípios interpretativos não podem ser aprendidos pela experiência em sua totalidade e podem ser completamente independentes da experiência. Segundo Herbert:

> [Eles] estão tão longe de serem tirados pela experiência ou observação que, sem vários deles, ou pelo menos um deles, não teríamos experiência alguma nem seríamos capazes de fazer observações. Pois se não estivesse escrito em nossa alma que deveríamos examinar a natureza das coisas (e não recebemos esse comando dos objetos) e se não tivéssemos sido dotados com Noções Comuns com esse propósito, nunca chegaríamos a distinguir entre as coisas ou a compreender qualquer natureza geral. Formas vazias, prodígios e imagens assustadoras passariam sem sentido e até de forma perigosa diante de nossas mentes, a menos que existisse dentro

de nós, na forma de noções impressas na mente, aquela faculdade análoga pela qual distinguimos o bem do mal. De que outro lugar poderíamos ter recebido conhecimento? Por consequência, qualquer pessoa que considere em que medida os objetos, em sua relação externa, contribuem para sua percepção correta; quem busca estimar o que é contribuição nossa ou busca descobrir o que se deve a fontes estranhas ou acidentais, ou a influências inatas ou a fatores decorrentes da natureza, será levado a se referir a esses princípios. Ouvimos a voz da natureza não apenas em nossa escolha entre o que é bom e mau, benéfico e prejudicial, mas também nessa correspondência externa pela qual distinguimos a verdade da mentira; possuímos faculdades ocultas que, quando estimuladas por objetos, respondem rapidamente a eles.

É apenas pelo uso dessas "capacidades inatas ou Noções Comuns" que o intelecto pode determinar "se nossas faculdades subjetivas exerceram bem ou mal suas percepções". Esse "instinto natural" nos instrui, assim, na natureza, maneira e alcance do que se deve ouvir, esperar ou desejar (p.132).

Deve-se tomar cuidado para determinar quais são as Noções Comuns, os princípios e conceitos organizadores inatos que tornam a experiência possível. Para Herbert, o "principal critério do Instinto Natural" é o "consenso universal". Mas duas ressalvas são necessárias. Primeiro, ele se refere ao consenso universal entre "pessoas normais" (p.105). Ou seja, devemos deixar de lado "pessoas que estejam fora de seu juízo ou que sejam mentalmente incapazes" (p.109) e pessoas que sejam "teimosas, tolas, simplórias e imprudentes" (p.125). E embora essas faculdades "possam nunca estar totalmente ausentes", e "até mesmo em loucos, bêbados e crianças, poderes internos extraordinários podem ser detectados que lhes servem para a segurança" (p.125), ainda assim podemos esperar encontrar consenso universal nas Noções Comuns apenas entre as pessoas normais, racionais e lúcidas. Segundo, a experiência apropriada é necessária para extrair ou ativar esses princípios inatos; "é a lei ou destino das Noções Comuns e, de fato, das outras formas de conhecimento, permanecerem inativas a menos que os objetos as estimulem" (p.120). A esse respeito, as noções comuns são semelhantes às faculdades de ver, ouvir, amar, manter esperança etc., com as quais nascemos e que "permanecem latentes quando seus objetos correspondentes não estão presentes e até desaparecem e não dão sinal de sua existência" (p.123). Esse fato, contudo, não deve nos impedir de compreender que "as Noções Comuns devem ser consideradas não tanto o resultado da experiência, mas os princípios sem os quais não teríamos experiência alguma"; nem nos impedir de enxergar a insensatez da teoria que afirma que "nossa mente é uma página em branco, como se obtivéssemos nossa capacidade de lidar com objetos a partir dos próprios objetos" (p.132).

As noções comuns estão "todas intimamente conectadas" e podem ser organizadas em um sistema (p.120); e embora "um número infinito de faculdades possa ser despertado em resposta a um número infinito de novos objetos, todas as Noções Comuns que abrangem essa ordem de fatos podem ser compreendidas em algumas poucas proposições" (p.106). Esse sistema de noções comuns não deve ser identificado com "a razão". Ele simplesmente faz parte "[d]aquela parte do conhecimento com o qual fomos dotados no plano primordial da Natureza", e é importante ter em mente que "é da natureza do instinto natural se realizar irracionalmente, isto é, sem previsão". Por outro lado, "a razão é o processo de aplicar as Noções Comuns o máximo possível" (p.120-1).

Ao focalizar a atenção nos princípios interpretativos inatos que são uma condição prévia para a experiência e o conhecimento e ao enfatizar que esses princípios são implícitos e podem exigir estimulação externa para se tornarem ativos ou disponíveis para a introspecção, Herbert expressou grande parte da teoria psicológica que subjaz à linguística cartesiana, da mesma forma como ele enfatizou aqueles aspectos da cognição desenvolvidos por Descartes e, mais tarde, pelos platonistas ingleses, Leibniz e Kant.[110]

---

110 Esses desenvolvimentos são familiares, exceto talvez pelo platonismo inglês do século XVII. Cf. A. O. Lovejoy, "Kant and the English Platonists", em *Essays Philosophical and Psychological in Honor of William James* [Ensaios filosóficos e psicológicos em homenagem a William James] (New York: Longmans, Green, 1908), para alguma discussão sobre o platonismo inglês, em particular, sobre seu interesse nas "ideias e categorias que fazem parte de cada apresentação de objetos e tornam possível a unidade e a interconexão da experiência racional". A descrição de Lovejoy, por sua vez, é baseada fortemente em G. Lyons, *L'idéalisme en Angleterre au XVIIIe siècle* [Idealismo na Inglaterra no século XVIII] (Paris, 1888). Veja também J. Passmore, *Ralph Cudworth* (Cambridge: Cambridge University Press, 1951); L. Gysi, *Platonism and Cartesianism in the Philosophy of Ralph Cudworth* [Platonismo e cartesianismo na filosofia de Ralph Cudworth] (Bern: Herbert Lang, 1962). Algumas citações relevantes de Descartes, Leibniz e outros aparecem em Chomsky, *Aspects of the Theory of Syntax*, cap.1, §8, onde a relevância dessa posição para questões atuais também é discutida brevemente. [Chomsky observa, na conclusão de *LC*, que algumas personalidades foram omitidas de sua pesquisa sobre os "linguistas cartesianos" – ou foram discutidas de maneira inadequada. Ele menciona Immanuel Kant em particular. Talvez seja significativo que os platonistas de Cambridge tivessem mais a dizer sobre as questões científicas da aquisição de linguagem discutidas por Chomsky do que Kant, que estava interessado principalmente em questões epistemológicas e tinha pouco a dizer sobre assuntos que antecipassem a "biologização" de linguagem de Chomsky.]
Cf. também Chomsky, *Explanatory Models in Linguistics* [Modelos explanatórios em linguística], e Katz, *Philosophy of Language* [Filosofia da linguagem], para discussão de uma abordagem essencialmente racionalista para o problema da aquisição de linguagem e da inadequação de alternativas empiristas. Na mesma linha, cf. Lenneberg, "Biological Perspective" e *Biological Foundations of Language* [Fundamentos biológicos da linguagem] (New York: John Wiley, 1967) e §VI de *The Structure of Language: Readings in the Philosophy of Language* [A estrutura da linguagem: leituras em filosofia da linguagem], ed. J. Fodor e J. Katz (Englewood Cliffs: Prentice Hall, 1964). [Veja também Jenkins (1999) e vários capítulos de McGilvray (2005), além das referências ali presentes. A biolinguística continua sendo um campo de estudo em expansão; um ponto de partida particularmente interessante é Hauser, Chomsky, Fitch (2002); uma visão geral muito útil é encontrada em Chomsky (2007, 2009); algumas discussões mais técnicas estão em Chomsky (2005).]

A psicologia que se desenvolve dessa maneira é uma espécie de platonismo sem pré-existência. Leibniz torna isso explícito em muitos lugares. Assim, ele afirma que "nada pode nos ser ensinado de que já não tenhamos em nossas mentes a ideia", e ele lembra o "experimento" de Platão com o escravo em *Mênon* como prova de que "a alma virtualmente conhece essas coisas [isto é, as verdades da geometria, no caso], e só precisa ser lembrada (animadvertida) para reconhecer as verdades. Consequentemente, ela possui pelo menos a ideia da qual essas verdades dependem. Podemos até dizer que ela já possui essas verdades, se as considerarmos como as relações das ideias" (§26).[111]

Obviamente, o que está latente na mente, nesse sentido, muitas vezes pode exigir estimulação externa apropriada antes que se torne ativo, e muitos dos princípios inatos que determinam

---

111 Leibniz, *Discourse on Metaphysics* [Discurso sobre a Metafísica]. As citações aqui são da tradução para o inglês presentes em *Leibniz: Discourse on Metaphysics and Correspondence with Arnauld* [Leibniz: discurso sobre a metafísica e correspondência com Arnauld], trad. G. Montgomery (La Salle: Open Court, 1902). Com referência à teoria de Platão, Leibniz insiste apenas em que ela seja "purificada do erro da pré-existência". Da mesma forma, Cudworth aceita a teoria da reminiscência sem a doutrina da pré-existência que Platão sugere como explicação para os fatos que descreve: "E este é o único sentido verdadeiro e permitido daquela antiga afirmação, que o conhecimento é reminiscência; não porque seja a lembrança de algo que a alma havia conhecido alguma vez antes em um estado pré-existente, mas porque é a compreensão da mente sobre as coisas, por algumas antecipações interiores suas, algo inato e doméstico a ela, ou algo ativamente exercido de dentro de si mesma" (*Treatise concerning Eternal and Immutable Morality* [Tratado sobre a moralidade eterna e imutável], p.424; as referências, aqui e a seguir, são da primeira edição americana das obras de Cudworth, v.II, T. Birch, ed., 1838). [A citação é encontrada na p.74 da edição recente de Sarah Hutton do *Treatise* (Cudworth, 1996). Referências a esse texto foram acrescentadas às referências de Chomsky, a seguir e no texto.]
O ponto de vista de Leibniz (*Discourse on Metaphysics* [Discurso sobre a Metafísica], §26), de que "a mente, em cada momento, expressa todos os seus pensamentos futuros e já pensa confusamente em tudo o que ela pensará distintamente", pode estar sugerindo a mesma percepção fundamental sobre a linguagem (e sobre o pensamento) que discutimos em §2.

a natureza do pensamento e da experiência podem muito bem ser aplicados de forma inconsciente. Leibniz enfatiza isso, em particular ao longo de seus *Nouveaux Essais*.

O fato de que os princípios da linguagem e da lógica natural são conhecidos de forma inconsciente[112] (e que são, em grande parte, uma pré-condição para a aquisição da linguagem, em vez de uma questão de "instituição" ou "treinamento") é a pressuposição geral da linguística cartesiana.[113] Quando Cordemoy considera a aquisição da linguagem (op. cit., p.40 ss.), por exemplo, ele discute o papel da instrução e de certo tipo de condicionamento, mas ele também observa que grande parte do que as crianças sabem é adquirido completamente à parte de qualquer instrução explícita[114] e ele conclui que a aprendizagem da linguagem pressupõe a posse de "razão completa [*la raison toute entière*], pois de

---

112 Cf. Beauzée, *Grammaire générale* [Gramática geral], p.xv-xvi. Ele define a "metafísica gramatical" (*la Métaphysique grammaticale*) como nada mais do que "a natureza da linguagem trazida à luz, estabelecida em seus próprios termos e reduzida a noções gerais":
"Os pontos finos que essa metafísica descobre na linguagem... vêm da razão eterna, que nos dirige inconscientemente... Seria vão afirmar que aqueles que falam melhor não estão cientes desses delicados princípios. Como poderiam colocar tais princípios em prática tão bem se, de alguma forma, não estivessem cientes deles? Admito que talvez não estejam prontos para usar todas as regras em seu raciocínio, porque não as estudaram sistematicamente (*l'ensemble et le système*); mas, no final, já que aplicam esses princípios, eles estão conscientes deles dentro de si mesmos; não podem escapar das marcas dessa lógica natural que, de forma encoberta mas irresistível, direciona mentes honestas em todas as suas operações. Mas a gramática geral é simplesmente a exposição racional dos procedimentos dessa lógica natural".
113 O ponto de vista cartesiano típico aparentemente seria o de que, embora esses princípios possam funcionar inconscientemente, eles podem ser trazidos à consciência por meio da introspecção.
114 "Contudo, qualquer esforço que façamos para ensinar-lhes certas coisas, muitas vezes descobrimos que eles conhecem os nomes de mil outras que não tínhamos a intenção de lhes mostrar; e, o que é mais surpreendente, vemos que, quando têm dois ou três anos de idade, são capazes, apenas pela força de sua atenção, de distinguir o nome que damos a uma coisa em todas as construções que usamos ao falar sobre ela" (p.47-8).

Linguística cartesiana

fato esse modo de aprender a falar é o resultado de discernimento tão grande e de razão tão perfeita que é impossível conceber algo mais maravilhoso" (p.59).

Ele também destaca o fato de que as crianças aprendem sua língua materna mais facilmente do que um adulto aprende uma nova língua.

É interessante comparar essas observações bastante comuns, mas perfeitamente corretas, com a imagem de aprendizagem de linguagem que geralmente se encontra entre muitos escritores modernos, cujas conclusões são, na verdade, baseadas não na observação, mas em pressuposições aprioristicas sobre aquilo que acreditam que deve acontecer. Cf., por exemplo, a especulação sobre como todos os "hábitos" de linguagem são construídos por meio de treinamento, instrução, condicionamento e reforço em Bloomfield, op. cit., p.29-31; Wittgenstein, *Blue Book* (Oxford: Blackwell, 1958), p.1, 12-13, 77; Skinner, *Verbal Behavior* (New York: Appleton Century Crofts, 1957); Quine, *Word and Object* [Palavra e objeto] (Cambridge, New York: M.I.T. Press e John Wiley, 1960) etc. [Veja também a introdução do editor.] Ocasionalmente, discussões modernas invocam algum processo de "generalização" ou "abstração" que funcione junto com associação e condicionamento, mas é necessário enfatizar que não há conhecimento de nenhum processo desse tipo que comece a superar a inadequação dos tratamentos empiristas da aquisição de linguagem. Para discussão, consulte as referências na nota 110. Ao considerar esse problema, é preciso, em particular, ter em mente a crítica apresentada por Cudworth (*Treatise*, p.462; Cudworth 1996, p.114-6) contra a tentativa de mostrar como ideias gerais podem surgir de imagens sensoriais (fantasmas) por meio de "abstração" e, portanto, não requerem a postulação de estrutura mental inata. Como ele observa, o *intellectus agens* ou "sabe antecipadamente o que deve fazer com esses fantasmas, o que ele deve fazer com eles e em que forma trazê-los", caso em que a questão é respondida, uma "ideia inteligível" sendo pressuposta, ou, então, se ele não tem tal plano, "ele precisa ser um trabalhador desajeitado", ou seja, o ato de "abstrair" pode levar a qualquer resultado arbitrário e absurdo.

Em resumo, a referência à "generalização" não elimina a necessidade de fornecer uma explicação precisa da base sobre a qual a aquisição de crenças e conhecimento ocorre. Podemos, se quisermos, nos referir aos processos envolvidos na aquisição de linguagem como processos de generalização ou abstração. Mas seremos, então, obrigados a concluir que "generalização", ou "abstração", nesse novo sentido, não tem relação reconhecível com o que é chamado de "generalização" ou "abstração" em qualquer uso técnico ou bem definido em filosofia, psicologia ou linguística.

Conclusões racionalistas reaparecem também com alguns dos românticos. Assim, A. W. Schlegel escreve que "a razão humana pode ser comparada a uma substância que é infinitamente combustível, mas que não entra em combustão por si só: uma faísca deve ser lançada na alma" (*De l'étymologie en général* [Da etimologia em geral], p.127). A comunicação com um intelecto já formado é necessária para que a razão desperte. Mas a estimulação externa é necessária apenas para colocar em funcionamento os mecanismos inatos; ela não determina a forma do que é adquirido. Na verdade, fica claro "que essa aquisição [da linguagem] através da comunicação já pressupõe a capacidade de inventar linguagem" (*Kunstlehre* [Ensino de arte], p.234). Em certo sentido, a linguagem é inata ao homem, a saber: "no sentido filosófico mais verdadeiro, no qual tudo o que, segundo a visão usual, é inato ao homem, só pode ser trazido à tona por meio de sua própria atividade" (ibid., p.235). Ainda que as intenções precisas de Schlegel, em várias dessas observações, possam ser debatidas, em Humboldt o platonismo com relação à aquisição de linguagem está muito claro. Para Humboldt, "aprender é... sempre simplesmente regenerar" (op. cit., p.126). Apesar das aparências superficiais, uma língua "não pode ser propriamente ensinada, mas apenas despertada na mente; só se pode dar-lhe o fio pelo qual ela se desenvolve por si mesma"; assim, as línguas são, em certo sentido, "autocriações" [*Selbstschöpfungen*] dos indivíduos (p.50; Humboldt, 1999, p.43-4):

> O aprendizado da linguagem das crianças não é uma atribuição de palavras, para serem depositadas na memória e recitadas pela repetição pelos lábios, mas um crescimento na capacidade linguística com a idade e a prática. (p.71)
>
> Que, nas crianças, não há um aprendizado mecânico da linguagem, mas um desenvolvimento do poder linguístico, é algo que também é demonstrado pelo fato de que, uma vez que as principais habilidades dos seres humanos se desenvolvem dentro

de um determinado período de vida, todas as crianças, sob as mais diversas condições, falam e compreendem aproximadamente na mesma idade, variando apenas em um breve intervalo de tempo. (p.72; Humboldt, 1999, p.58)

Em resumo, a aquisição da linguagem é uma questão de crescimento e maturação de capacidades relativamente fixas, sob condições externas apropriadas. A forma da linguagem que é adquirida é, em grande parte, determinada por fatores internos; é devido à correspondência fundamental de todas as línguas humanas (porque "seres humanos são os mesmos, onde quer que estejam" [*der Mensch überall Eins mit dem Menschen ist*]) que uma criança pode aprender qualquer língua (p.73).[115]

---

115 Cf. Steinthal, *Gedächtnissrede* [Discurso comemorativo], p.17. Ele afirma que o *insight* fundamental de Humboldt foi perceber "como nada externo poderia jamais encontrar seu caminho para dentro do ser humano se não estivesse originalmente nele e como toda influência externa é apenas um estímulo para a explosão do interior. Na profundidade desse interior reside a fonte unitária de toda poesia genuína e filosofia genuína, a fonte de todas as ideias e de todas as grandes criações humanas, e, dessa fonte, também flui a linguagem".
As ideias de Humboldt sobre educação, aliás, ilustram a mesma preocupação com o papel criativo do indivíduo. Em seu ensaio inicial contra o absolutismo estatal, ele argumenta que "a instrução sólida consiste, sem dúvida, em apresentar ao instruído várias soluções e, então, prepará-lo para escolher a mais apropriada; ou melhor ainda: inventar sua própria solução simplesmente colocando diante dele todas as dificuldades a serem superadas". Esse método de instrução, ele afirma, não está disponível para o estado, que se limita a meios coercivos e autoritários (Cf. Cowan, *Humanist* [Humanista], p.43). Em outro lugar, ele afirma que "todo desenvolvimento educacional tem sua única origem na constituição psicológica interna dos seres humanos e só pode ser estimulado, nunca produzido por instituições externas" (Cowan, p.126). "A compreensão do homem, assim como todas as suas outras energias, é cultivada apenas pela própria atividade de cada ser humano, sua própria inventividade, ou sua própria utilização das invenções de outros" (Cowan, p.42-43). Cf. também Cowan, p.132 ss.
É interessante comparar a observação de Harris em seu *Hermes* de que não há "nada mais absurdo do que a noção comum de Instrução, como se a Ciência

O funcionamento da capacidade linguística é, além disso, ótimo em um certo "período crítico" do desenvolvimento intelectual.

É importante enfatizar que o racionalismo do século XVII aborda o problema da aprendizagem – em particular, a aprendizagem da linguagem – de forma fundamentalmente não dogmática. O racionalismo observa que o conhecimento surge com base em dados muito dispersos e inadequados e que existem uniformidades naquilo que é aprendido – uniformidades essas que de forma alguma são unicamente determinadas pelos próprios dados (veja a nota 114). Consequentemente, essas propriedades são atribuídas à mente como pré-condições para a experiência. Essencialmente, essa é a mesma linha de raciocínio que seria adotada hoje por um cientista interessado na estrutura de algum dispositivo para o qual ele tem apenas dados de *input* e *output*. A especulação empirista, ao contrário, em especial em suas versões modernas, adotou como forma característica certas suposições apriorísticas sobre a natureza da aprendizagem (por exemplo, que ela deve ser baseada em associação ou reforço, ou em procedimentos indutivos de uma natureza elementar, como os procedimentos taxonômicos da linguística moderna etc.) e não considerou a necessidade de confrontar essas suposições contra as uniformidades observadas do *output* – contra aquilo que é conhecido ou acreditado depois que a "aprendizagem" tenha ocorrido. Por isso, a acusação de apriorismo ou dogmatismo, frequentemente direcionada à psicologia racionalista e à filosofia

---

fosse ser derramada na Mente como água em uma cisterna, que espera passivamente receber tudo o que lhe chega. O crescimento do conhecimento... [se assemelha mais] ao cultivo de Frutas; embora causas externas possam em algum grau cooperar, é o vigor interno e a virtude da árvore que devem amadurecer os sucos até sua maturidade justa" (*Works*, p.209). Aqui, o ideal aparentemente é o método socrático; como Cudworth descreve (*Treatise*, p.427; Cudworth, 1996, p.78), a crença de que "o conhecimento não deve ser despejado na alma como uma bebida, mas, antes, deve ser convidado gentilmente a sair dela; tampouco a mente deve ser preenchida com ele, como se ele viesse de fora, mas deve ser acesa e despertada".

da mente, parece estar claramente equivocada. (Para mais discussões, veja as referências citadas na nota 110.)

As suposições fortes sobre a estrutura mental inata, feitas pela psicologia racionalista e pela filosofia da mente, eliminaram a necessidade de qualquer distinção precisa entre uma teoria da percepção e uma teoria da aprendizagem. Em ambos os casos, os mesmos processos estão essencialmente em funcionamento; um conjunto de princípios latentes ativado na interpretação dos dados sensoriais. Há, sem dúvida, uma diferença entre a "ativação" inicial da estrutura latente e seu uso, quando se torna prontamente disponível para a interpretação (mais precisamente, para a determinação) da experiência. As ideias confusas que estão sempre latentes na mente podem, em outras palavras, tornarem-se distintas (veja nota 111) e, nesse ponto, elas podem intensificar e aprimorar a percepção. Assim, por exemplo, um

> pintor habilidoso e experiente observará muitas elegâncias e curiosidades da arte e ficará muito satisfeito com vários traços e sombras em uma imagem, onde um olhar comum não consegue discernir nada; e um artista musical, ao ouvir um grupo de músicos precisos tocando uma excelente composição de muitas partes, ficará extremamente extasiado com muitas harmonias e toques, ao passo que um ouvido vulgar será totalmente insensível. (Cudworth, op. cit., p.446; Cudworth, 1996, p.109)

É a "habilidade adquirida" que faz a diferença: "ambos os tipos de artistas têm muitas antecipações internas de habilidade e arte em suas mentes", o que lhes permite interpretar os dados sensoriais de uma forma que vai além do "mero ruído e som e barulho" fornecido pelo sentido passivo, assim como uma mente informada pode interpretar a "máquina vital do universo" em termos de "harmonia e simetria interior nas relações, proporções, aptidões e correspondências das coisas entre si no grande sistema mundano" (ibid.). De modo semelhante, ao olhar e "julgar" uma foto de um amigo, faz-se uso de uma ideia "estrangeira e adventícia", mas preexistente (p.456-7; Cudworth, 1996, p.109). Contudo, uma vez observada essa distinção entre aprendizagem e percepção, o paralelo essencial entre os processos cognitivos envolvidos supera as diferenças relativamente superficiais, do ponto de vista dessa doutrina racionalista. Por esse motivo, muitas vezes não está claro se o que está sendo discutido é a atividade da mente na percepção ou na aquisição – ou seja, na seleção de uma ideia já distinta na ocasião do sentido, ou em tornar distinto o que antes era apenas confuso e implícito.

A teoria do conhecimento de Descartes é claramente resumida em *Comments on a Certain Broadsheet* (1648):

> [...] se considerarmos bem o alcance de nossos sentidos e o que exatamente chega à nossa faculdade de pensar por meio deles, devemos admitir que, em nenhum caso, as ideias das coisas nos são apresentadas pelos sentidos da mesma forma como as formamos em nosso pensamento. Tanto que não há nada em nossas ideias que não seja inato à mente ou à faculdade de pensar, com a única exceção das circunstâncias que se relacionam com a experiência, como o fato de que julgamos que esta ou aquela ideia que temos agora imediatamente diante de nossa mente se refere a determinada coisa situada fora de nós. Fazemos esse julgamento não porque essas coisas transmitem as ideias para nossa mente através dos órgãos dos sentidos, mas porque elas transmitem algo que, exatamente naquele momento, dá à mente ocasião para formar essas ideias por meio da faculdade inata a ela. Nada alcança nossa mente a partir de objetos externos através dos órgãos dos sentidos, exceto certos movimentos corpóreos... Mas nem os movimentos em si nem as figuras decorrentes deles são concebidos por nós exatamente como ocorrem nos órgãos dos sentidos... Daí decorre que as ideias mesmas dos movimentos e das figuras são inatas em nós. As ideias de dor, cores, sons e afins devem ser ainda mais inatas se, na ocasião de certos movimentos corpóreos, nossa mente

for capaz de representá-las para si mesma, pois não há semelhança entre essas ideias e os movimentos corpóreos. É possível imaginar algo que seja mais absurdo do que a ideia de que todas as noções comuns dentro de nossa mente surjam a partir desses movimentos e não possam existir sem eles? Gostaria que nosso autor me dissesse qual é o movimento corpóreo capaz de formar alguma noção comum de "coisas que são iguais a uma terceira coisa são iguais entre si", ou qualquer outra que ele queira escolher. Pois todos esses movimentos são particulares, enquanto as noções comuns são universais e não têm afinidade nem relação com os movimentos. (CSM I, p.304-5)

Ideias muito parecidas são desenvolvidas em detalhes por Cudworth.[116] Ele estabeleceu a diferença entre a faculdade essencialmente passiva dos sentidos e os "poderes cognoscitivos" ativos e inatos pelos quais as pessoas (e apenas elas) "são capacitadas a entender ou julgar o que é recebido de fora, pelos sentidos". Esse poder cognoscitivo não é apenas um depósito de ideias, mas "um poder de suscitar ideias e concepções inteligíveis das coisas, a partir de si mesmo" (p.425; Cudworth, 1996, p.75). A função do sentido é "oferecer ou apresentar algum objeto à mente, para dar-lhe uma ocasião para sobre ele exercer sua própria atividade". Assim, por exemplo, quando olhamos para a rua e percebemos homens caminhando, estamos confiando não apenas nos sentidos (que nos mostram, no máximo, superfícies – ou seja, chapéus e roupas –, na verdade, nem mesmo objetos),

---

[116] Sobre a relação entre Cudworth e Descartes, consulte Passmore, op. cit.; Gysi, op. cit.; sobre um contexto mais geral, S. P. Lamprecht, "The Role of Descartes in Seventeenth century England" [O papel de Descartes na Inglaterra do século XVII], *Studies in the History of Ideas*, v.III (New York: Columbia University Press, 1935), p.181-242. Passmore conclui (*Ralph Cudworth*, p.8) que, apesar de algumas divergências, "ainda não é equivocado chamar Cudworth de cartesiano, dada a grande concordância deles em tantas questões vitais".

mas no exercício do entendimento, aplicado aos dados dos sentidos (p.409-10; Cudworth, 1996, p.57-9).[117] As "formas inteligíveis pelas quais as coisas são entendidas ou conhecidas não são etiquetas impressas na alma de maneira passiva, via experiência externa; antes, são ideias vitalmente protendidas ou ativamente exercidas no interior". Assim, o conhecimento e o ajuste prévios desempenham um grande papel na determinação do que vemos (por exemplo, um rosto familiar na multidão, p.423-4; Cudworth, 1996, p.74). É porque usamos ideias intelectuais na percepção "que esses conhecimentos que são mais abstratos e distantes da matéria são mais precisos, inteligíveis e demonstráveis do que aqueles que dizem respeito a coisas concretas e materiais", como observou Aristóteles (p.427; Curdworth, 1996, p.78).[118] Essa afirmação é ilustrada por uma discussão de nossas concepções sobre figuras geométricas (p.455 ss.; Cudworth, 1996, 103 ss.). Obviamente, todo triângulo percebido pelos sentidos é irregular, e, se houvesse um triângulo fisicamente perfeito, não poderíamos detectar isso pelos sentidos: "e todo triângulo irregular e imperfeito [é] tão perfeitamente aquilo que é quanto o triângulo mais perfeito". Nossos julgamentos sobre os objetos externos em termos de figuras regulares, nossa própria noção de "figura regular", portanto, têm sua origem na "regra,

---

117 Cf. Descartes, *Meditation* [Meditação] II: sabemos o que é que vemos não "pelo que o olho vê", mas "pela investigação da mente sozinha".
"Mas então, se eu olho pela janela e vejo homens cruzando a praça... Normalmente digo que vejo os homens em si... No entanto, estou vendo mais do que chapéus e casacos que poderiam esconder autômatos? Eu julgo que eles são homens. E, assim, algo que eu pensava estar vendo com meus olhos é na verdade compreendido apenas pela faculdade de julgamento que está em minha mente".
118 No entanto, "as ideias que temos das coisas corpóreas [são] geralmente tanto noemáticas quanto fantasmáticas juntas". Isso explica o fato de que os geômetras confiam em diagramas e que "na fala, metáforas e alegorias agradam tanto" (p.430, 468; Cudworth, 1996, p.81 (para citações), 121 (para a referência ao geômetra)).

padrão e exemplar" que são gerados pela mente como uma "antecipação". O conceito de um triângulo ou de uma "figura regular, proporcional e simétrica" não nos é ensinado, mas "surge originalmente da própria natureza", assim como o conceito humano de "beleza e deformidade em objetos materiais"; nem as verdades apriorísticas da geometria podem ser derivadas dos sentidos. E é somente por meio dessas "ideias internas" produzidas pelo seu "poder cognoscitivo inato" que a mente é capaz de "conhecer e entender todas as coisas individuais externas" (p.482; Cudworth, 1996, p.101-28 *passim*).

Descartes discutiu a mesma questão em termos muito semelhantes, em *Reply to Objections V* [Resposta às Objeções V]:

> Portanto, quando, na nossa infância, nos deparamos pela primeira vez com uma figura triangular desenhada no papel, não pode ter sido essa figura que nos mostrou como deveríamos conceber o verdadeiro triângulo estudado pelos geômetras, já que o verdadeiro triângulo está contido na figura apenas da mesma forma que uma estátua de Mercúrio está contida em um bloco de madeira bruto. Mas como a ideia do verdadeiro triângulo já estava em nós e poderia ser concebida por nossa mente mais facilmente do que a figura mais composta do triângulo desenhado no papel; quando vimos a figura composta, não apreendemos a figura que vimos, mas sim o verdadeiro triângulo. (CSM II, p.262)

Para Cudworth, a interpretação dos dados sensoriais, em termos de objetos e suas relações, em termos de causa e efeito, relações entre parte e todo, simetria, proporção, funções para que servem os objetos e os usos característicos a que são destinados (no caso de todas as "coisas artificiais" ou "coisas naturais compostas"), julgamentos morais etc. , tudo isso é resultado da atividade organizadora da mente (p.433 ss.; Cudworth, 1996, p.83-100). O mesmo vale para a unidade dos objetos (ou, por exemplo, uma melodia); o sentido é como um "telescópio estreito" que fornece apenas visões fragmentadas e sucessivas; apenas a mente pode dar "uma ideia abrangente do todo" com todas as suas partes, relações, proporções e qualidades gestálticas. É nesse sentido que falamos da ideia inteligível de um objeto como não sendo algo "estampado ou impresso na alma a partir do exterior, mas na ocasião da ideia sensível excitada e exercida a partir do poder ativo e abrangente, interno ao próprio intelecto" (p.439; Cudworth, 1996, p.91).[119]

Ideias desse tipo sobre a percepção eram comuns no século XVII, mas foram então descartadas pela corrente empirista; para serem revividas novamente por Kant e os românticos.[120] Considere, por exemplo, os comentários de Coleridge sobre processos ativos na percepção:

> Os casos em que um conhecimento dado à mente estimula e revigora as faculdades pelas quais tal conhecimento é alcançável independentemente não podem ter escapado ao observador mais comum, e isso é igualmente verdadeiro tanto para as faculdades da mente quanto para a faculdade dos sentidos... É de fato maravilhoso o quanto uma pequena semelhança será suficiente para uma plena

---

119 De modo semelhante, Cudworth chega à típica conclusão racionalista de que nosso conhecimento é organizado como uma espécie de "sistema dedutivo" pelo qual chegamos a "uma compreensão descendente de algo a partir das ideias universais da mente, e não a uma percepção ascendente delas, a partir dos indivíduos, pelos sentidos" (p.467; Cudworth, 1996, p.120, cf. p.113-4).

120 Cf. Abrams, *Mirror* [Espelho], para a discussão sobre a importância dessa teoria dos processos cognitivos na estética romântica e sobre suas origens, particularmente, no pensamento de Plotino, que "rejeitou explicitamente o conceito de sensações como 'impressões' ou 'impressões seladas', feitas sobre uma mente passiva, e substituiu a concepção da mente como um ato e um poder que 'emite um brilho a partir de si mesma' aos objetos do sentido" (p.59). Paralelos entre Kant e a filosofia inglesa do século XVII são discutidos por Lovejoy, *Kant and the English Platonists* [Kant e os platonistas ingleses].

compreensão de um som ou de uma visão quando o som ou objeto correspondente é previamente conhecido e imaginado antecipadamente, e como um pequeno desvio ou imperfeição tornará o todo confuso e indistinguível ou equivocado, quando tal indicação prévia não for recebida. Por isso, todas as línguas desconhecidas parecem, a um estrangeiro, ser faladas pelos nativos com extrema rapidez e, para aqueles que estão apenas começando a compreendê-las, parecem ser faladas com uma indistinção angustiante.[121]

A natureza nos apresenta objetos sem despertar qualquer ato de nossa parte? Ela os apresenta, em qualquer circunstância, perfeitos e como se já estivessem prontos? Essa pode ser a noção dos mais desatentos... Não apenas devemos ter algum esquema ou ideia geral do objeto ao qual poderíamos decidir dirigir nossa atenção, ainda que seja apenas para ter o poder de reconhecê-lo...[122]

Mais uma vez, é com Humboldt que essas ideias são aplicadas de forma mais clara à percepção e à interpretação da fala. Ele argumenta que há uma diferença fundamental entre a percepção da fala e a percepção do som não articulado (cf. nota 38). Para a última, "a capacidade sensorial de um animal" seria suficiente. Mas a percepção da fala humana não é apenas uma questão de "mera evocação mútua do som e do objeto indicado" (*Verschiedenheit*, p.70; Humboldt, 1999, p.57). Em primeiro lugar, uma palavra não é "uma impressão do objeto em si, mas sim de sua imagem, produzida na alma" (p.74). Além do mais, a percepção da fala requer uma análise do sinal recebido em termos dos elementos subjacentes que funcionam no ato essencialmente criativo da produção da fala, e, portanto, requer a ativação do sistema gerativo que também desempenha um papel na produção da fala, uma vez que é apenas em termos dessas regras fixas que os elementos

---

121 Citado em A. D. Snyder, *Coleridge on Logic and Learning* [Coleridge, sobre lógica e aprendizagem] (New Haven: Yale University Press, 1929), p.133-4.
122 Citado em Snyder, *Coleridge*, p.116.

e suas relações são definidos. Por isso, as "regras de geração" subjacentes devem funcionar na percepção da fala. Se não fosse pelo domínio dessas regras, se não fosse pela capacidade "de atualizar todas as possibilidades", a mente não seria capaz de lidar com os mecanismos da fala articulada mais do que um cego seria capaz de perceber cores. Segue-se disso, portanto, que tanto os mecanismos perceptuais quanto os mecanismos de produção da fala devem fazer uso do sistema subjacente de regras gerativas. É por causa da identidade virtual desse sistema subjacente no falante e no ouvinte que a comunicação pode acontecer, sendo o compartilhamento de um sistema gerativo subjacente rastreável, em última análise, à uniformidade da natureza humana (cf. nota 115). Em resumo,

> Não pode haver nada presente na alma senão por sua própria atividade – e compreender e falar são apenas diferentes efeitos desse poder da fala. Conversar nunca pode ser comparado a uma transferência de material. Tanto em quem compreende como em quem fala, a mesma coisa deve ser desenvolvida a partir do poder interno de cada um; e o que o primeiro recebe é apenas o estímulo harmoniosamente concordante... Dessa forma, a linguagem, em sua totalidade, reside em cada ser humano, o que significa apenas que cada indivíduo possui um impulso governado por um poder especificamente modificado, limitador e confinante, impulso por trazer à luz gradualmente toda a linguagem de dentro de si mesmo, ou quando trazida para compreendê-la, como a ocasião externa ou interna determine.
>
> Mas a compreensão não poderia, como acabamos de ver, basear-se na espontaneidade interna, e a fala comunitária teria de ser algo a mais além do mero estímulo mútuo da capacidade de fala do ouvinte, caso não existisse a diversidade de indivíduos que abriga a unidade da natureza humana, fragmentada apenas em individualidades separadas. (p.70; Humboldt, 1999, p.57 [com modificações])

Mesmo no caso da percepção de uma única palavra, um sistema subjacente de regras gerativas deve ser ativado. Seria impreciso, Humboldt sustenta, supor que o falante e o ouvinte compartilham um conjunto de conceitos claros e totalmente formados. Em vez disso, o som percebido incita a mente a gerar um conceito correspondente por seus próprios meios:

> [As pessoas] não se entendem umas as outras trocando sinais por coisas, nem ocasionando mutuamente a produção exata e completa do mesmo conceito; elas o fazem tocando em um mesmo elo na cadeia de suas ideias sensoriais e conceituações internas, tocando a mesma nota em seu instrumento mental, onde, assim, conceitos correspondentes, embora não idênticos, são gerados em cada um. (p.213; Humboldt, 1999, p.152)

Em resumo, a percepção da fala requer a geração interna de uma representação, tanto do sinal quanto do conteúdo semântico associado.

A pesquisa contemporânea em percepção voltou à investigação do papel de esquemas ou modelos[123] representados internamente e começou a elaborar o *insight* mais profundo de que não é meramente uma provisão de esquemas que funciona na

---

[123] Veja, por exemplo, D. M. MacKay, "Mindlike Behavior in Artefacts" [Comportamento semelhante ao da mente, em artefatos], *British Journal for Philosophy of Science*, v.2 (1951), p.105-21. J. S. Bruner, "On Perceptual Readiness" [Sobre a prontidão perceptiva], *Psychological Review*, v.64 (1957), p.123-52, "Neural Mechanisms in Perception" [Mecanismos neurais na percepção], *Psychological Review*, v.64 (1957), p.340-58. Para uma revisão de muitas das descobertas relacionadas aos processos centrais da percepção, cf. H. L. Teuber, "Perception" [Percepção], em *Handbook of Physiology, Neurophysiology* [Manual de fisiologia, neurofisiologia], ed. J. Field, H. W. Magoun, V. E. Hall (Washington: American Physiological Society, 1960), v.III, cap.LXV. [A pesquisa científica sobre percepção, desde 1966, continua esse tema; a literatura é agora extensa. Chomsky às vezes se refere a Marr (1981).]

percepção, mas um sistema de regras fixas para gerar tais esquemas.[124] Também nesse aspecto seria bastante preciso descrever o trabalho atual como uma continuação da tradição da linguística cartesiana e da psicologia que a fundamenta.

---

[124] Para discussão e referências nas áreas de fonologia e sintaxe, respectivamente, veja M. Halle e K. N. Stevens, "Speech Recognition: A Model and a Program for Research" [Reconhecimento da fala: um modelo e um programa de pesquisa], em Fodor e Katz (orgs.), *Structure of Language* [Estrutura da linguagem]; e G. A. Miller e N. Chomsky, "Finitary Models of Language Users" [Modelos finitários de usuários de linguagem], pt. II, em *Handbook of Mathematical Psychology* [Manual de psicologia matemática], ed. R. D. Luce, R. Bush e E. Galanter (New York: John Wiley, 1963), v.II.

Resumo

Retomando o comentário de Whitehead que iniciou esta discussão, parece que, após uma longa interrupção, a linguística e a psicologia cognitiva estão agora voltando sua atenção para abordagens do estudo da estrutura da linguagem e dos processos mentais, abordagens que, em parte, se originaram e, em parte, foram revitalizadas durante o "século dos gênios"; essas abordagens foram desenvolvidas de forma frutífera até boa parte do século XIX. O aspecto criativo do uso da linguagem é novamente uma preocupação central da linguística, e as teorias da gramática universal que foram esboçadas nos séculos XVII e XVIII foram revividas e elaboradas no seio da teoria da gramática gerativo-transformacional. Com essa renovação do estudo das condições formais universais no sistema de regras linguísticas, torna-se possível retomar a busca por explicações mais profundas para os fenômenos encontrados nas línguas particulares e observados no desempenho concreto. O trabalho contemporâneo finalmente começou a lidar com alguns fatos simples sobre a linguagem que estavam há muito negligenciados: por exemplo, o fato de que o falante de uma língua sabe muito mais do que aquilo que ele aprendeu e que seu comportamento linguístico normal não pode ser explicado em termos de "controle de estímulo", "condicionamento", "generalização e analogia", "padrões" e "estruturas habituais" ou "disposições para responder", em qualquer sentido razoavelmente claro desses já muito abusados termos. Como resultado, uma nova abordagem foi adotada, não apenas para a estrutura da linguagem, mas também para as condições prévias da aquisição da linguagem e para a função perceptual de sistemas abstratos de regras internalizadas. Tentei indicar, neste resumo da linguística cartesiana e da teoria da mente da qual ela surgiu, que muito do que está surgindo nesse trabalho já havia sido previsto ou mesmo explicitamente formulado em estudos anteriores, em grande parte esquecidos.

É importante ter em mente que o levantamento apresentado aqui é muito fragmentário e, portanto, de certa forma, ele pode ser enganoso. Algumas figuras importantes – como Kant, por exemplo – não foram mencionadas ou então foram inadequadamente discutidas, e uma certa distorção foi introduzida pela organização deste estudo, como uma projeção retroativa de certas ideias de interesse contemporâneo, ao invés de uma apresentação sistemática do quadro dentro do qual essas ideias surgiram e encontraram seu lugar. Por isso, semelhanças foram enfatizadas e divergências e conflitos foram negligenciados. Ainda assim, mesmo um levantamento fragmentário como este indica, assim me parece, que a descontinuidade do desenvolvimento na teoria linguística tem sido bastante prejudicial, e que um exame cuidadoso da teoria linguística clássica, com a teoria dos processos mentais que a acompanha, pode se revelar uma empreitada de considerável valor.

Referências bibliográficas

AARSLEF, H. "Leibniz on Locke on Language", *American Philosophical Quarterly*, v.1, 1964, p.1-24.

ABRAMS, M. H. *The Mirror and the Lamp.* Fair Lawn, N. J.: Oxford University Press, 1953.

ARISTÓTELES. *De Interpretatione.*

_____. *De Anima.*

ARNAULD, A.; LANCELOT, C. *General and Rational Grammar: The Port Royal Grammar.* Trad. J. Rieux e B. E. Rollin. The Hague: Mouton, 1975. (GPR)

_____; NICOLE, P. *La logique, ou l'art de penser.* 1662.

_____; _____.*The Art of Thinking: Port Royal Logic*, trad. J. Dickoff e P. James. Indianapolis:Bobbs Merrill, 1964.

_____; _____. *Logic or The Art of Thinking.* Trad. J. V. Buroker. Cambridge: Cambridge University Press, 1996. (LPR)

BACON, R. *Grammatica Graeca.*

BAKER, M. C. *The Atoms of Language.* New York: Basic Books, 2001.

BAYLE, F. *The General System of the Cartesian Philosophy.* 1669.

BAYLE, P. *Dictionnaire historique et critique.* 1697. Trad. R. H. Popkin. *Historical and Critical Dictionary.* Indianapolis: Bobbs Merrill, 1965.

BEAUZEE, N. *Grammaire générale, ou exposition raisonnée des éléments nécessaires du langage.* 1767. Ed. rev., 1819.

BENTHAM, J. *Works.* Ed. J. Bowring. New York: Russell and Russell, 1962.

BERTHELOT, R. *Science et philosophie chez Goethe*. Paris: F. Alcan, 1932.
BLOOMFIELD, L. *Language*. New York: Holt, Rinehart and Winston, 1933.
BOUGEANT, G. H. *Amusement philosophique sur le langage des bestes*. 1739.
BREKLE, H. E. "Semiotik und linguistische Semantik in Port Royal", *Indogermanische Forschungen*, v.69, 1964, p.103-21.
BROWN, R. L. "Some Sources and Aspects of Wilhelm von Humboldt's Conception of Linguistic Relativity". Tese de doutorado não publicada. University of Illinois, 1964.
BRUNER, J. S. "On Perceptual Readiness", *Psychological Review*, v.64, 1957.
BRUNOT, F. *Histoire de la langue française*. Paris: Armand Colin, 1924.
BUFFER, C. *Grammaire françoise sur un plan nouveau*. 1709.
CARMICHAEL, L. "The Early Growth of Language Capacity in the Individual". In: E. H. Lenneberg (ed.). *New Directions in the Study of Language*. Cambridge, Mass.: M.I.T. Press, 1964.
CASSIRER, E. *Philosophie der symbolischenFormen*, 1923. Trad. *The Philosophy of Symbolic Forms*. New Haven, Conn.: Yale University Press, 1953.
CHOMSKY, N. *Morphophonemics of Modern Hebrew*. 1949. University of Pennsylvania, monografia de conclusão de curso, revisada como dissertação de Mestrado, 1951. New York: Garland Publishing, 1951/1979.

_____. *Syntactic Structures*. The Hague: Mouton and Co., 1957.

_____. "Review of B. F. Skinner, Verbal Behavior", *Language*, v.35, 1959, p.26-58. Repr. com prefácio incluído em: JAKOBOVITS, L.; MIRON, M. (eds.). *Readings in the Psychology of Language*. Englewood Cliffs, N.J.: Prentice Hall, 1967.

_____. "Explanatory Models in Linguistics". In: NAGEL, E. et al. (eds.). *Logic, Methodology, and Philosophy of Science*. Stanford, Calif.: Stanford University Press, 1962.

_____. *Current Issues in Linguistic Theory*. The Hague: Mouton and Co., 1964. Repr. em parte em: FODOR; KATZ. *The Structure of Language*.

_____. *Aspects of the Theory of Syntax*. Cambridge, Mass.: M.I.T. Press, 1965.

_____. *The Sound Pattern of English* (with Morris Halle). New York: Harper and Row, 1968.

_____. *Language and Mind* (1968), ediçãoampliada. New York: Harcourt, Brace, 1972.

_____. *Reflections on Language*. New York: Pantheon, 1975a.

_____. *The Logical Structure of Linguistic Theory* (escrito em 1955). New York: Plenum, 1975b.

CHOMSKY, N. *Language and Responsibility (Interviews with Mitsou Ronat)*. New York: Pantheon, 1979.

_____. *Rules and Representations*. Oxford: Blackwell, 1980.

_____. *Lectures on Government and Binding*. Dordrecht: Foris, 1981.

_____. *Towards a New Cold War: Essays on the Current World Crisis and How We Got There*. New York: Pantheon, 1982.

_____. *Knowledge of Language: Its Nature, Origin and Use*. New York: Praeger, 1986.

_____. *The Chomsky Reader* (ed. James Peck). New York: Pantheon, 1987.

_____. *Language and Problems of Knowledge: The Managua Lectures*. Cambridge, Mass.: M.I.T. Press, 1988a.

_____. *Necessary Illusions*. Boston: South End Press, 1988b.

_____. "A Minimalist Program for Linguistic Theory". *MIT Working Papers in Linguistics*. 1992.

_____. "Language and Nature". *Mind*, 104, 1995a, p.1-61.

_____. *The Minimalist Program*. Cambridge, Mass.: M.I.T. Press, 1995b.

_____. *Powers and Prospects: Reflections on Human Nature and the Social Order*. South End, Boston, 1996. Também publicado como *Perspectives on Power*. Montreal: Black Rose.

_____. *New Horizons in the Study of Language and Mind*. Ed. Neil Smith. Cambridge, Mass.: M.I.T. Press, 2000.

_____. "Beyond Explanation". MS: M.I.T., 2001.

_____. "Three Factors in Language Design", *Linguistic Inquiry*, 36, n.1, Winter 2005, p.1-22.

_____. "Approaching UG from Below". In: SAUERLAND, U.; GARTNER, H. M. (eds.). *Interfaces + Recursion Language?: Chomsky's Minimalism and the View from Syntax Semantics*. Berlin, New York: Mouton de Gruyter, 2007.

_____. *Of Minds and Language: A Dialogue with Noam Chomsky in the Basque Country*. Ed. Piattelli-Palmarini, M.; J. Uriagereka; P. Salaburu. Oxford: Oxford University Press, 2009.

_____; HALLE. M. *The Sound Pattern of English*. New York: Harper and Row, 1968.

_____; _____; LUKOFF, F. "On Accent and Juncture in English". In: *For Roman Jakobson*. Mouton: The Hague, 1956.

_____; HERMAN, E. *The Political Economy of Human Rights. v.I: The Washington Connection and Third Word Fascism*. Boston: South End Press, 1978.

CHOMSKY, N.; HERMAN, E. *The Political Economy of Human Rights. v.II: After the Cataclysm: Postwar Indochina and the Reconstruction of Imperial Ideology*. Boston: South End Press, 1979.

_____; _____. *Manufacturing Consent: The Political Economy of the Mass Media*. New York: Pantheon, 1988.

COLERIDGE, S. T. "Lectures and Notes of 1818". In: ASHE, T. (ed.). *Lectures and Notes on Shakespeare and Other English Poets*. London: G. Bell & Sons, 1893.

CORDEMOY, G. *Discours physique de la parole*, 1666. 2ª ed., 1677; English trad., 1668.

COUTURAT, L.; LEAU, L. *Histoire de la langue universelle*. Paris, 1903.

COWAN, M. *Humanist without Portfolio*. Detroit: Wayne State University Press, 1963.

COWIE, F. *What's Within?* Oxford: Oxford University Press, 1999.

CUDWORTH, R. *Treatise Concerning Eternal and Immutable Morality*. Edição Americana de *Works*. Ed. T. Birch, 1838.

_____. *A Treatise Concerning Eternal and Immutable Morality*. Ed. S. Hutton. Cambridge: Cambridge University Press, 1996.

CURTISS, S. *Genie: A Psycholinguistic Study of a Modern Day "Wild Child"*. London: Academic Press, 1976.

D'ALEMBERT, J. *Éloge de du Marsais*.

DESCARTES, R. *The Philosophy of Descartes*. Holt, New York: Rinehart and Winston, 1892.

_____. "Correspondence". Trad. L. C. Rosenfield (L. Cohen). *Annals of Science*, v.1, n.1, 1936.

_____. *The Philosophical Writings of Descartes (2 v.)*. Trad. John Cottingham, Robert Stoothoff; Dugald Murdoch. Cambridge: Cambridge University Press, 1984-1985. (CSM)

_____. *The Philosophical Writings of Descartes. v.III: The Correspondence*. Trad. John Cottingham, Robert Stoothoff, Dugald Murdoch, Anthony Kenny. Cambridge: Cambridge University Press, 1991. (CSMK)

DIDEROT, D. *Lettre sur les sourds et muets*. 1751.

DU MARSAIS, César Chesneau. *Véritables principes de la grammaire*. 1729.

_____. *Logique et principes de grammaire*. Paris, 1769.

ELDERS, F. (ed.) *Reflexive Water: The Basic Concerns of Mankind*. London: Souvenir Press, 1974.

FIESEL, E. *Die Sprachphilosophie der deutschen Romantik*. Tübingen: Mohr, 1927.

FLEW, A. "Introduction". In: *Logic and Language*. First Series. Oxford: Blackwell, 1951.

FODOR, J. A. "Could Meaning Be an 'r_m'?", *Journal of Verbal Learning and Verbal Behavior*, v.4, 1965, p.73-81.

_____. *Psychological Explanation*. New York: Random House, 1968.

_____. "The Present Status of the Innateness Controversy". In: *Representations*. Cambridge, Mass.: M.I.T. Press, 1982.

_____. *Concepts: Where Cognitive Science Went Wrong*. New York: Oxford University Press, 1998.

_____; KATZ, J. J. *The Structure of Language: Readings in the Philosophy of Language*. Englewood Cliffs, New Jersey: Prentice-Hall, 1964.

FREGE, G. "Über Sinn und Bedeutung". *Zeitschrift für Philosophie und philosophische Kritik*, 100, 1892, p.25-50.

GALILEO. G. *Dialogo dei due massimi sistemi del mondo*, 1630. Trad. *Dialogue on the Great World Systems*. Chicago: University of Chicago Press, 1953.

GALLISTEL, C. R. *The Organization of Learning*. Cambridge, Mass.: M.I.T. Press, 1990. (With John Gibbon.)

GOULD, S. J.; LEWONTIN, R. "The Spandrels of San Marco and the Panglossian Paradigm: A Critique of the Adaptationist Programme". In: *Proceedings of the Royal Society of London B*, 205 (1161), 1979, p.581-98.

GRAMMONT, M. "Review of A. Gregoire, 'Petit traité de linguistique'", *Revue des langues romanes*, v.60, 1920.

_____. *Traité de phonétique*. Paris: Delagrave, 1933.

GUNDERSON, K. "Descartes, La Mettrie, Language and Machines", *Philosophy*, v.39, 1964.

GYSI, L. *Platonism and Cartesianism in the Philosophy of Ralph Cudworth*. Bern: Herbert Lang, 1962.

HALLE, M.; STEVENS, K. N. "Speech Recognition: A Model and a Program for Research". In: FODOR; KATZ. *Structure of Language*.

HARNOIS, G. "Les théories du langage en France de 1660 à 1821", *Études Françaises*, v.17, 1929.

HARRIS, J. *Works*. Ed. *Earl of Malmesbury*. London: F. Wingrove, 1801.

HARRIS, Z. S. "Co-occurrence and Transformation in Linguistic Structure", *Language*, v.33, 1957, p.283-340. Repr. In: FODOR; KATZ. *Structure of Language*.

HAUSER, M., CHOMSKY, N.; FITCH, W. T. "The Faculty of Language: What Is It, Who Has It, and How Did It Evolve?", *Science*, 298, 2002, p.1569-79.

HERBERT OF CHERBURY. *De Veritate*, 1624. Trad. M. H. Carré. *On Truth*. University of Bristol Studies, n.6, 1937.

HERDER, J. G. *Ideenzur Philosophie der Geschichte der Menschheit*. 1784-1785.

_____. *Abhandlungüber den Ursprung der Sprache*, 1772. Repr. in part in: Heintel, E. (ed.). *Herder's Sprachphilosophie*. Hamburg: Felix Meiner Verlag, 1960.

_____. *Essay on the Origin of Language*. Trad. Alexander Gode. In: *On the Origin of Language*. Trad. John H. Moran and Alexander Gode. University of Chicago: Chicago Press, 1966.

HOCKETT, C. F. *A Course in Modern Linguistics*. New York: Macmillan, 1958.

HUARTE, J. *Examen de Ingenios*, 1575. English trad. Bellamy, 1698.

HUMBOLDT, Wilhelm von. *IdeenzueinemVersuch die Grenzen der Wirksamkeit des Staatszubestimmen*, 1792. Trad. in part in: Cowan. *Humanist without Portfolio*. p.37-64.

_____. *Über die Verschiedenheit des Menschlichen Sprachbaues*, 1836. Facsimile. Bonn: Dümmlers Verlag, 1960.

_____. *On Language: The Diversity of Human Language Construction and its Influence on the Mental Development of the Human Species*. 2.ed. Ed. M. Lomansky. Trad. P. L. Heath. Cambridge: Cambridge University Press, 1999.

JENKINS, L. *Biolinguistics*. Cambridge: Cambridge University Press, 2000.

JESPERSEN, O. *The Philosophy of Grammar*. London: George Allen & Unwin, 1924.

JOOS, M. (ed.). *Readings in Linguistics*. Washington: ACLS, 1957.

KATZ, J. J. "Mentalism in Linguistics," *Language*, v.40, 1964, p.124-37.

_____. *Philosophy of Language*. New York: Harper & Row, 1965.

_____, POSTAL, P. M. *An Integrated Theory of Linguistic Descriptions*. Cambridge, Mass.: M.I.T. Press, 1964.

KIRKINEN, H. "Les origines de la conception moderne de l'homme-machine", *Annales Academiae Scientiarum Fennicae*, Helsinki, 1961.

KRETZMANN, N. "History of Semantics". In: P. Edwards (ed.). *Encyclopedia of Philosophy*. New York: Macmillan, 1967.

LA METTRIE, J. O. de. *L'homme-machine*, 1747. Critical edition, ed. A. Vartanian. Princeton, N. J.: Princeton University Press, 1960.

LAMPRECHT, S. P. "The Role of Descartes in Seventeenth-century England", *Studies in the History of Ideas*, v.III. New York: Columbia University Press, 1935.

LAMY, B. *De l'art de parler*. 1676.

LANCELOT, C.; ARNAULD, A. *Grammaire générale e traisonnée*. 1660. Facsimile repr. Menston, England: The Scolar Press, 1967.

LEES, R. B. *Grammar of English Nominalizations*. The Hague: Mouton, 1960.

LEIBNIZ, G. W. *Discours de métaphysique*, 1686. Trad. in: *Leibniz: Discourse on Metaphysics and Correspondence with Arnauld*. Ed. G. R. Montgomery. La Salle, Ill.: Open Court, 1902.

_____. *Nouveaux essais sur l'entendementhumain*. 1765. Trad. *New Essays Concerning Human Understanding*. Ed. A. G. Langley. La Salle, Ill.: Open Court, 1949.

LEITZMANN, A. (ed.) *Briefwechsel zwischen W. von Humboldt und A. W. Schlegel*. Halle a.S., 1908.

LENNEBERG, E. H. "A Biological Perspective of Language". In: E. H. Lenneberg (ed.). *New Directions in the Study of Language*. Cambridge, Mass.: M.I.T. Press, 1964.

_____. *Biological Foundations of Language*. New York: John Wiley, 1967.

LIVET, Ch.-L. *La grammaire française et les grammairiens du XVIe siècle*. Paris, 1859.

_____. *Psychological in Honor of William James*. Longmans, New York: Green, 1908.

_____. *The Great Chain of Being*. New York: Harper, 1936.

LYONS, G. *L'idéalisme en Angleterre au XVIIIe siècle*. Paris, 1888.

MACKAY, D. M. "Mindlike Behavior in Artefacts", *British Journal for Philosophy of Science*, v.2, 1951.

MACHINE MAN AND OTHER WRITINGS. Ed. A. Thomson. Cambridge: Cambridge University Press, 1996.

MAGNUS, R. *Goethe als Naturforscher*. Barth, Leipzig, 1906. Trad. *Goethe as a Scientist*. New York, 1949.

MAN A MACHINE. La Salle: *Open Court*, 1912. (MaM)

MARR, David. *Vision*. New York: W. H. Freeman, 1982.

_____. *Economic and Philosophic Manuscripts*, 1844. Trad. in: E. Fromm (ed.), *Marx's Concept of Man*. New York: Ungar, 1961.

MARX, K. *Critique of the Gotha Program*. 1875.

MCGILVRAY, J. *Chomsky: Language, Mind, and Politics*. Cambridge: Polity (Blackwell), 1999.

_____ (ed.). *Cambridge Companion to Chomsky*. Cambridge: Cambridge University Press, 2005.

MCINTOSH, M. M. C. "The Phonetic and Linguistic Theory of the Royal Society School". Unpublished B. Litt. thesis. Oxford University, 1956.

MENDELSOHN, E. "The Biological Sciences in the Nineteenth Century: Some Problems and Sources", *History of Science*, v.3, 1964.

MILL, J. S. *Rectorial Address at St. Andrews*. 1867.

MILLER, G. A.; CHOMSKY, N. "Finitary Models of Language Users". In: R. D. Luce et al. (eds.). *Handbook of Mathematical Psychology*. v.II. New York: John Wiley, 1963.

MORRIS, W. C.; COTTRELL, G. W.; ELMAN, J. "A Connectionist Simulation of the Empirical Acquisition of Grammatical Relations". In: S. Wermter and R. Sun (eds.). *Hybrid Neural Systems*. Berlin: Springer Verlag, 2000, p.179-93.

PASSMORE, J. *Ralph Cudworth*. Cambridge University Press, New York, 1951. Pinker, S. *The Language Instinct*. New York: Harper Perennial, 1995.

POSTAL, P. M. *Constituent Structure*. The Hague: Mouton, 1964.

_____. "Underlying and Superficial Linguistic Structures". *Harvard Educational Review*, v.34, 1964.

PRINZ, J. *Furnishing the Mind: Concepts and Their Perceptual Basis*. Cambridge, Mass.: M.I.T. Press, 2002.

PROUDHON, P.-J. *Correspondance*. Ed. J.-A. Langlois. Paris: Librairie Internationale, 1875.

_____. *Ontological Relativity and Other Essays*. New York: Columbia University Press, 1969.

_____. *The Roots of Reference*. La Salle, Ill.: Open Court, 1974.

QUINE, W. V. O. *Word and Object*. New York: John Wiley, and Cambridge, Mass.: M.I.T. Press, 1960.

RAI, M. *Chomsky's Politics*. London: Verso, 1995.

REID, Thomas. *Essays on the Intellectual Powers of Man*. 1785.

ROBINET, J. B. *De la Nature*. 1761-1768.

ROCKER, R. *Nationalism and Culture*. Trad. R. E. Chase. London: Freedom Press, 1937.

ROSENFIELD, L. C. *From Beast-Machine to Man-Machine*. Fair Lawn, N.J.: Oxford University Press, 1941.

ROUSSEAU, J.-J. *Discourse on the Origins and Foundations of Inequality among Men*, 1755. Trad. in: R. D. Masters (ed.). *The First and Second Discourses*. New York: St. Martin's Press, 1964.

RYLE, G. *The Concept of Mind*. London: Hutchinson, 1949.

SAHLIN, G. *César Chesneau du Marsais et son role dans l'évolution de la grammaire générale*. Paris: Presses-Universitaires, 1928.

SAINTE-BEUVE, Ch.-A. *Port Royal*. v.III. 2.ed. Paris, 1860.

SCHLEGEL, A. W. "Briefe über Poesie, Silbenmass und Sprache". 1795. In: *Kritische Schriften und Briefe*. v.I. *Sprache und Poetik*. Stuttgart: W. Kohlhammer Verlag, 1962. *KritischeSchriften und Briefe*. v.II. *Die Kunstlehre*. 1801. Stuttgart: W. Kohlhammer Verlag, 1963.

_____. *Vorlesungen über dramatische Kunstund Literatur*, 1808. Trad. *Lectures on Dramatic Art and Literature*. London: G. Bell & Sons, 1892.

_____. "De l'étymologie en générale". In: E. Böcking (ed.). *Oeuvres écrites em français*. Leipzig, 1846.

_____. *Geschichte der alten und neuen Literatur*. 1812.

SKINNER, B. F. *Verbal Behavior*. New York: Appleton-Century-Crofts, 1957.

SMITH, A. *Considerations concerning the First Formation of Languages, The Philological Miscellany*. v.I. 1761.

SMITH, N. *Chomsky: Ideas and Ideals*. Cambridge University Press, Cambridge, 1999.

_____.; TSIMPLI, I.-M. *The Mind of a Savant: Language-learning and Modularity*. Oxford: Blackwell, 1995.

SNYDER, A. D. *Coleridge on Logic and Learning*. New Haven, Conn.: Yale University Press, 1929.

STEINTHAL, H. *Grammatik, Logik und Psychologie*. Berlin, 1855.

_____. *Gedächtnissrede auf Humboldt an seinem hundertjahrigen Geburtstage*. Berlin, 1867.

STRAWSON, P. F. "On Referring". *Mind*, New Series, 59 (235), 1950, p.320-44.

TEUBER, H. L. "Perception". In: J. Field et al. (eds.). *Handbook of Physiology: Neurophysiology*. v.III. Washington, D. C.: American Physiological Society, 1960.

THOMPSON, D'. W. *On Growth and Form*. Cambridge: Cambridge University Press,1942.

TROUBETZKOY, N. S. "La phonologie actuelle". In: *Psychologie de langage*. Paris, 1933.

_____. *Morphogenesis*. Amsterdam: North-Holland, 1992.

TURING, A. "Computing Machinery and Intelligence". *Mind*, New Series, 59, 1950 p.433-60.

VAUGELAS, C. F. de. *Remarques sur la langue françoise*. 1647.

VEITCH, J. *The Method, Meditations and Selections from the Principles of Descartes*. Edinburgh: William Blackwood & Sons, 1880.

WELLEK, R. *Kant in England*. Princeton, N. J.: Princeton University Press, 1931.

WHITEHEAD, A. N. *Science and the Modern World*. New York: Macmillan, 1925.

WHITNEY, W. D. "Steinthal and the Psychological Theory of Language". *North American Review*, 1872. Reimpr. in: *Oriental and Linguistic Studies*. New York: Scribner, Armstrong, 1874.

WILKINS, J. *An Essay towards a Real Character and a Philosophical Understanding*. 1668.

_____. *Blue and Brown Books*. New York: Harper & Row, 1958.

_____. *Philosophical Investigations*. Trad. Elizabeth Anscombe. New York: The MacMillan Company, 1953.

WITTGENSTEIN, L. *TractatusLogico-philosophicus*, 1922. Trad. D. F. Pears and B. F. McGuinness. London: Routledge & Kegan Paul, 1961.

Índice remissivo

A
acomodação da linguística à biologia 42-4, 55-6, 62-3
   progresso em 56-7, 73-4
adequação das ações linguísticas 88-9, 125n8, 131-2, 153
advérbios 192, 198-200
análise de dados, princípios de 70
aprendizagem, teoria de 232-5
aquisição da linguagem 36, 65, 221-2, 229n114
   abordagem racionalista para 227n111
   considerações do terceiro fator 69-70
   e platonismo 227-30
   explicações empiristas da 48, 229n114
   pré-condições para 243-4
   regras internalizadas e 243-4
Arnauld, A. 194-5, 216n104
arte 147-8, 211-2, 145n30, 145-6n34
artigos indefinidos 206

autoexpressão 137, 147, 154-5, 170
autorrealização 105, 162-3

B
Beauzée, N. 188n74, 199, 200-1, 210-11, 216-7
Bentham, J. 168n53
biolinguística 16, 55-74
biologia
   acomodação da linguística à 42-4, 55-6, 62-3
   crescimento 70-1
   'Urform' de Goethe 159-60
Bloomfield, L. 138, 139n21, 197-8n83
Bougeant, G. H. 135-6

C
Chomsky, Noam 42-55
   política 105-6
ciência 13-4, 29-30, 211-2, 216; *veja também* teorias
   e senso comum, 43-4, 49n20
   da evolução 70

da linguagem 10, 15, 18-20, 73-4, 85, 213n100; *veja também* linguística
ciência cognitiva 31, 52-3
cognição 16, 70-1, 234-7
   teoria de Descartes da 126-7n9, 234-7
Coleridge, S. T. 157, 158n42, 238
comandos 197-8
competência linguística 80-1n29
competição Loebner 83-4
comunicação 140n23, 150, 154, 230
conceitos 28, 38, 42
   inatos 23, 38, 75-6
   lexicais 23
   modelagem computacional de 54
   sentenciais 34
   teorias naturalistas de 48
conceitos inatos 23, 38, 75-6, 224-5
conexionismo 19-20n6, 51-3, 54n24
conjunções 190
Cordemoy, Géraud de
   aquisição da linguagem 228-9, 172-3n61
   mente 131-4, 177
   uso criativo da linguagem 145n30, 172-3n61
Cowan, M. 161-2
crescimento 70
crianças 17, 31, 61-2
   aquisição da linguagem 30-3, 52-3, 228n114, 230-1
   criatividade linguística 20-2
Cudworth, R. 227n111, 228-9n114, 233-8

D
D'Alembert, J. 211-2
democracia 107
denotação 24

Descartes, René 10n1, 74-100
   animais e máquinas 79-82, 123, 134-5, 162
   ciência 78-80
   função da linguagem 143n27
   ideias 78, 95, 182-3n70
   linguagem 131, 138-40
   mecânica de contato 78-9, 90, 90-1n30, 92
   mente 78-84, 90-1, 100, 121-2n5, 129
   observações sobre a pobreza do estímulo 13, 96n34
   observações sobre o uso criativo da linguagem 16, 78-90, 145n30
   razão 45-6, 85, 129, 141-6
   teoria da cognição 126-8n9, 234-7
   testes para outras mentes 78-9, 83, 126n9, 140-2
descritivismo 214n101, 218n105
deslimitação 82, 87
determinações 181, 183, 216
Diderot, D. 168n53
direitos humanos 162-3
direitos naturais 161, 163-5n51
direitos, humanos 162-3
direitos, naturais 161, 163-4n51
discurso indireto 188-9
disposições 138n20
distinção entre corpo e mente 177
doutrinação 102-3
Du Marsais, César Chesneau
   gramática 168n53, 205, 209, 211, 215n62
   interpretação semântica 204n89
   teoria da construção e sintaxe 201-5, 219
dualismo metodológico 48, 50, 94

E

educação 101-7, 231-2n115
　empirismo e 102
elipse 178n67, 204
empirismo 19-20n6, 49-50,
　aquisição da linguagem 39-40, 45-6
　dualismo metodológico 49-50
　e a natureza humana 101-2
　e educação 101-2
　e mente 15, 18-20, 38, 42, 52-3, 19-20n6
　e o uso criativo da linguagem 9, 70
　estudo da cognição 52-3
　externalismo 39-40
　percepção 239
entidades mentais 20, 243-4; *veja também* conceitos, ideias, mente
estratégia racionalista-romântica para investigar a linguagem 11-6, 18
　implicações educacionais de 104
　implicações políticas de 104
estrutura da linguagem 209-11, 243
estrutura profunda e estrutura superficial 58-9, 175, 206-8, 219-20
　os gramáticos da Port-Royal e 58, 178n67, 205-6
estruturalismo 166
evolução e desenvolvimento 70
evolução humana 72, 100
experiência 227, 232
explicação 60, 121-2n5, 137-8n18, 209-10, 218-9n105, 219, 242

F

faculdade da linguagem 103-4, 121-2, 234-5; *veja também* processos inatos
fala
　interpretação de 239-40
　percepção de 197-8n83, 202, 205-6

figuras geométricas 236-7
filosofia 24, 92-3n32
Fitch, Tecumseh 69
Fodor, Jerry 19-20n6, 31, 204n89
forma, mecânica e orgânica 157-8
Foucault, Michel 11n2, 49n19

G

Goethe, J. W. von 71, 159-60
Gould, S. J. 71
governo 101, 103, 106-7, 162
Gramática de Port-Royal 56-8, 189, 192, 212-4
　advérbios 192
　estrutura profunda e estrutura superficial 58-9, 178n67, 192
　Lógica de 181, 182n70 (etc.)
　orações relativas 181-2, 186
　proposições 177-83
　sintaxe 175
　sistemas de caso 196
　sistemas verbais 186
gramática de estrutura frasal 60, 64, 1801
gramática gerativa 116-7n2, 152n39, 167, 170, 186-7
gramática gerativa transformacional 186, 219n106
gramática universal 14, 47, 59-61
　gramáticos de Port-Royal 117-8n3, 175-7, 210n95, 214-5
gramática
　adequação de 60-5
　descritiva 209
　estrutura frasal 59-60, 64, 192-3
　filosófica 117-8n3, 191n75, 197n83, 207-8n94, 214-5, 217
　formalizada 60
　geral e particular 209-12, 210n95

gerativa 116-7n2, 118, 167, 243,
gramática universal: veja
    gramática universal
gravitação 90-1

H
Harnois, G. 207-8n94
Harris, James 143, 144n29, 156, 176, 219n106, 231-2n115
Hauser, Marc 69
Herbert de Cherbury 172n61, 222-3
Herder, J. G. 141-3, 159-60, 174n63
Herman, Edward 101n38, 107
Hockett, C. F. 139, 139n22
Huarte, Juan 10n1, 126-8n9, 168n53
Humboldt, Wilhelm von 118-9, 149-50, 157-8, 231-2n115
    aquisição da linguagem 230-1
    articulação 151-2n38
    caráter da linguagem 166-7
    educação 103-4, 231-2n115
    forma da linguagem 152-60, 231-2
    liberdade 161-2, 163-4n51
    linguagens naturais 160-1n48
    natureza humana 154-5
    pensamento 169-70
    percepção 239-40
    platonismo 230-1
    teoria social e política 161-2
Hume, David 19n6

I
ideias 181-3, 202, 236, 182-3n70;
    veja também conceitos
    imperativos 88
informação
    informação de significado 34
    informação sonora 34-5
    semântica 35-6

inovação 87, 125-6n8, 139n22, 167, 214; *veja também* uso criativo da linguagem, criatividade
instintos 141-2, 223-4
instituições políticas 106-7
intelectuais 101n38
internalismo 23, 48
interrogação 176-7n66, 188-9, 190

K
Kant, Immanuel 103-4, 226n110, 238,
Katz, J. J. 204n89
Kauffmann, Stuart 71

L
La Mettrie, J. O. de 134-5, 137-8, 141, 173
Lamy, B. 169, 177, 182-3n70, 196, 214
latim, substituição pelo vernáculo 168n53
Leibniz, G. W. 170-1n57, 227-8
Lewis, David 30-1
Lewontin, R. C. 71-2
léxico 29, 54-5
    língua-I 98
liberdade 10, 104-5, 163-5n51
    do pensamento 169-70
    Humboldt sobre 161-2, 163-4n51
Galileu Galilei 76, 78, 145n30
linguagem animal 121-2, 125n8, 126-30, 140n23
linguagem
    articulação 151-2n38
    aspectos internos e externos de 177, 188-92
    caráter livre de estímulo de 125-6n8, 129n11, 137-8, 140, 170
    e pensamento 172-4, 175-6
    estratégia racionalista-romântica para investigar 36, 42, 117-8n3
    estrutura de 209, 219-20

evolução e desenvolvimento de 70, 71, 124n7
explicação mecânica de 130-2
ilimitada 82, 87, 123-4, 125-6n8, 147
linguagem animal 32n14, 122-3, 125-6n8, 134-7
modelagem computacional de 54
novidade, coerência e relevância de 132
ordem natural em 202-3
padrões e disposições em 169-70
princípios combinatórios 37-9, 41, 46-7, 98n36; veja também regras de transformação
princípios de 209, 228-9, 240-1
qualidade poética de 147
linguagens naturais 168n53
    características universais de 222n108
    conceitos expressos em 31-2
    estrutura profunda e estrutura superficial 194-9
    estruturas de 64, 160-1n48
    nomes próprios 29
    referência 26
    regras ou princípios 64
    significado 31
    sistemas de caso 196-7
língua-I 98n36
linguística 9, 213n100, 243
    acomodação à biologia 55-6, 63
    descritiva 209-20
    desenvolvimento de 244
    explicação em 209-20, 218-9n105
    história de 115
    moderna 165, 208
    pré-moderna 197n83
    programa minimalista 56-7
    progresso em 44-5

teoria de Humboldt da 150-7
linguística cartesiana 115-6, 117-8n3, 170
livre-arbítrio 12, 73, 126-7n9, 161-2

M

matemática 29-30, 75-6
mente 9, 13, 42, 126-8n9, 157-8n44, 236-7
    ciência da 9, 18-42
    criatividade e 95
    Descartes e 94, 123-31
    e estrutura profunda 205
    e linguagem 170-2, 221
    e o mundo externo 37
    espontaneidade da 149-50
    estudo internalista da 13
    filosofia da 232-3
    modularidade de 86-7
    outras mentes 80-1n29, 83-4, 130-1, 134-5, 138-42
    percepção e volição 176
    problema mente-corpo 95, 178
    teoria computacional da 95-100
    teoria racionalista da 221
    teoria representacional da 19-20n6, 31
    teorias românticas da 117-8n3
    visão empirista de 49-53
    visão racionalista-romântica da 15, 36
método científico 12, 42, 55, 75, 95-7
mídia, corporativa 101n38, 107
Mill, J. S. 171-2n59
morfogênese 69-71
Morris, William C. 46-7n18

N

nativismo 13-4, 18-42, 19-20n6, 93-4
natureza humana 104-5, 139n21, 141-2, 141n25

ciência de 73, 107
Humboldt sobre 154-5
necessidades humanas, fundamentais 74
Newton, Isaac 90-1, 90-1n31
Nim Chimpsky 83
noções comuns 182n70, 223-5, 235
nomes próprios, como designadores rígidos 26

O
observações sobre a pobreza do estímulo 12-4, 17, 55, 96n34
   Descartes e 96n34, 138-40
   e observações sobre criatividade 15, 18-42, 55
   linguagem 17
operação Merge 64, 66, 69, 71, 87, 124n7
orações relativas 181, 187-8, 215
   explicativas 187-9
   regra de Vaugelas 212-4
   restritivas 187-9
ordem das palavras 169-70, 202-3
organização social 73-4, 104-5, 163-4n51

P
parâmetros 64-9
pensamento 45, 154, 173-5, 198-200
   formas de 190
   julgamento e 172-3, 176
percepção 175
perguntas 176-7n66, 191, 198-200
platonismo 226n110, 227, 230
poder 101-3, 106-7, 161
poesia 147-51, 147-8n34
política 101-7
Postal, P. M. 204n89
primatas, linguagem e 40, 83

princípios combinatórios da linguagem 22, 37-9, 42-3
princípios sintáticos 35
problema de Platão 35, 59, 61-4
   solução para 65-8, 71
procedimentos de aprendizagem generalizados 18-20n5, 38, 40, 228-9n114
processos gerativos 151-2n38, 165-7
processos inatos 45, 61-2, 102, 225
progresso 44-5
pronomes, relativos 188
proposições 179-81, 182-3n70, 187
   e estrutura profunda 181
   essenciais e incidentes 181
Proudhon, P.-J. 171n59
psicologia 12, 221, 225, 232, 243

Q
Quine, W. V. O. 46n18, 49-51

R
racionalismo 9, 19-8n6, 232
razão 72-3, 104, 143-4, 194
   Descartes e 45-6, 85, 126, 141-3
   política e 104
   Schlegel e 230
recursão 68-9, 72, 87, 124n7, 125-6n8, 191
redes neurais 20n6, 38, 46n18, 47, 53, 54n24, 100
referência 24-5, 31, 181, 216
regras de transformação 60-1, 181, 206-7, 219n106
resolução de problemas 77-8
Romantismo 9, 18-9, 149n35, 157, 169-70, 172-3n61
Rousseau, Jean-Jacques 163-4n51
Russell, Bertrand 92-3n32
Ryle, Gilbert 138-40

S

Schlegel, A. W. 141n25, 145-50, 151n38, 157
   arte 147-8
   forma mecânica e forma orgânica 157
   poesia 147-8n34
Schlegel, Friedrich 171
Sellars, W. 30, 33, 50n21
semântica 30-1, 34-5; *veja também* significado
senso comum 44-5, 49n20, 73, 75-8, 91, 92-4n32, 107
sentenças 38, 139n22, 219n106
significado 24, 30, 33, 181
   cognitivo e emotivo 200n85
   e referência 216
   teoria de 33
   teoria internalista de 34-5
silogismos 194
simplicidade 44, 61n26, 64-5
sintaxe 35, 175, 190, 201, 205
sistemas de caso 196
substantivos 24

T

teoria da percepção 232-41
teoria gerativa da linguagem 59, 86-7
teoria política 161-3
teoria social 161-2
teorias
   adequação descritiva de 60, 65, 77, 213
   adequação explicativa de 65, 77, 213
   formalização de 65, 77, 213
   objetividade de 60

progresso 60
simplicidade de 60, 61n26, 66, 76-7
   condições de adequação 45-6
   construção de 76-7
Thompson, D'Arcy 71
tipos ideais 178n67
treinamento 20n6, 38-9, 41, 47, 51, 53-4, 102-3, 129, 139n21, 149, 228, 229n114
Turing, Alan 71, 80-1n29, 84, 124n7

U

uso criativo da linguagem 10n1, 15-6, 78-9, 95, 121, 145n30, 172-4
   ciência e 92-4n32
   criatividade 104, 147, 167, 172-3n61
   e significado 24
   explicação de 33
   linguística e 9-10, 15, 18-42, 243
   papel central nos assuntos humanos 15-6
   prazer em 25-6
   razão e 72-3

V

Vaugelas, Claude Favre de 10n1, 212-7
verbos 186, 193, 219n106
visão 14, 95, 95-6n33
visões do Iluminismo 104
volição 176

W

Waddington, Charles 71
Wilkins, J. 76, 169, 210n95
Wittgenstein, Ludwig 33, 46-7, 213n100

SOBRE O LIVRO

Formato: 13,7 x 21 cm
Mancha: 23 x 44 paicas
Tipologia: Iowan Old Style 10/14
Papel: Off-white 80 g/m² (miolo)
Cartão Triplex 250 g/m² (capa)
1ª edição Editora Unesp: 2024

EQUIPE DE REALIZAÇÃO

Edição de texto
Silvia Massimini Felix (Copidesque)
Jennifer Rangel de França (Revisão)

Capa
Marcelo Girard

Editoração eletrônica
Eduardo Seiji Seki (Diagramação)

Assistente de produção
Erick Abreu

Assistência editorial
Alberto Bononi
Gabriel Joppert

Rua Xavier Curado, 388 • Ipiranga - SP • 04210 100
Tel.: (11) 2063 7000 • Fax: (11) 2061 8709
rettec@rettec.com.br • www.rettec.com.br